本报告的出版得到国家文物保护专项经费资助

浙江省文物考古研究所田野考古报告　第 55 号

浦江前王山窑址

浙江省文物考古研究所
浦　江　博　物　馆　编著

文物出版社

北京 · 2024

图书在版编目（CIP）数据

浦江前王山窑址 / 浙江省文物考古研究所, 浦江博物馆编著. -- 北京：文物出版社, 2024.7

ISBN 978-7-5010-8432-6

Ⅰ. ①浦… Ⅱ. ①浙… ②浦… Ⅲ. ①越窑—窑址（考古）—发掘报告—浦江县 Ⅳ. ①K878.55

中国国家版本馆CIP数据核字（2024）第098823号

地图审核号：浙金S（2024）13号

浙江省文物考古研究所田野考古报告　第 55 号

浦江前王山窑址

编　　著：浙江省文物考古研究所　浦江博物馆

责任编辑：谷艳雪　王　媛
责任印制：张　丽

出版发行：文物出版社
社　　址：北京市东城区东直门内北小街2号楼
邮　　编：100007
网　　址：http://www.wenwu.com
经　　销：新华书店
印　　刷：天津裕同印刷有限公司
开　　本：889mm×1194mm　1/16
印　　张：29.75
版　　次：2024年7月第1版
印　　次：2024年7月第1次印刷
书　　号：ISBN 978-7-5010-8432-6
定　　价：520.00元

目　录

插图目录

彩版目录

第一章　地理环境与历史沿革

　　浦江县位于浙江省中部、金华市北部，其东北临诸暨市，东南接义乌市，西南与兰溪市毗连，西北和建德市、桐庐县接壤。龙门山脉在浦江县内分三支自西向东延伸，北支绵亘于浦江县西北部与建德市、桐庐县之间，山峦起伏，多中低山脉；中支横亘于浦江县中部，俗称北山，为浦江盆地与西北山区的天然界线；南支蜿蜒于浦江县南部与兰溪、义乌两市之间，俗称南山，转东北延伸至郑家坞北，俗称浦东山脉。北山、南山与浦东三山之间即为浦江盆地。发源于浦江县西部天灵岩南麓的浦阳江自西向东贯流全县。气候属亚热带季风气候。（图1-1）

　　浦江建县始于东汉末年，称丰安县，始见于清《光绪浦江县志稿》。东汉献帝兴平二年（195年），孙策据有江东，分太末、诸暨部分立丰安县，为浦江建县之始。时属扬州刺史部会稽郡，据《读史方舆纪要》，县治在今浦阳镇西南。历三国、两晋及南朝，丰安曾改属东阳郡、金华郡。

图1-1　浦江城区

隋开皇九年（589 年），并省江南州县，废丰安县，其地并入吴宁（今金华），立为戍镇，属吴州总管府东阳郡。唐天宝十三年（754 年）析义乌、兰溪、富阳地置浦阳县，以浦阳江得名，属江南东道东阳郡，县治在今浦阳镇。五代时属吴越国之婺州，吴越王钱镠因与吴王杨隆演之父杨行密相仇，上书梁太祖凡郡县名称与杨字同音者都予奏改，遂于后梁开平四年（吴越天宝三年，910 年）改浦阳县为浦江县。其后隶属关系屡有变动，而浦江之名沿用至今。

1949 年 5 月 11 日浦江解放，隶属浙江省金华专区（第八专区）。1960 年 1 月 7 日，国务院决定撤销浦江县建制，除梅江人民公社行政区域划归兰溪县外，其余行政区域并入义乌县。1966 年 12 月 22 日，国务院批准恢复浦江县，并入义乌县的原行政区域复归浦江县，县城在浦阳镇，属金华地区。1985 年 6 月，地区改市，属金华市。

第二章　考古调查与研究工作

前王山窑址位于前吴乡民生村坞坑自然村,史籍无载。20世纪80年代,地方文物工作者在野外调查时发现该窑址。2010年6月,前王山窑址被列为浦江县重点文物保护单位。

为进一步了解前王山窑址的生产面貌、时代特征及文化内涵,并对其进行保护性展示,经国家文物局和浙江省文物局批准,浙江省文物考古研究所与浦江县文物保护管理所于2016年联合对该窑址进行了考古发掘[考执字(2016)第275号],同时对周边区域内的窑址及窑业资源进行了主动性调查。此次工作亦被列入浙江省文化厅、浙江省文物局助推浦江"四个全面"战略布局试点县的支持内容。

本次考古工作内容分为两部分:一是浦江县窑址区域性考古调查。本项工作始于2015年11月,终于2016年3月。调查结果显示,浦江县境内共有窑址点6处(图2-1),分别为位于前吴乡民生村的前王山窑址(图2-2)、白泥岭窑址、徐家岭窑址、徐家窑址以及位于浦阳街道的东庄垆

图2-1　浦江县窑址分布示意图

图 2-2　前王山窑址位置示意图

窑址和位于岩头镇的碗窑头窑址。二是浦江县前王山窑址考古发掘。本项工作始于 2016 年 4 月，终于 2016 年 11 月，发掘面积 800 平方米[1]。

---

［1］浙江省文物考古研究所、浦江县文物保护管理所：《浙江浦江县前王山窑址考古发掘简报》，《华夏考古》2018 年第 4 期。

第三章　地层堆积

一　探方分布及面积

本次发掘共布设探方 17 个，发掘总面积为 800 平方米（图 3-1）。其中于窑炉区域布设探方 11 个，编号为 TN01E01~TN11E01（图 3-2）；作坊区域布设探方 3 个，编号为 TS01E01、TS02E01 和 TS02W01；窑业废品堆积区域布设探方 3 个，编号为 TN02E02、TN04E02 和 TN07E02。

二　典型地层介绍

该窑址保存情况较好，其中窑业废品堆积区内的 3 个探方地层堆积情况良好。现将 3 个探方地层堆积情况介绍如下。

（一）TN02E02

该探方地层堆积呈斜坡状，整体上由西向东部倾斜（图 3-3、3-4）。根据土质、土色及包含物的不同，该探方的地层可划分为如下数层：

第①层：表土层。全方分布。厚 15~75 厘米。土质松散，土色灰黑，包含大量的植物根茎、窑具残块、碎小瓷片、烧土残块及窑渣等。

第②层：窑业废品堆积。分布于探方东南部。厚 0~40 厘米。含土量较少，土色呈浅灰褐色，包含大量瓷片、窑具及窑渣残块等。瓷片可辨器形有碗、盘、杯、盒、盖、壶、罐、盏等，胎质较细腻，釉色青中微泛黄。窑具可辨器形有 M 形匣钵、筒形匣钵、钵形匣钵、垫具和垫圈等。

第③层：窑渣堆积。分布于探方东南部。厚 0~45 厘米。土质较松散，土色呈灰褐色，包含大量碎小的窑渣颗粒及少量瓷片等。

第④层：窑业废品堆积。分布于探方东南部。厚 0~50 厘米。含土量较少，土色呈浅灰褐色，包含大量瓷片、窑具及窑渣残块等。瓷片可辨器形有碗、盘、杯、盒、盖、壶、罐、盏等，胎质较细腻，青釉泛黄，个别呈天青色。部分碗、盏、盘有压印花口，部分器物外壁刻划花卉纹。窑具可辨器形有 M 形匣钵、筒形匣钵、钵形匣钵、垫具和垫圈等。

第⑤层：窑渣堆积。分布于探方东南部。厚 0~50 厘米。土质较松散，土色呈灰褐色，包含大量碎小的窑渣颗粒及少量瓷片等。

第⑥层：窑业废品堆积。分布于探方东部。厚 0~115 厘米。含土量较少，土色呈浅灰褐色，包含大量瓷片、窑具及窑渣残块等。瓷片可辨器形有碗、盘、杯、盒、盖、壶、罐、盏等，胎质较细腻，青釉泛黄，个别呈天青色。窑具可辨器形有 M 形匣钵、筒形匣钵、钵形匣钵、垫具和垫圈等。

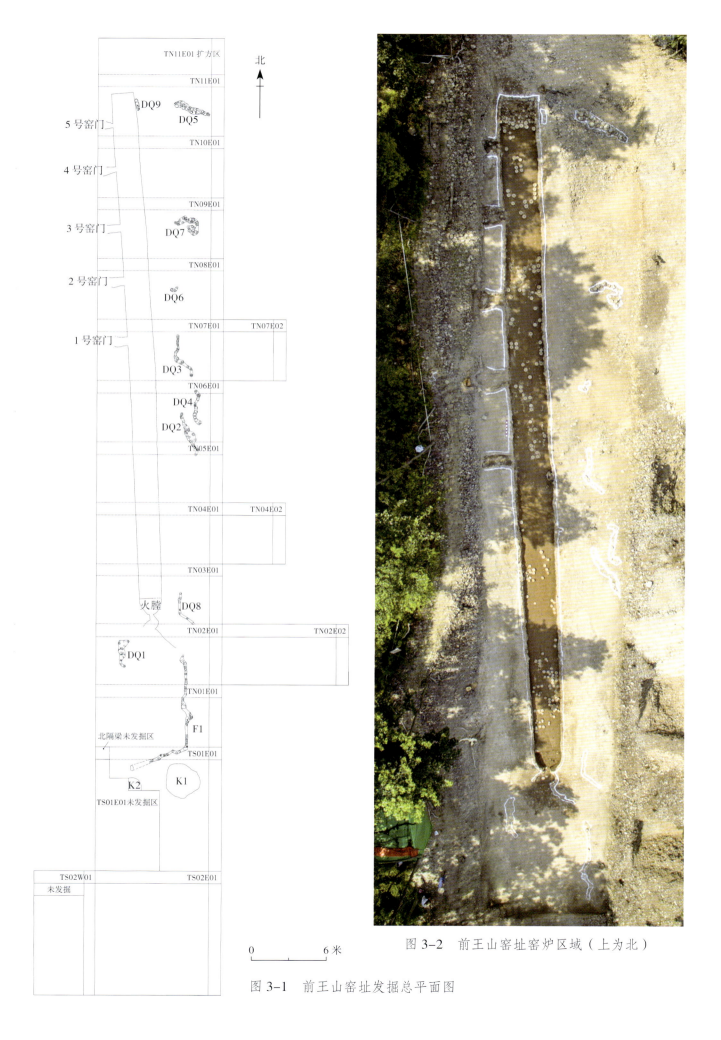

TN11E01 扩方区

TN11E01

北 ↑

DQ9

5 号窑门
DQ5

TN10E01

4 号窑门

TN09E01

3 号窑门
DQ7

TN08E01

2 号窑门
DQ6

1 号窑门　TN07E01　TN07E02

DQ3

TN06E01

DQ4
DQ2

TN05E01

TN04E01　TN04E02

TN03E01

火膛　DQ8

TN02E01　TN02E02

DQ1

TN01E01

北隔梁未发掘区
F1

TS01E01

K2　K1

TS01E01未发掘区

TS02W01　TS02E01

未发掘

0　6 米

图 3-2　前王山窑址窑炉区域（上为北）

图 3-1　前王山窑址发掘总平面图

图 3-3　TN02E02 南壁（北—南）

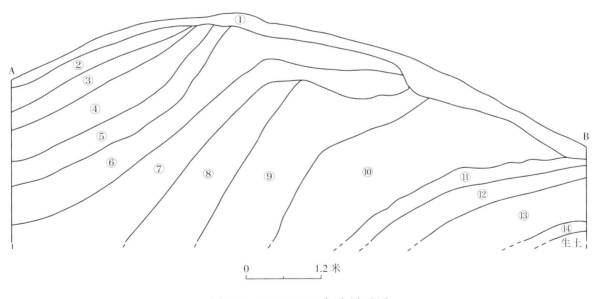

图 3-4　TN02E02 南壁剖面图

　　由于窑业废品堆积较深厚且较疏松，为避免塌方，除对以上诸层（第①～⑥层）进行完整清理外，从第⑦层开始仅对西部诸地层发掘至生土层，但地层序列基本完整。

　　第⑦层：窑渣堆积。分布于探方中东部。厚 0~70 厘米。土质较松散，土色呈灰褐色，包含大量碎小的窑渣颗粒及少量瓷片等。

第⑧层：窑业废品堆积。分布于探方中东部。厚0~100厘米。含土量较少，土色呈灰褐色，包含大量瓷片、窑具及窑渣残块等。瓷片可辨器形有碗、盘、杯、盒、盖、壶、罐、盏等，胎质较细腻，青釉泛黄，个别呈天青色。窑具可辨器形有M形匣钵、筒形匣钵、钵形匣钵、垫具和垫圈等。

第⑨层：窑业废品堆积。分布于探方中部。厚0~95厘米。含土量较少，土色呈褐色，包含大量瓷片、窑具及窑渣残块等。瓷片可辨器形有碗、盘、杯、盒、盖、壶、罐、盏、盏托、碾槽等，胎质较细腻，青釉泛黄，个别呈天青色。窑具可辨器形有M形匣钵、筒形匣钵、钵形匣钵、垫具和垫圈等。

第⑩层：窑业废品堆积。分布于探方中西部。厚0~120厘米。含土量较少，土色呈褐色，包含大量瓷片、窑具及窑渣残块等。瓷片可辨器形有碗、盘、杯、盒、盖、壶、罐、盏、盏托、执壶等，胎质较细腻，青釉泛黄，个别呈天青色。窑具可辨器形有M形匣钵、筒形匣钵、钵形匣钵、垫具和垫圈等。

第⑪层：窑渣堆积。分布于探方西部。厚0~45厘米。土质较松散，土色呈灰褐色，包含大量碎小的窑渣颗粒及少量瓷片等。

第⑫层：窑业废品堆积。分布于探方西部。厚0~75厘米。含土量较少，土色呈褐色，包含大量瓷片、窑具及窑渣残块等。瓷片可辨器形有碗、盘、杯、盒、盖、壶、罐、盏等，胎质较细腻，青釉泛黄，个别呈天青色。窑具可辨器形有M形匣钵、筒形匣钵、钵形匣钵、垫具和垫圈等。

第⑬层：窑业废品堆积。分布于探方西部。厚0~70厘米。含土量较少，土色呈褐色，包含大量瓷片、窑具及窑渣残块等。瓷片可辨器形有碗、盘、杯、盒、盖、壶、罐、盏等，胎质较细腻，青釉泛黄，个别呈天青色。窑具可辨器形有M形匣钵、筒形匣钵、钵形匣钵、垫具和垫圈等。

第⑭层：活动面。分布于探方西部。厚15~20厘米。土质较坚硬，土色呈灰褐色，包含个别窑具小碎块、瓷片小碎块及窑渣颗粒等。

第⑭层以下为生土层。

图3-5 TN04E02全景（西—东）

（二）TN04E02

根据土质、土色及包含物的不同，该探方的地层可划分为如下数层（图3-5、3-6）：

第①层：表土层。全方分布。厚10~60厘米。土质疏松，土色呈黑色，包含大量植物根系、树叶、杂草及少量匣钵和瓷片等。

第②层：窑业废品堆积。分布于探方西北、东南和东北部。厚25~100厘米。土质较疏松，土色呈黄褐色，包含大量

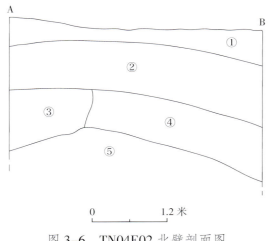

图 3-6　TN04E02 北壁剖面图

窑具、瓷片及少量红烧土颗粒。瓷片可辨器形有碗、盘、执壶等，胎质较细腻，青釉泛黄，个别呈天青色。窑具可辨器形有 M 形匣钵、筒形匣钵、钵形匣钵、垫具和垫圈等。

第③层：窑业废品堆积。分布于探方东南、西北和西南部。厚 0~125 厘米。土质较疏松，土色呈灰色，包含少量瓷片和窑具。瓷片可辨器形主要为碗、盘等，胎质较细腻，青釉泛黄，个别呈天青色。窑具可辨器形主要为 M 形匣钵及少量垫圈。

第④层：窑渣堆积。分布于探方东部。厚 0~120 厘米。土质较疏松，土色呈黄褐色，包含大量窑渣、红烧土及少量碎小瓷片等。

第⑤层：窑业废品堆积。全方分布。因未发掘至底，厚度、深度不明。土质疏松，土色呈暗黄色，包含物很少。瓷器可辨认器形有碗、盘、执壶等，胎釉质量整体较差。窑具可辨器形有 M 形匣钵、钵形匣钵、盘形垫具等。

以下未发掘。

（三）TN07E02

根据土质、土色及包含物的不同，该探方的地层可划分为如下数层（图 3-7、3-8）：

第①层：表土层。全方分布。厚 10~35 厘米。土质疏松，土色呈黑色，包含碎匣钵、瓷片及大量树叶、树枝和杂草等。瓷片可辨器形有碗、盘等，胎色呈灰白色、白色，釉色有青黄色、青灰色等，整体质量较粗糙。匣钵大部分为 M 形，另有少量椭圆形平底匣钵。

第②层：窑业废品堆积。全方分布。厚 15~50 厘米。土质较疏松，土色略泛黄，夹杂少量红砖碎块，出土少量瓷片和匣钵、垫圈等。瓷片可辨器形有碗、盘等，胎色呈灰白色、白色，釉色有青黄色、青灰色等，整体质量较粗糙。匣钵基本为 M 形。

第③层：窑渣堆积。分布于探方西北部。厚 0~40 厘米。土质较疏松，土色为红褐色，出土物较少。瓷片可辨器形有碗等。窑具仅发现少量垫圈残片。

第④层：窑业废品堆积。全方分布。厚 60~190 厘米。土质较疏松，土色较深呈红色，包含大量红沙土及大量瓷片和匣钵残片。瓷片可辨器形以碗、盘为主，还有壶、器盖等，胎色呈灰白色、白色，釉色有青黄色、青灰色等，整体

图 3-7　TN07E02 全景（西—东）

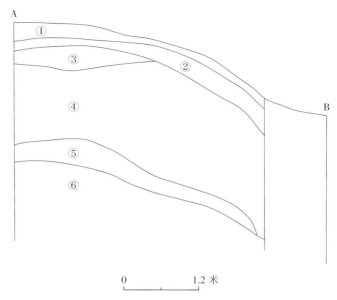

图 3-8　TN07E02 北壁剖面图

质量较粗糙。

　　第⑤层：窑渣堆积。分布于探方西北部。厚 0~45 厘米。土质较疏松，土色较深呈红色。包含少量瓷片和窑具。瓷片可辨器形以碗为主，胎色呈灰白色、白色，釉色有青黄色、青灰色等，整体质量较粗糙。窑具为 M 形匣钵。

　　第⑥层：窑业废品堆积。全方分布。由于地层倾斜度较大，无法下挖至底，故厚度和深度不明。土质疏松，土色呈灰色，包含大量瓷片和匣钵。瓷片可辨器形有碗、盘、壶、器盖、盒等，胎色呈灰白色、白色，釉色有青黄色、青灰色等，整体质量较粗糙。

　　以下未发掘。

第四章 遗 迹

本次考古发掘共清理出龙窑窑炉 1 条、房址 1 处、储泥坑 2 处和匣钵挡墙 9 道。其中窑炉位于烧成区，房址和储泥坑位于作坊区，匣钵挡墙位于烧成区和废品堆积区之间。

一 窑炉

龙窑窑炉编号为 Y1，位于发掘区的中部偏西，纵贯 TN02E01~TN11E01 诸探方。开口于第①层下，打破生土层。窑炉两侧为隆起的窑业废品堆积。（图 4-1）

Y1 为依山势而建的龙窑。砖砌而成，局部以少量匣钵填砌，窑炉方向近正北，头南尾北。现存窑前工作面、火膛、窑床、窑门等，保存较好。炉体斜长 42.5 米，水平长约 42.02 米。坡度大小前后段不等，前中段 7°~14°，近尾部稍缓为 8°~12°。炉体近火膛处宽 1.72 米，往后逐渐加宽，中段宽约 2.18 米，此后又略窄，至后壁变成 1.7 米。残存最高处达 0.62 米。（图 4-2）

窑前工作面位于窑炉前部。窑头前端残存两道墙，以匣钵和砖块砌成，呈不规则"八"字形外撇，

图 4-1 Y1 窑炉遗迹全景（南—北）

北

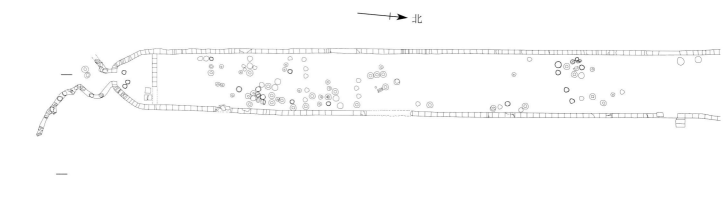

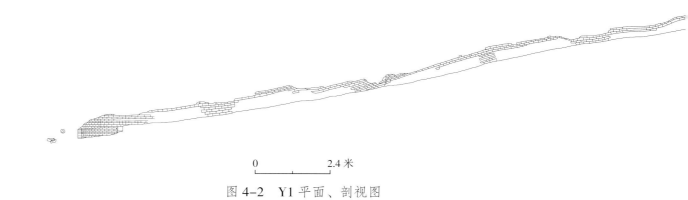

0　　　　2.4 米

图 4-2　Y1 平面、剖视图

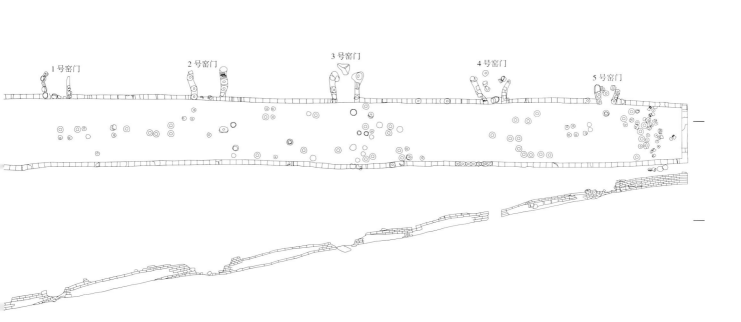

1号窑门　　2号窑门　　3号窑门　　4号窑门　　5号窑门

1. 窑前工作面（南—北）

2. 火膛（南—北）

3. 火门（南—北）

4. 窑床局部（南—北）

图 4-3　Y1 局部

两墙之间地面残存白色瓷土及窑渣颗粒。（图 4-3：1）

　　火膛位于窑炉前端。平面呈半圆形。底部平整，由前向后依山坡倾斜。后壁平直，宽 1.7、高 0.16 米。火门残，宽约 0.3、残高 0.3 米。火门至火膛后壁 1.12 米。火膛内残存 3 个匣钵，分布较规则，应作炉栅之用。（图 4-3：2、3）

　　窑床位于窑炉中部。窑顶坍塌，已无法复原其顶部结构及投柴孔的分布位置。窑壁皆以土坯砖错缝平砌，偶见少量匣钵填砌其中。窑砖残存 0~9 层不等，残存高度 0~0.62 米。窑壁内侧有坚硬的烧结面。窑床中部最宽，为 2.18 米；两端稍窄，前端宽 1.72 米，后端宽 1.7 米。窑床铺有细沙，烧结面较明显。窑床上残存大量匣钵、垫柱等，前段残存窑具较多，中部及后段较少，其中束腰形垫柱仅见于后段。（图 4-3：4）

　　窑门共发现 5 处，皆开于窑炉西壁。窑门底部多填嵌匣钵残块、砖块、石块等。平面皆呈外"八"字形。窑门最大宽度（自窑头至窑尾）依次为 0.66 米、0.7 米、0.56 米、0.58 米、0.34 米。各窑门之间距离不等，在 2.8~3.8 米。门道墙由石块、支垫具及砖块等砌成，相邻两窑门的门道墙连成一近半圆形的台面，起保护窑炉的作用。（图 4-4：1~5）

　　窑尾后壁用砖平砌而成，排烟室保存较差，排烟孔不存。（图 4-4：6）

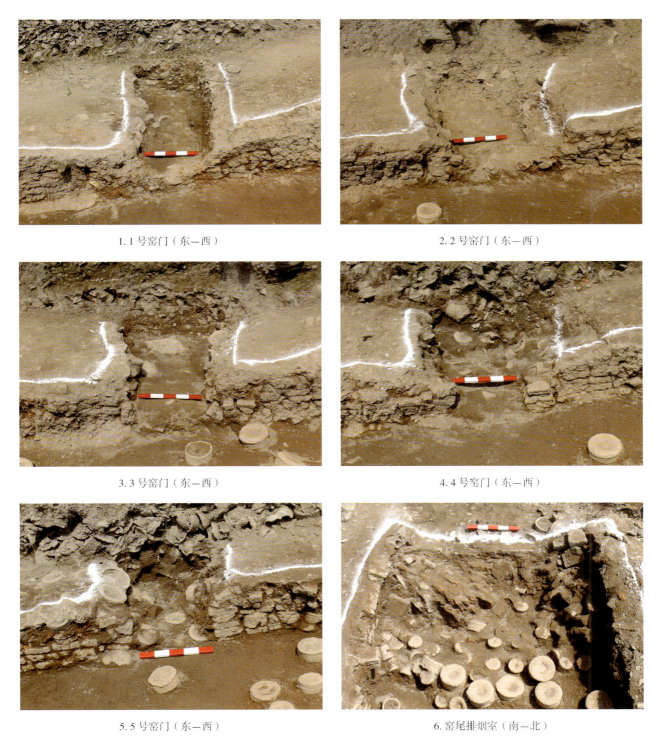

1.1 号窑门（东—西）　　　　　　　　　2.2 号窑门（东—西）

3.3 号窑门（东—西）　　　　　　　　　4.4 号窑门（东—西）

5.5 号窑门（东—西）　　　　　　　　　6. 窑尾排烟室（南—北）

图 4-4　Y1 局部

二　作坊

F1

F1 位于发掘区南部，TN01E01 和 TN02E01 东部以及 TS01E01 北部。该房址开口于 TN01E01

和 TN02E01 第③层下、TS01E01 ②b 层下，打破生土层。平面呈不规则长方形。仅存东壁和南壁。东壁残长 7.32 米，南壁残长 4.6 米。壁面由匣钵、砖块砌成，间以柱础石。该房址依地势起建，南部略低于北部，南壁中间略凹。除南壁局部残缺外，其余保存良好。墙体内匣钵直径最大 20 厘米，最小约 16 厘米。柱础石呈不规则方形，边长 15~36、厚 13~19 厘米。砖块多为残砖，厚约 6 厘米，长宽不详。东壁和南壁范围内表面铺有一层较为纯净的白色瓷土，推测 F1 应为窑业生产过程中存放坯件的作坊遗迹。（图 4-5、4-6）

图 4-5　F1 作坊遗迹（东—西）

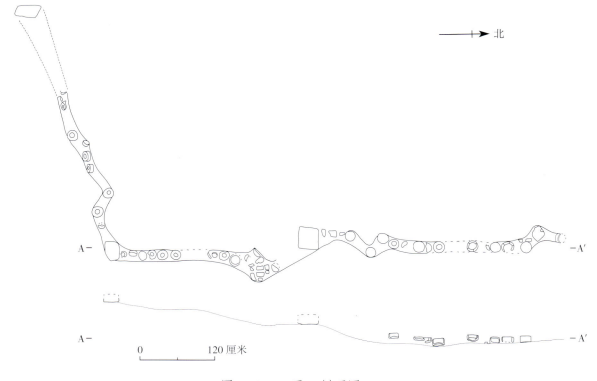

→ 北

图 4-6　F1 平、剖面图

K1

K1 位于发掘区南部，TS01E01 东北部，北邻 F1。该坑开口于 TS01E01 第③层下，打破生土层。平面呈不规则圆形，坑口东西长约 2.72 米，南北长约 2.8 米，最大深度为 0.56 米。坑壁弯曲，坑底呈圜底状。坑内未见其他遗迹现象，且坑内堆积未见明显分层。坑内土质较致密，土色呈灰色，包含大量黏性较强的瓷土颗粒、少量红色碎砖块及少量瓷器、窑具残块等，瓷器可辨器形有碗、盘、执壶等，窑具可辨器形有匣钵等。据坑内情况推测，K1 应为窑业生产中储泥坑一类的作坊遗迹。（图 4-7：1、4-8：1）

K2

K2 位于发掘区南部，TS01E01 西北部，东邻 K1，北邻 F1。该坑开口于 TS01E01 第③层下，

1. K1（南—北）

2. K2（东—西）

图 4-7　K1、K2 作坊遗迹

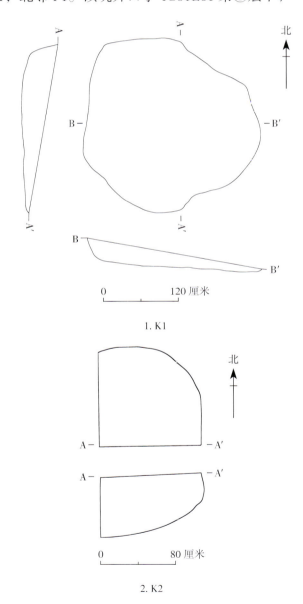

1. K1

2. K2

图 4-8　K1、K2 平、剖面图

打破生土层。平面呈不规则圆形，坑口直径约 1.44 米。坑壁弯曲略外扩，坑底为圜底，深 0.62 米。坑壁及坑底未做加工，坑内没有其他遗迹现象，且坑内堆积没有明显分层。坑底残存黏性较强的瓷土颗粒，包含物有红色碎砖块、瓷片及匣钵碎片等。据坑内情况推测，K2 应为窑业生产中储泥坑一类的作坊遗迹。（图 4-7：2、4-8：2）

三 挡墙

DQ1

位于 TN02E01 西部。开口于第③层下，打破生土层。平面形状为不规则线形。墙斜长 2.22 米，水平长 2.2 米，墙壁散乱不规则，中间和底面由匣钵和匣钵残片相接填充。墙体由 M 形匣钵和筒形匣钵叠砌而成，顺着山势北部略高，保存较不完整。M 形匣钵直径约 18、高 10 厘米。筒形匣钵均为残块，最大残高 12 厘米。该墙应是充当窑前工作面的挡墙用。（图 4-9：1、4-10：1）

DQ2

位于 TN05E01 和 TN06E01 东部。开口于第③层下。平面形状为不规则线形。墙斜长 3.96 米，水平长 3.76 米，墙壁弯曲不规则，中间和底面由残碎窑具相接填充。墙体由 M 形匣钵和筒形匣钵叠砌组成，顺着山势北高南低，保存良好。M 形匣钵直径约 20、高 10 厘米，筒形匣钵直径 26、高 22 厘米。该墙应是起到分隔窑炉和废品堆积的作用。（图 4-9：2、4-10：2）

DQ3

位于 TN07E01 东部。开口于第③层下。平面形状为折弯线形。墙斜长 3.6 米，水平长 3.4 米，墙壁弯曲不规则，中间和底面由窑渣和碎瓷片相接填充。墙体由 M 形匣钵叠砌而成，顺着山势北高南低，保存良好。匣钵直径约 20、高 10 厘米。该墙应是起到分隔窑炉和废品堆积的作用。（图 4-9：3、4-10：3）

DQ4

位于 TN06E01 东部，西南紧邻 DQ2。开口于第③层下。平面形状为不规则线形。墙斜长 2.88 米，水平长 2.84 米，墙壁弯曲不规则，中间和底面由窑渣和碎瓷片相接填充。墙体由 M 形匣钵和平顶椭圆形匣钵叠砌而成，顺着山势北高南低，保存良好。M 形匣钵直径约 20、高 10 厘米，平顶椭圆形匣钵口径约 26、高 28 厘米。该墙应是起到分隔窑炉和废品堆积的作用。（图 4-9：4、4-10：4）

DQ5

位于 TN11E01 东部。开口于第④层下，叠压于第⑤层上。平面形状为不规则线形。墙斜长 3.2 米，水平长 3.02 米，墙壁弯曲不规则，中间和底面由窑渣和碎瓷片相接填充。墙体由 M 形匣钵和筒形匣钵叠砌而成，顺着山势西高东低，保存良好。M 形匣钵直径约 20、高 10 厘米。筒形匣钵直径 16、高 22 厘米。平底椭圆形匣钵口径 27、高 28 厘米。该墙应是起到分隔窑炉和废品堆积的作用。

1. DQ1（西—东）

2. DQ2（西—东）

3. DQ3（东—西）

4. DQ4（西—东）

图 4-9　DQ1~DQ4 挡墙遗迹

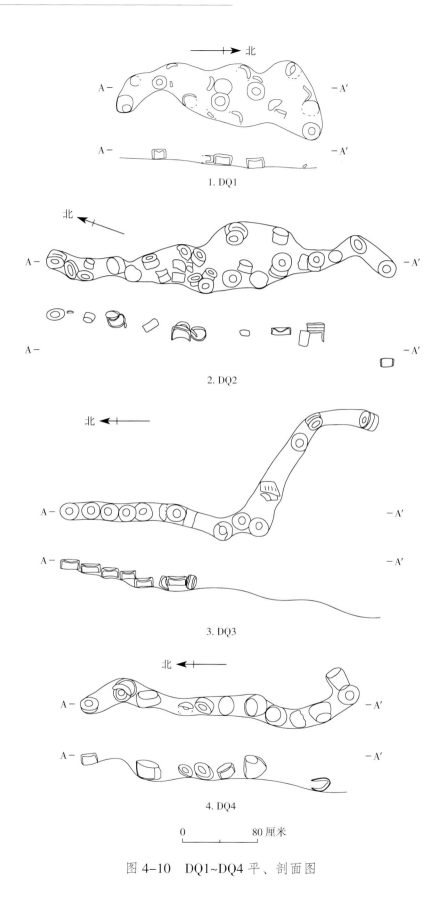

图 4-10 DQ1~DQ4 平、剖面图

（图 4-11：1、4-12：1）

DQ6

位于 TN08E01 东部。开口于第③层下。平面形状为弯曲线形。墙斜长 0.68 米，水平长 0.5 米，墙壁弯曲不规则，中间和底面由窑渣和碎瓷片相接填充。墙体由 M 形匣钵叠砌而成，顺着山势南高北略低，保存良好。匣钵直径约 18、高 10 厘米。该墙应是作为窑业生产间的挡墙用。（图 4-11：2、4-12：2）

1. DQ5（北—南）

2. DQ6（东—西）

3. DQ7（北—南）

图 4-11　DQ5~DQ7 挡墙遗迹

DQ7

位于 TN09E01 东部。开口于第③层下。平面形状为不规则线形。墙斜长 2 米，水平长 1.96 米，墙壁弯曲不规则，中间和底面由窑渣和碎瓷片相接填充。墙体由 M 形匣钵叠砌而成，顺着山势北高南低，保存良好。匣钵直径约 18~20、高 10 厘米。该墙应是起到分隔窑炉和废品堆积的作用。（图 4-11：3、4-12：3）

DQ8

位于 TN03E01 东部。开口于第③层下。平面形状为不规则线形。墙斜长 3.16 米，水平长 2.6 米，墙壁弯曲不规则，中间和底面由窑渣和碎瓷片相接填充。墙体由 M 形匣钵和筒形匣钵叠砌而成，顺着山势北高南低，保存较好。M 形匣钵直径 12~20、高 8~10 厘米。筒形匣钵口径约 16、高 20 厘米。该墙应是作为窑业生产间挡墙用。（图 4-13：1、4-14：1）

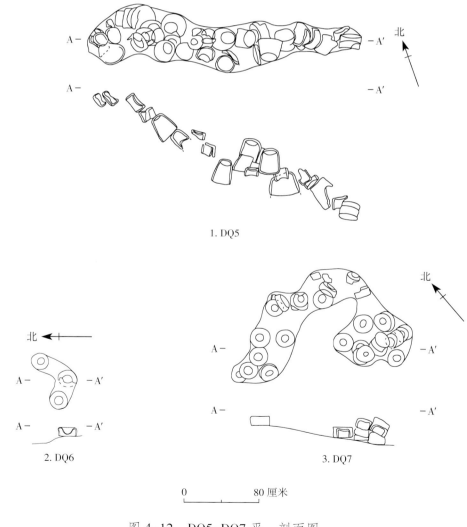

1. DQ5

2. DQ6

3. DQ7

0　　　　　　　80 厘米

图 4-12　DQ5~DQ7 平、剖面图

1. DQ8（东—西）

2. DQ9（西—东）

图 4-13　DQ8、DQ9 挡墙遗迹

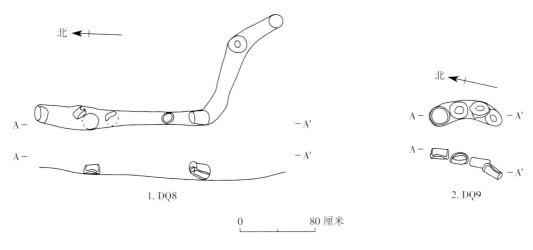

图 4-14　DQ8、DQ9 平、剖面图

DQ9

　　位于 TN11E01 中部。开口于第②层下。平面形状为不规则线形。墙斜长 0.8 米，水平长 0.75 米，墙壁弯曲不规则，中间和底面由窑渣和硬土相接填充。墙体为 M 形匣钵叠砌而成，顺着山势北高南略低，保存良好。M 形匣钵直径 20、高 10 厘米。该墙处于窑床尾部右壁旁，应是用于加固窑壁，起保护窑壁的作用。（图 4-13：2、4-14：2）

第五章　出土遗物

　　各地层出土遗物整体面貌相差不大。瓷器产品分为精、粗两类。精制产品采用单件、垫圈支烧、匣钵装烧，粗制产品采用叠烧、耐火土间隔、匣钵装烧，其中又以后者占绝大比例。

　　精制产品有碗、盘、盒、钵、执壶、盏、碾臼、碾轮、炉、盏托、水盂、孔明碗、枕、盆、多管灯、瓶、器盖、罐等。器类较丰富。胎色灰白，胎质较细腻。青釉或青黄釉，釉面较滋润。以素面为主，仅少量器物有纹样装饰，可细分为刻划和模印两种，其中前者纹样类型有蕉叶纹、莲瓣纹、龙纹、鹦鹉纹等，后者纹样主要为各类花卉。

　　粗制产品有碗、盘、炉、瓶等。器类较少，以碗类为主。灰白胎或灰胎，胎质普遍较粗。青釉或青黄釉，开片现象严重。器物以素面为主，个别器物偶见花卉纹装饰。

　　窑具包括匣钵、垫圈、垫具、垫柱、窑塞等。

一　青釉瓷器

碗

出土数量最多。依据口部特征的不同，分为四型。

A 型

敞口碗。根据口部及腹部特征的不同，分为五亚型。

Aa 型　圆唇，敞口，斜曲腹，圈足。

TN02E02 ⑬：3，可复原。灰胎，胎质较粗。青釉微泛黄。外施釉至足端，外底部露胎无釉。口径 14.5、足径 6.3、高 5.8 厘米。（图 5-1：1；彩版 5-1：1）

TN02E02 ⑫：1，可复原。灰黄胎，胎质较粗。青黄釉，布满小开片。外施釉至足端，外底部露胎无釉。足端及内底有长条状叠烧痕迹。口径 15、足径 6.8、高 5.5 厘米。（图 5-1：2；彩版 5-1：2）

TN02E02 ⑫：2，可复原。灰黄胎，胎质较粗。青黄釉，布满小开片。外施釉至足端，外底部露胎无釉。足端及内底有叠烧痕迹。口径 15、足径 6.4、高 6 厘米。（图 5-1：3；彩版 5-1：3）

TN02E02 ⑪：2，碗叠烧标本。四件碗。灰胎，胎质较粗。青釉微泛黄，布满小开片。外施釉至下腹，外底部露胎无釉。足端及内底有叠烧痕迹。通高 11.7 厘米。（图 5-1：4；彩版 5-2：1）

TN02E02 ⑩：6，可复原。内底凹弦纹一圈。灰黄胎，胎质较粗。青黄釉，布满小开片。外施釉至足端，外底部露胎无釉。足端及内底有长条状叠烧痕迹。口径 15.7、足径 6.8、高 5.5 厘米。（图 5-1：5；彩版 5-2：2）

TN02E02 ⑨：2，可复原。内底凹弦纹一圈，内素面。灰黄胎，胎质较粗。青黄釉，布满小开片。全器满施釉。外底心有支烧痕迹。口径 15、足径 6.8、高 6.4 厘米。（图 5-1：6；彩版 5-2：3）

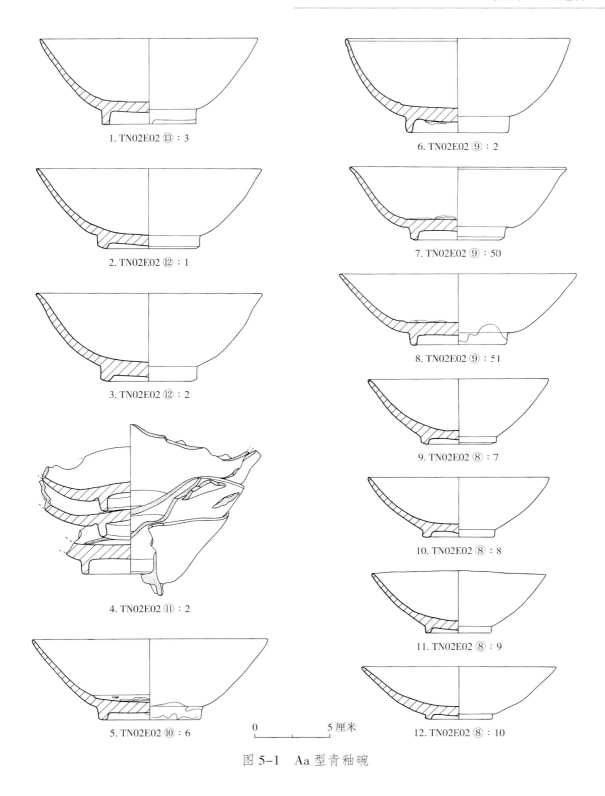

1. TN02E02 ⑬：3

2. TN02E02 ⑫：1

3. TN02E02 ⑫：2

4. TN02E02 ⑪：2

5. TN02E02 ⑩：6

6. TN02E02 ⑨：2

7. TN02E02 ⑨：50

8. TN02E02 ⑨：51

9. TN02E02 ⑧：7

10. TN02E02 ⑧：8

11. TN02E02 ⑧：9

12. TN02E02 ⑧：10

0   5 厘米

图 5-1 Aa 型青釉碗

　　TN02E02 ⑨：50，可复原。内底凹弦纹一圈。灰胎，胎质较粗。青黄釉，有开片。外施釉至足端，外底部露胎无釉。口径 14.4、足径 6.2、高 5 厘米。（图 5-1：7；彩版 5-3：1）

　　TN02E02 ⑨：51，可复原。内底凹弦纹一圈。灰胎，胎质较粗。青黄釉，有开片。外施釉至足端，外底部露胎无釉。口径 15.8、足径 6.4、高 4.8 厘米。（图 5-1：8；彩版 5-3：2）

TN02E02⑧：7，可复原。灰黄胎，胎质较粗。青釉，布满小开片。外施釉至下腹，外底部露胎无釉。足端及内底有叠烧痕迹。口径12、足径5、高4.5厘米。（图5-1：9；彩版5-3：3）

TN02E02⑧：8，可复原。灰黄胎，胎质较粗。青釉，布满小开片。外施釉至下腹，外底部露胎无釉。足端有叠烧痕迹。口径12、足径4.8、高4.1厘米。（图5-1：10；彩版5-4：1）

TN02E02⑧：9，可复原。灰黄胎，胎质较粗。青釉，布满小开片。外施釉至下腹，局部积釉，外底部露胎无釉。足端及内底有叠烧痕迹。口径11.6、足径4.4、高4.3厘米。（图5-1：11；彩版5-4：2）

TN02E02⑧：10，可复原。灰黄胎，胎质较粗。青釉，布满小开片。外施釉至足端，局部积釉，外底部露胎无釉。足端及内底有叠烧痕迹。口径13、足径4.4、高3.6厘米。（图5-1：12；彩版5-4：3）

TN02E02⑦：23，碗叠烧标本。四件碗。外口沿下凹弦纹多圈，内底凹弦纹一圈。灰黄胎，胎质较粗。青黄釉，较多开片。全器满施釉。足端及内底有叠烧痕迹。足径6.7、通高8.8厘米。（图5-2：1；彩版5-5：1）

TN02E02⑦：24，可复原。外口沿下凹弦纹多圈，内底凹弦纹一圈。灰黄胎，胎质较粗。青釉微泛黄，较多开片。外施釉至下腹，外底部露胎无釉。足端及内底有叠烧痕迹。口径15.2、足径6.7、高5.9厘米。（图5-2：2；彩版5-5：2）

TN02E02⑦：25，可复原。外口沿下凹弦纹多圈，内口沿下凹弦纹一圈。灰黄胎，胎质较粗。青釉微泛黄，有开片。外施釉至下腹，外底部露胎无釉。足端及内底有叠烧痕迹。口径15.5、足径6.7、高5.6厘米。（图5-2：3；彩版5-5：3）

TN02E02⑦：26，可复原。敞口微侈。内底凹弦纹一圈。灰胎，胎质较粗。青釉微泛黄，较多开片。外施釉至下腹，外底部露胎无釉。足端及内底有叠烧痕迹。口径15.4、足径6.2、高4.9厘米。（图5-2：4；彩版5-6：1）

TN02E02⑦：32，可复原。灰胎，胎质较粗。青釉微泛黄，布满小开片。外施釉至下腹，外底部露胎无釉。足端及内底有叠烧痕迹。口径12.4、足径5.4、高4.3厘米。（图5-2：5；彩版5-6：2）

TN02E02⑦：33，可复原。灰胎，胎质较粗。青釉，局部开片。外施釉至下腹，外底部露胎无釉。足端及内底有叠烧痕迹。口径12.5、足径5、高4厘米。（图5-2：6；彩版5-6：3）

TN02E02⑦：34，可复原。灰胎，胎质较粗。青釉，布满小开片。外施釉至下腹，外底部露胎无釉。足端及内底有叠烧痕迹。口径12.6、足径5.1、高4.2厘米。（图5-2：7；彩版5-7：1）

TN02E02⑦：41，可复原。外腹凹弦纹多圈，内口沿下凹弦纹多圈，内底凹弦纹一圈。灰胎，胎质较粗。青釉微泛黄，布满开片。全器满施釉。外底心有支烧痕迹。口径14.2、足径7、高6.6厘米。（图5-2：8；彩版5-7：2）

TN02E02⑦：48，碗叠烧标本。两件相同的碗。灰胎，胎质较粗。青釉微泛黄，较多开片。外施釉至下腹，外底部露胎无釉。足端有叠烧痕迹。口径11.7、足径5、通高7.3厘米。（图5-2：9；彩版5-7：3）

TN02E02⑥：13，可复原。灰胎，胎质较粗。青黄釉，布满小开片。外施釉至足端，外底部

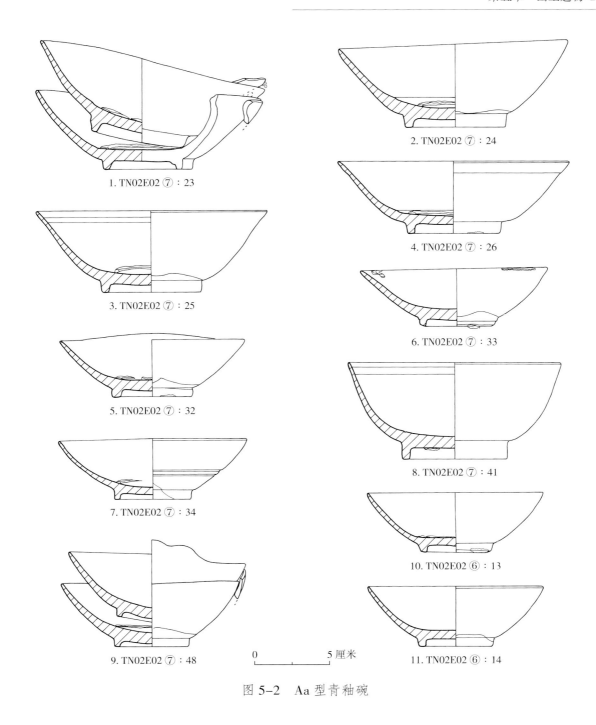

1. TN02E02⑦:23

2. TN02E02⑦:24

3. TN02E02⑦:25

4. TN02E02⑦:26

5. TN02E02⑦:32

6. TN02E02⑦:33

7. TN02E02⑦:34

8. TN02E02⑦:41

9. TN02E02⑦:48

10. TN02E02⑥:13

11. TN02E02⑥:14

0　　　　　　5厘米

图5-2　Aa型青釉碗

露胎无釉。足端及内底有长条状叠烧痕迹。口径11.8、足径4.8、高4.1厘米。（图5-2：10；彩版5-8：1）

　　TN02E02⑥:14，可复原。灰胎，胎质较粗。青釉。外施釉至足端，外底部露胎无釉。足端有叠烧痕迹。口径11.7、足径4.9、高4.1厘米。（图5-2：11；彩版5-8：2）

　　TN02E02⑤:24，可复原。灰胎，胎质较粗。青釉，布满小开片。外施釉至足端，外底部露胎无釉。足端及内底有叠烧痕迹。口径12.3、足径4.7、高4.4厘米。（图5-3：1；彩版5-8：3）

　　TN02E02⑤:25，可复原。内口沿下凹弦纹一圈，内底凹弦纹一圈。灰胎，胎质较粗。青釉微泛黄，布满小开片。全器满施釉。外底心有支烧痕迹。口径 14.2、足径 6、高 6 厘米。（图 5-3：2；彩版 5-9：1）

TN02E02 ④：3，可复原。外口沿下凹弦纹多圈，内口沿下凹弦纹一圈，内底凹弦纹一圈。灰白胎，胎质较细。青釉微泛黄，布满小开片。全器满施釉。外底心有支烧痕迹。口径 14、足径

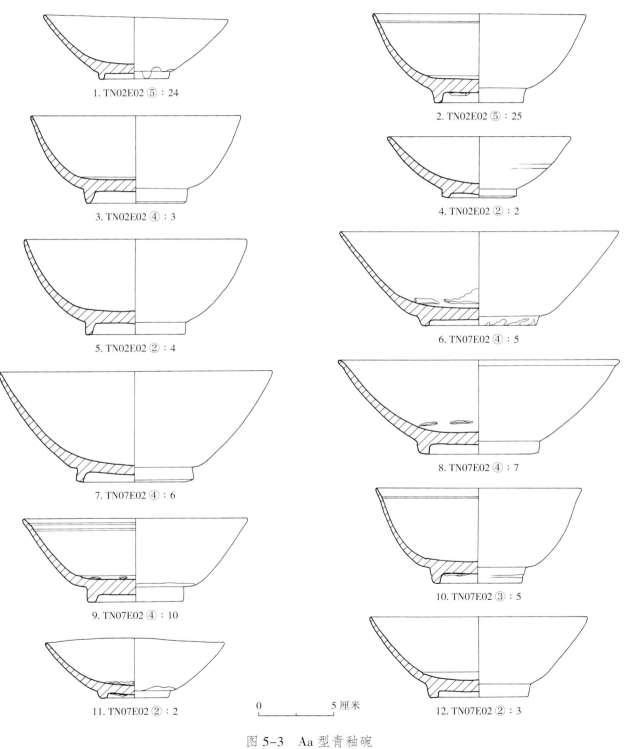

1. TN02E02 ⑤：24

2. TN02E02 ⑤：25

3. TN02E02 ④：3

4. TN02E02 ②：2

5. TN02E02 ②：4

6. TN07E02 ④：5

7. TN07E02 ④：6

8. TN07E02 ④：7

9. TN07E02 ④：10

10. TN07E02 ③：5

11. TN07E02 ②：2

0   5 厘米

12. TN07E02 ②：3

图 5-3 Aa 型青釉碗

6.8、高 6 厘米。（图 5-3：3；彩版 5-9：2）

TN02E02②：2，可复原。灰胎，胎质较粗。青釉，布满开片。外施釉至下腹，外底部露胎无釉。足端有叠烧痕迹。口径 12.2、足径 5、高 4.2 厘米。（图 5-3：4；彩版 5-9：3）

TN02E02②：4，可复原。外口沿下凹弦纹一圈；内口沿下凹弦纹一圈；内底凹弦纹一圈，内素面。灰胎，胎质较粗。青釉微泛黄，布满开片。全器满施釉。外底心有支烧痕迹。口径 14.8、足径 6.6、高 6.5 厘米。（图 5-3：5；彩版 5-10：1）

TN07E02④：5，可复原。器形大。灰黄胎，胎质较粗。青黄釉，较多开片。全器满施釉。足端及内底有叠烧痕迹。口径 18.6、足径 7.6、高 6.4 厘米。（图 5-3：6；彩版 5-10：2）

TN07E02④：6，可复原。器形大。外腹凹弦纹多圈。灰黄胎，胎质较粗。青黄釉，布满小开片。外施釉至足端，外底部露胎无釉。足端及内底有叠烧痕迹。口径 18.2、足径 7.8、高 7.6 厘米。（图 5-3：7；彩版 5-10：3）

TN07E02④：7，可复原。器形大。灰黄胎，胎质较粗。青黄釉，布满开片。外施釉至下腹，外底部露胎无釉。足端及内底有叠烧痕迹。口径 18.8、足径 8、高 6.5 厘米。（图 5-3：8；彩版 5-11：1）

TN07E02④：10，可复原。外腹凹弦纹多圈，内口沿下凹弦纹双圈，内底凹弦纹一圈。灰胎，胎质较粗。青釉微泛黄，布满开片。外施釉至足端，外底部露胎无釉。足端及内底有叠烧痕迹。口径 15、足径 6.4、高 5.7 厘米。（图 5-3：9；彩版 5-11：2）

TN07E02③：5，可复原。内口沿下凹弦纹一圈，内底凹弦纹一圈。灰黄胎，胎质较粗。青黄釉，布满小开片。全器满施釉。外底心有支烧痕迹。口径 13.8、足径 5.8、高 6.5 厘米。（图 5-3：10；彩版 5-11：3）

TN07E02②：2，可复原。灰胎，胎质较粗。青黄釉，较多开片。外施釉至下腹，外底部露胎无釉。足端及内底有叠烧痕迹。口径 12、足径 4.6、高 4.1 厘米。（图 5-3：11；彩版 5-12：1）

TN07E02②：3，可复原。内底凹弦纹一圈。灰黄胎，胎质较粗。青黄釉。外施釉至下腹，外底部露胎无釉。足端及内底有叠烧痕迹。口径 14.6、足径 6.6、高 5.5 厘米。（图 5-3：12；彩版 5-12：2）

TN07E02②：4，可复原。内底凹弦纹一圈。灰黄胎，胎质较粗。青黄釉，布满开片。外施釉至足端，外底部露胎无釉。足端及内底有叠烧痕迹。口径 15.4、足径 7、高 5.4 厘米。（图 5-4：1；彩版 5-12：3）

TN07E02②：5，可复原。外腹凹弦纹多圈，内底凹弦纹一圈。灰胎，胎质较粗。青黄釉。全器满施釉。外底心粘连一垫圈。口径 14.1、足径 6、带垫圈高 7.5 厘米。（图 5-4：2；彩版 5-13：1）

TN07E02②：9，可复原。内底凹弦纹一圈。灰胎，胎质较粗。青釉，布满开片。外施釉至下腹，外底部露胎无釉。足端及内底有叠烧痕迹。口径 18.8、足径 7.8、高 6.8 厘米。（图 5-4：3；彩版 5-13：2）

TN07E02②：10，可复原。器形大。灰胎，胎质较粗。青釉微泛黄。全器满施釉。足端及内底有叠烧痕迹。口径 18.8、足径 8、高 6.1 厘米。（图 5-4：4；彩版 5-13：3）

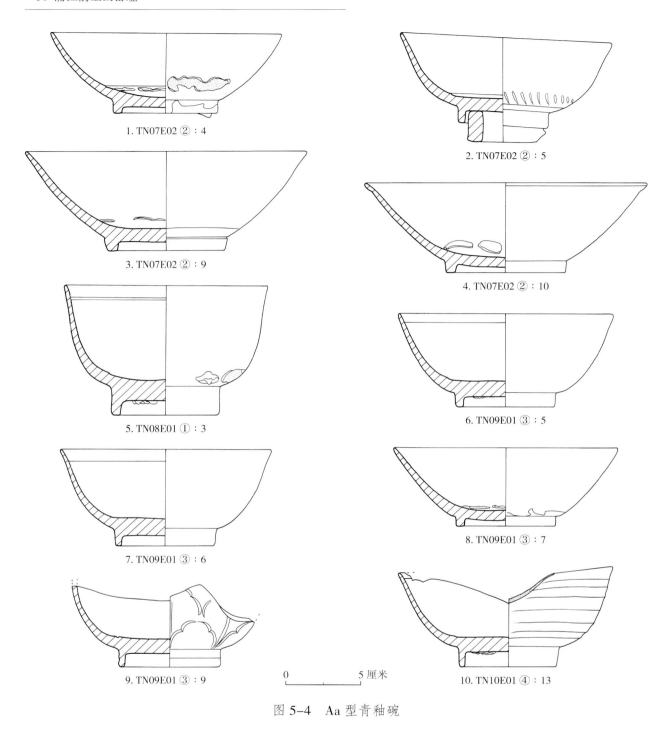

1. TN07E02②：4

2. TN07E02②：5

3. TN07E02②：9

4. TN07E02②：10

5. TN08E01①：3

6. TN09E01③：5

7. TN09E01③：6

8. TN09E01③：7

9. TN09E01③：9

0   5厘米

10. TN10E01④：13

图 5-4　Aa 型青釉碗

　　TN08E01①：3，可复原。口部变形。内底凹弦纹一圈，内口沿下凹弦纹一圈。灰黄胎，胎质较粗。青釉微泛黄。满施釉。外底心有支烧痕迹。口径 13.6、足径 7.2、高 8.9 厘米。（图 5-4：5；彩版 5-14：1）

　　TN09E01③：5，可复原。内底凹弦纹一圈。灰胎，胎质较粗。青釉，布满开片。全器满施釉。外底心有支烧痕迹。口径 14.4、足径 6.6、高 6.4 厘米。（图 5-4：6；彩版 5-14：2）

　　TN09E01③：6，可复原。外口沿下凹弦纹一圈，内口沿下凹弦纹一圈，内底凹弦纹一圈。灰胎，胎质较粗。青釉，布满开片。全器满施釉。外底心有支烧痕迹。口径14、足径6.6、高6.6厘米。（图5-4：7；彩版5-14：3）

　　TN09E01③：7，可复原。灰胎，胎质较粗。青黄釉，布满开片。外施釉至足端，外底部露胎无釉。足端及内底有叠烧痕迹。口径15、足径6.6、高5.3厘米。（图5-4：8；彩版5-15：1）

　　TN09E01③：9，不可复原。外腹满饰刻划蕉叶纹多层，内口沿下凹弦纹双圈，内底凹弦纹一圈。灰胎，胎质较细。青釉微泛黄。全器满施釉。外底心有支烧痕迹。足径6.8、残高5.5厘米。（图5-4：9；彩版5-15：2）

　　TN10E01④：13，可复原。内口沿下凹弦纹一圈，内底凹弦纹一圈。灰胎，胎质较细。青釉。全器满施釉。外底心有支烧痕迹。口径14.2、足径6.5、高6.9厘米。（图5-4：10；彩版5-15：3）

　　TN11E01⑤：1，可复原。灰黄胎，胎质较粗。青黄釉。外施釉至下腹，外底部露胎无釉。足端及内底有支烧痕迹。口径16.2、足径6.6、高6厘米。（图5-5：1；彩版5-16：1）

　　TN11E01④：4，可复原。内底凹弦纹一圈。灰黄胎，胎质较粗。青黄釉。外施釉至下腹，外底部露胎无釉。足端及内底有叠烧痕迹。口径14.6、足径6.3、高6.1厘米。（图5-5：2；彩版5-16：2）

　　TN11E01④：14，可复原。敞口微束。内底凹弦纹一圈。灰胎，胎质较粗。青黄釉，布满开片。全器满施釉。外底心有支烧痕迹。口径14、足径6.6、高6.6厘米。（图5-5：3；彩版5-16：3）

　　TN11E01④：26，可复原。斜曲近直。灰黄胎，胎质较粗。青黄釉，局部开片。外施釉至下腹，外底部露胎无釉。足端有叠烧痕迹，内底粘连一垫圈。口径11.5、足径4.7、高4.2厘米。（图5-5：4；彩版5-17：1）

　　TN11E01②：3，可复原。内底凹弦纹一圈。灰胎，胎质较粗。青釉，局部开片。外施釉至下腹，外底部露胎无釉。足端及内底有叠烧痕迹。口径15.2、足径6.8、高5.8厘米。（图5-5：5；彩版5-17：2）

　　TN11E01②：4，可复原。内底凹弦纹一圈。灰胎，胎质较粗。青黄釉，布满开片。外施釉至下腹，外底部露胎无釉。足端及内底有叠烧痕迹。口径14.7、足径6、高6.1厘米。（图5-5：6；彩版5-17：3）

　　TN11E01②：5，可复原。内底凹弦纹一圈。生烧。灰黄胎，胎质较粗。青黄釉。外施釉至下腹，外底部露胎无釉。足端及内底有叠烧痕迹。口径15.8、足径7、高6.3厘米。（图5-5：7；彩版5-18：1）

　　TN11E01②：12，碗叠烧标本。三件碗。灰胎，胎质较粗。青釉。外施釉至下腹，外底部露胎无釉。足端及内底有叠烧痕迹。口径11.4、足径4.4、通高6.6厘米。（图5-5：8；彩版5-18：2）

　　TN11E01②：13，碗叠烧标本。三件碗。外腹饰刻划仰莲瓣纹多层。灰胎，胎质较粗。青釉。全器满施釉。足端及内底有叠烧痕迹。足径7.2、通高11厘米。（图5-5：9；彩版5-18：3）

　　TN11E01②：14，可复原。敞口近直。外腹满饰刻划蕉叶纹多层，内口沿下凹弦纹一圈，内底凹弦纹一圈。灰黄胎，胎质较粗。青黄釉。全器满施釉。外底心有支烧痕迹。口径14.8、足径7、高8.1厘米。（图5-5：10；彩版5-19：1）

　　TN11E01②：16，可复原。敞口近直。外腹凹弦纹多圈，内口沿下凹弦纹一圈，内底凹弦纹一圈。

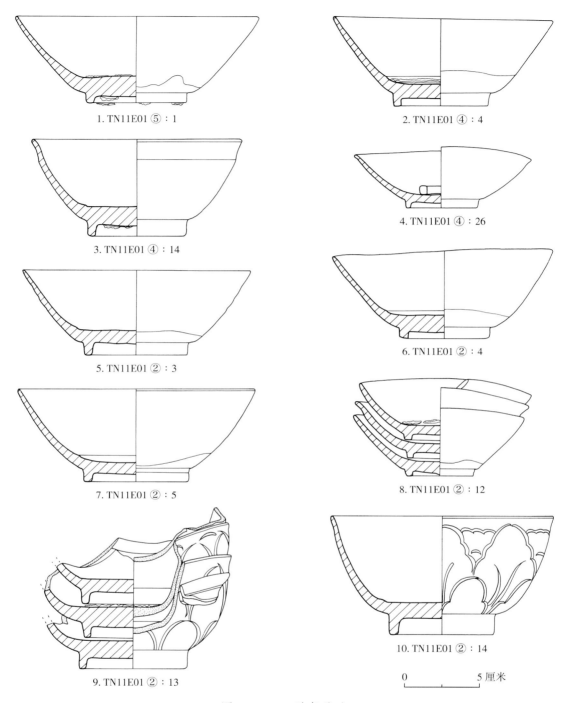

1. TN11E01⑤：1 2. TN11E01④：4
3. TN11E01④：14 4. TN11E01④：26
5. TN11E01②：3 6. TN11E01②：4
7. TN11E01②：5 8. TN11E01②：12
9. TN11E01②：13 10. TN11E01②：14

0　　　　5厘米

图 5-5　Aa 型青釉碗

灰胎，胎质较粗。青釉。全器满施釉。外底心有支烧痕迹。口径 13.6、足径 6.4、高 6.5 厘米。（图 5-6：1；彩版 5-19：2）

　　TN11E01②：17，可复原。敞口近直。外口沿下凹弦纹一圈，内底凹弦纹一圈。灰胎，胎质较粗。青釉。全器满施釉。外底心有支烧痕迹。口径 12.2、足径 6.4、高 6.9 厘米。（图 5-6：2；彩版 5-19：3）

　　TN11E01②：18，可复原。外腹饰刻划仰莲瓣纹多层。灰胎，胎质较粗。青釉。全器满施釉。

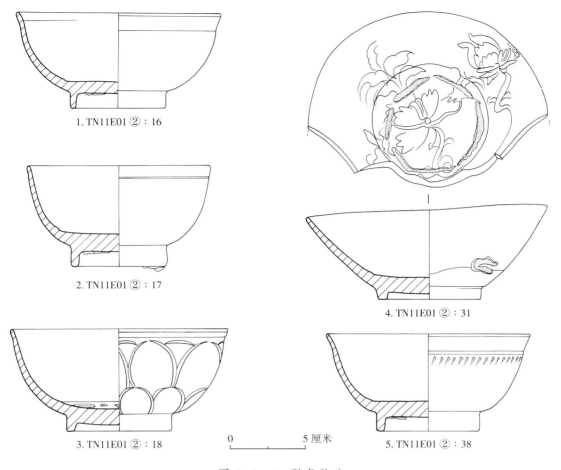

1. TN11E01 ② : 16

2. TN11E01 ② : 17

4. TN11E01 ② : 31

3. TN11E01 ② : 18

0　　　　5 厘米

5. TN11E01 ② : 38

图 5-6　Aa 型青釉碗

足端及内底有叠烧痕迹。口径 14.4、足径 7、高 7 厘米。（图 5-6：3；彩版 5-20：1）

　　TN11E01 ② : 31，可复原。内底凹弦纹一圈，内腹及内底刻划花卉纹。灰黄胎，胎质较粗。青釉微泛黄，布满开片。外施釉至下腹，外底部露胎无釉。足端及内底有叠烧痕迹。口径 16、足径 6.8、高 6.5 厘米。（图 5-6：4；彩版 5-20：2）

　　TN11E01 ② : 38，可复原。外腹有跳刀痕，内口沿下凹弦纹一圈，内底凹弦纹一圈。灰胎，胎质较粗。青釉。全器满施釉。外底心有支烧痕迹。口径 13.6、足径 6.8、高 6.7 厘米。（图 5-6：5；彩版 5-20：3）

　　Ab 型　圆唇，敞口，花口，斜曲腹，圈足。

　　TN02E02 ⑦ : 37，可复原。外腹对应花口处有凹陷纹，内口沿下凹弦纹一圈，内底凹弦纹一圈。灰黄胎，胎质较粗。青釉微泛黄，布满小开片。全器满施釉。外底心有支烧痕迹。口径 14.4、足径 6.6、高 7.65 厘米。（图 5-7：1；彩版 5-21：1）

　　TN02E02 ⑦ : 38，可复原。外腹对应花口处有凹陷纹，下腹近足处凹弦纹一圈；内口沿下凹弦纹一圈；内底凹弦纹一圈，内饰刻划花卉纹。灰胎，胎质较粗。青釉微泛黄，局部开片。全器满施釉。外底心有支烧痕迹。口径 14.9、足径 6.8、高 6.9 厘米。（图 5-7：2；彩版 5-21：2）

　　TN02E02 ⑦ : 39，不可复原。失下部。外腹对应花口处有凹陷纹，内口沿下凹弦纹一圈，内

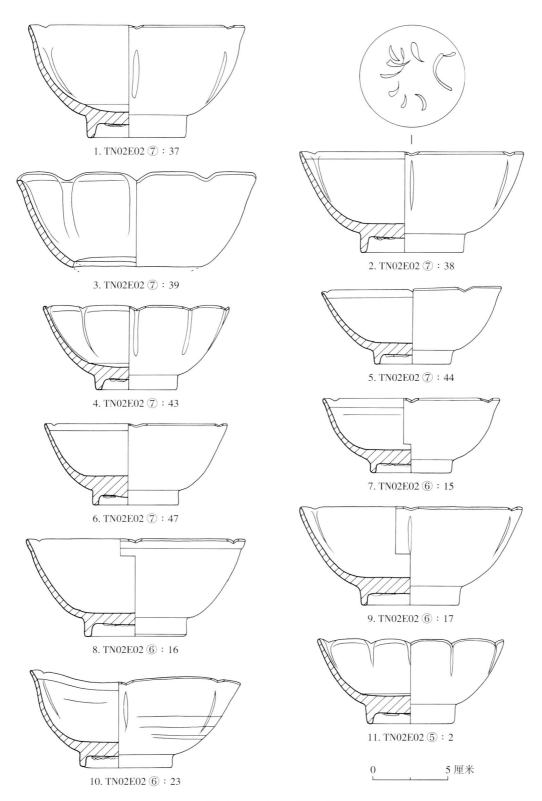

1. TN02E02 ⑦：37

2. TN02E02 ⑦：38

3. TN02E02 ⑦：39

4. TN02E02 ⑦：43

5. TN02E02 ⑦：44

6. TN02E02 ⑦：47

7. TN02E02 ⑥：15

8. TN02E02 ⑥：16

9. TN02E02 ⑥：17

10. TN02E02 ⑥：23

11. TN02E02 ⑤：2

0   5 厘米

图 5-7　Ab 型青釉碗

底凹弦纹一圈。灰胎，胎质较粗。青釉微泛黄，局部开片。口径 15.8、残高 6.5 厘米。（图 5-7：3；彩版 5-21：3）

TN02E02⑦：43，可复原。外腹对应花口处有凹陷纹，内口沿下凹弦纹一圈，内底凹弦纹一圈。灰胎，胎质较粗。青釉，布满开片。全器满施釉。外底心有支烧痕迹。口径 12.4、足径 5.4、高 5.75 厘米。（图 5-7：4；彩版 5-22：1）

TN02E02⑦：44，可复原。内口沿下凹弦纹一圈，内底凹弦纹一圈。灰胎，胎质较粗。青釉泛黄。全器满施釉。外底心有支烧痕迹。口径 12、足径 5、高 5.3 厘米。（图 5-7：5；彩版 5-22：2）

TN02E02⑦：47，可复原。外腹凹弦纹多圈，内口沿下凹弦纹一圈，内底凹弦纹一圈。灰胎，胎质较粗。青釉微泛黄，较多开片。全器满施釉。外底心有支烧痕迹。口径 12.2、足径 5.7、高 5.6 厘米。（图 5-7：6；彩版 5-22：3）

TN02E02⑥：15，可复原。内口沿下凹弦纹一圈，内底凹弦纹一圈。灰胎，胎质较粗。青釉，布满小开片。全器满施釉。外底心有支烧痕迹。口径 11.8、足径 5.4、高 5.15 厘米。（图 5-7：7；彩版 5-23：1）

TN02E02⑥：16，可复原。外口沿下凹弦纹一圈，内口沿下凹弦纹一圈，内底凹弦纹一圈。灰胎，胎质较粗。青釉泛黄，布满小开片。全器满施釉。外底心有支烧痕迹。口径 14.6、足径 6.8、高 6.65 厘米。（图 5-7：8；彩版 5-23：2）

TN02E02⑥：17，可复原。外腹对应花口处有凹陷纹，内底凹弦纹一圈。灰胎，胎质较粗。青釉。全器满施釉。外底心有支烧痕迹。口径 14.8、足径 6.5、高 6.7 厘米。（图 5-7：9；彩版 5-23：3）

TN02E02⑥：23，可复原。外腹对应花口处有凹陷纹，外腹刻划多圈凹弦纹；内口沿下凹弦纹一圈；内底凹弦纹一圈。灰胎，胎质较细。青釉泛黄，布满小开片。全器满施釉。外底心有支烧痕迹。口径 14、足径 6.1、高 6.7 厘米。（图 5-7：10；彩版 5-24：1）

TN02E02⑤：2，可复原。外腹对应花口处有凹陷纹，内底凹弦纹一圈。灰白胎，胎质较细。青釉，布满小开片。全器满施釉。外底心有支烧痕迹。口径 12.4、足径 5.8、高 5.8 厘米。（图 5-7：11；彩版 5-24：2）

TN02E02⑤：18，可复原。外腹对应花口处有凹陷纹，内口沿下凹弦纹一圈。灰胎，胎质较粗。青釉微泛黄，有开片。全器满施釉。外底心粘连一垫圈。口径 13.6、足径 5.6、带垫圈高 7.2 厘米。（图 5-8：1；彩版 5-24：3）

TN02E02④：2，可复原。外腹对应花口处有凹陷纹，内口沿下凹弦纹一圈，内底凹弦纹一圈。灰白胎，胎质较细。青釉微泛黄，布满小开片。全器满施釉。外底心粘连一垫圈。口径 14.6、足径 6.2、带垫圈高 6.8 厘米。（图 5-8：2；彩版 5-25：1）

TN02E02②：5，可复原。敞口近直，上腹竖直，下腹斜曲。外腹对应花口处有凹陷纹；内底凹弦纹一圈，内素面。灰胎，胎质较细。青釉，较多开片。全器满施釉。外底心有支烧痕迹。口径 11.8、足径 5.6、高 5.5 厘米。（图 5-8：3；彩版 5-25：2）

TN02E02②：6，可复原。上腹斜直，下腹斜曲。外腹对应花口处有凹陷纹；内底凹弦纹一圈，内素面。灰胎，胎质较细。青釉，较多开片。全器满施釉。外底心有支烧痕迹。口径 12.6、足径 5.6、高 5.2 厘米。（图 5-8：4；彩版 5-25：3）

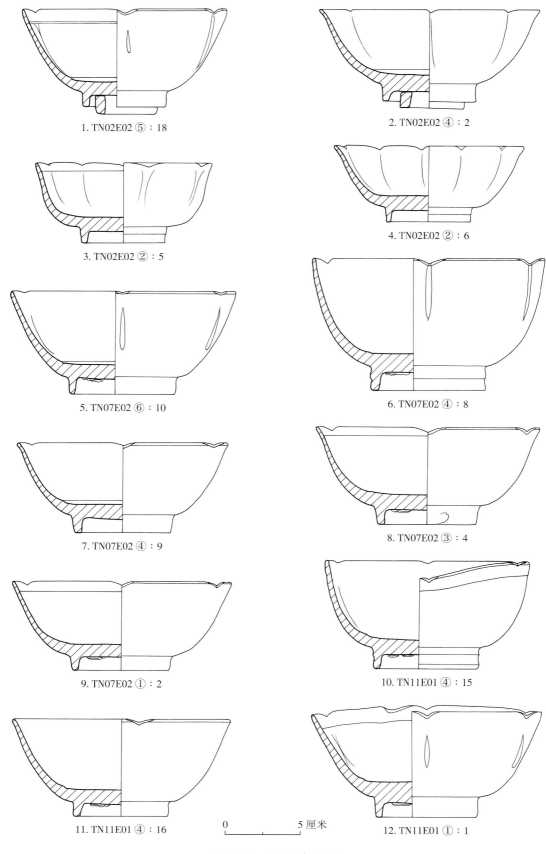

1. TN02E02 ⑤ : 18

2. TN02E02 ④ : 2

3. TN02E02 ② : 5

4. TN02E02 ② : 6

5. TN07E02 ⑥ : 10

6. TN07E02 ④ : 8

7. TN07E02 ④ : 9

8. TN07E02 ③ : 4

9. TN07E02 ① : 2

10. TN11E01 ④ : 15

11. TN11E01 ④ : 16

0   5 厘米

12. TN11E01 ① : 1

图 5-8 Ab 型青釉碗

TN07E02⑥：10，可复原。外腹对应花口处有凹陷纹，内底凹弦纹一圈。灰胎，胎质较粗。青釉，局部开片。全器满施釉。外底心有支烧痕迹。口径15、足径7、高7厘米。（图5-8：5；彩版5-26：1）

TN07E02④：8，可复原。外腹对应花口处有凹陷纹，内口沿下凹弦纹一圈，内底凹弦纹一圈。灰黄胎，胎质较粗。青黄釉，布满开片。全器满施釉。外底心有支烧痕迹。口径15.5、足径7.7、高9厘米。（图5-8：6；彩版5-26：2）

TN07E02④：9，可复原。内底凹弦纹一圈。灰黄胎，胎质较粗。青黄釉，较多开片。全器满施釉。外底心有支烧痕迹。口径14、足径6.4、高6.2厘米。（图5-8：7；彩版5-26：3）

TN07E02③：4，可复原。内口沿下凹弦纹一圈，内底凹弦纹一圈。灰黄胎，胎质较粗。青黄釉，布满小开片。全器满施釉。外底心有支烧痕迹。口径14.8、足径6.5、高6.7厘米。（图5-8：8；彩版5-27：1）

TN07E02①：2，可复原。内口沿下凹弦纹一圈，内底凹弦纹一圈。灰胎，胎质较粗。青釉，局部开片。全器满施釉。外底心有支烧痕迹。口径14.6、足径6.4、高6.1厘米。（图5-8：9；彩版5-27：2）

TN11E01④：15，可复原。外口沿下凹弦纹一圈，外腹对应花口处有凹陷纹；内底凹弦纹一圈。灰胎，胎质较粗。青釉，布满开片。全器满施釉。外底心有支烧痕迹。口径13.6、足径7、高7.4厘米。（图5-8：10；彩版5-27：3）

TN11E01④：16，可复原。内底凹弦纹一圈。灰黄胎，胎质较粗。青黄釉，布满开片。全器满施釉。外底心有支烧痕迹。口径14.6、足径6.3、高6.6厘米。（图5-8：11；彩版5-28：1）

TN11E01①：1，可复原。外腹对应花口处有凹陷纹，内底凹弦纹一圈。灰黄胎，胎质较粗。青釉微泛黄。全器满施釉。外底心有支烧痕迹。口径15.3、足径6.8、高7.6厘米。（图5-8：12；彩版5-28：2）

Ac型　圆唇，敞口，唇口，斜曲腹，圈足。

TN11E01⑤：3，可复原。灰黄胎，胎质较粗。青黄釉，局部开片。外施釉至下腹，外底部露胎无釉。足端及内底有支烧痕迹。口径14.8、足径6.2、高5.5厘米。（图5-9：1；彩版5-29：1）

TN11E01⑤：4，碗叠烧标本。敞口碗与唇口碗粘连。灰黄胎，胎质较粗。青黄釉。外施釉至下腹，外底部露胎无釉。足端及内底有支烧痕迹。口径15.3、足径6.2、通高8.2厘米。（图5-9：2；

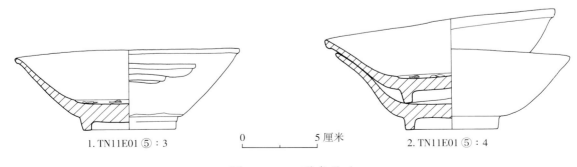

1. TN11E01⑤：3　　　0 ⸺⸺⸺ 5厘米　　　2. TN11E01⑤：4

图5-9　Ac型青釉碗

彩版 5-29：2）

Ad 型　圆唇，敞口，斜直腹，圈足。俗称斗笠碗。

TN02E02⑬：5，可复原。斜直腹微曲。灰白胎，胎质较粗。青釉微泛黄，布满细小开片。全器满施釉。足端有叠烧痕迹。口径 12.8、足径 4.7、高 5.3 厘米。（图 5-10：1；彩版 5-30：1）

TN02E02⑬：6，可复原。斜直腹微曲。灰白胎，胎质较粗。青釉微泛黄，布满细小开片。全器满施釉。足端及内底有叠烧痕迹。口径 12.3、足径 4.9、高 4.3 厘米。（图 5-10：2；彩版 5-30：2）

TN02E02⑬：7，可复原。斜直腹微曲。灰黄胎，胎质较粗。青釉泛黄，布满细小开片。全器满施釉。足端有叠烧痕迹。口径 12.4、足径 4.9、高 4.3 厘米。（图 5-10：3；彩版 5-30：3）

TN02E02⑪：4，可复原。内底凹弦纹一圈。灰黄胎，胎质较粗。青釉，布满小开片。全器满施釉。外底心有支烧痕迹。口径 13.2、足径 4.7、高 4.3 厘米。（图 5-10：4；彩版 5-31：1）

TN02E02⑩：10，可复原。内口沿下凹弦纹一圈，内底凹弦纹一圈。灰白胎，胎质较粗。青釉，布满小开片。全器满施釉。外底心有支烧痕迹。口径 12.6、足径 4.6、高 3.8 厘米。（图 5-10：5；彩版 5-31：2）

TN02E02⑩：11，可复原。灰黄胎，胎质较粗。青釉，布满开片。全器满施釉。足端及内底有叠烧痕迹。口径 12.2、足径 5、高 4.2 厘米。（图 5-10：6；彩版 5-31：3）

TN02E02⑩：12，可复原。灰胎，胎质较粗。青灰釉，布满小开片。外施釉至足端，外底部露胎无釉。足端及内底有叠烧痕迹。口径 13.3、足径 5.1、高 4.7 厘米。（图 5-10：7；彩版 5-32：1）

TN02E02⑨：5，可复原。内腹凹弦纹一圈，内底凹弦纹一圈。灰胎，胎质较粗。青黄釉，布满小开片。全器满施釉。外底心有支烧痕迹。口径 13、足径 4.8、高 3.8 厘米。（图 5-10：8；

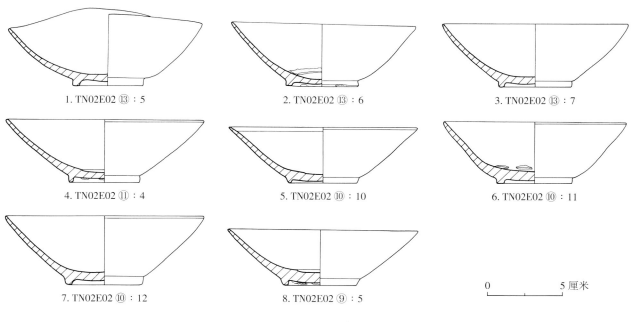

1. TN02E02⑬：5　　2. TN02E02⑬：6　　3. TN02E02⑬：7

4. TN02E02⑪：4　　5. TN02E02⑩：10　　6. TN02E02⑩：11

7. TN02E02⑩：12　　8. TN02E02⑨：5

0　　　　　5 厘米

图 5-10　Ad 型青釉碗

彩版 5-32：2）

TN02E02⑨：6，可复原。灰胎，胎质较粗。青黄釉，布满开片。全器满施釉。足端及内底有叠烧痕迹。口径 12、足径 5.2、高 4.1 厘米。（图 5-11：1；彩版 5-32：3）

TN02E02⑨：7，碗叠烧标本。两件碗。灰胎，胎质较粗。青釉微泛黄，布满小开片。全器满施釉。足端及内底有叠烧痕迹。口径 12.7、足径 4.7、通高 5 厘米。（图 5-11：2；彩版 5-33：1）

TN02E02⑧：11，可复原。斜直腹微曲。内底凹弦纹一圈。灰胎，胎质较粗。青釉微泛黄，

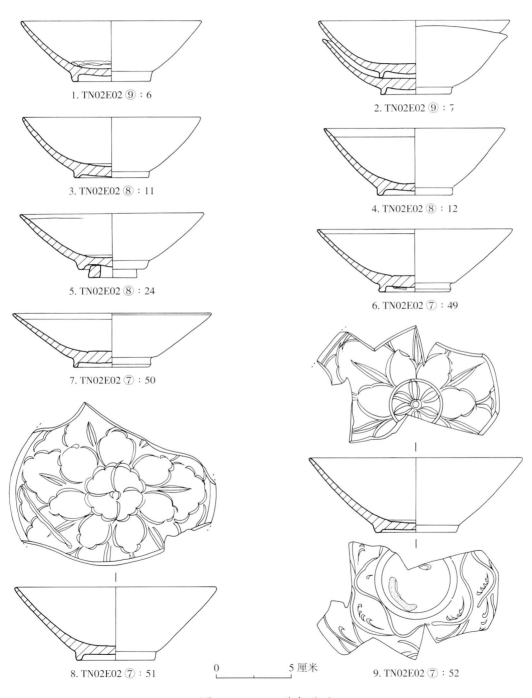

1. TN02E02⑨：6

2. TN02E02⑨：7

3. TN02E02⑧：11

4. TN02E02⑧：12

5. TN02E02⑧：24

6. TN02E02⑦：49

7. TN02E02⑦：50

8. TN02E02⑦：51

9. TN02E02⑦：52

0　　　5 厘米

图 5-11　Ad 型青釉碗

布满小开片。全器满施釉。外底心有支烧痕迹。口径 11.8、足径 5、高 4.2 厘米。（图 5-11：3；彩版 5-33：2）

TN02E02 ⑧：12，可复原。斜直腹微曲。内口沿下凹弦纹一圈，内底凹弦纹一圈。灰胎，胎质较粗。青釉，布满小开片。全器满施釉。外底心有支烧痕迹。口径 12、足径 5、高 4.6 厘米。（图 5-11：4；彩版 5-33：3）

TN02E02 ⑧：24，可复原。斜直腹微曲。内底凹弦纹一圈。灰胎，胎质较粗。青釉，布满小开片。全器满施釉。外底心粘连一垫圈。口径 12.2、足径 4.6、带垫圈高 4.4 厘米。（图 5-11：5；彩版 5-34：1）

TN02E02 ⑦：49，可复原。斜直腹微曲。内口沿下凹弦纹一圈，内底凹弦纹一圈。灰胎，胎质较粗。青釉微泛黄，布满开片。全器满施釉。外底心有支烧痕迹。口径 13、足径 4.8、高 4.3 厘米。（图 5-11：6；彩版 5-34：2）

TN02E02 ⑦：50，可复原。斜直腹微曲。内口沿下凹弦纹一圈，内底凹弦纹一圈。灰胎，胎质较粗。青釉，布满开片。全器满施釉。外底心有支烧痕迹。口径 13.2、足径 5.2、高 3.7 厘米。（图 5-11：7；彩版 5-34：3）

TN02E02 ⑦：51，可复原。斜直腹微曲。灰胎，胎质较细。青釉略泛黄。外口沿下凹弦纹一圈；内口沿下凹弦纹一圈，下满饰刻划蕉叶纹。全器满施釉。外底心有支烧痕迹。口径 13.4、足径 5.2、高 5 厘米。（图 5-11：8；彩版 5-35：1）

TN02E02 ⑦：52，可复原。斜直腹微曲。灰胎，胎质较细。青釉，布满开片。外腹满饰刻划花卉纹；内口沿下凹弦纹多圈，下满饰刻划蕉叶纹。全器满施釉。外底心有支烧痕迹。口径 14.2、足径 5.4、高 5.1 厘米。（图 5-11：9；彩版 5-35：2）

TN02E02 ⑦：53，不可复原。失口部，斜直腹微曲。外腹满饰刻划花卉纹，内腹及内底满饰刻划蕉叶纹。灰胎，胎质较细。青釉，布满开片。全器满施釉。外底心有支烧痕迹。足径 5.4、残高 2.5 厘米。（图 5-12：1；彩版 5-35：3）

TN02E02 ⑥：29，不可复原。失口部，斜直腹微曲。外腹凹弦纹一圈，内腹及内底满饰刻划蕉叶纹。灰胎，胎质较粗。青釉，局部开片。全器满施釉，有积釉现象。外底心有支烧痕迹。足径 5.2、残高 3.9 厘米。（图 5-12：2；彩版 5-36：1）

TN02E02 ⑤：19，不可复原。斜直腹微曲。外腹满饰刻划莲瓣纹；内口沿下凹弦纹一圈，下满饰刻划蕉叶纹多层。灰胎，胎质较粗。青釉，较多开片。全器满施釉。外底心有支烧痕迹。口径 14.8、足径 6、高 4.8 厘米。（图 5-12：3；彩版 5-36：2）

TN02E02 ②：8，可复原。内口沿下凹弦纹一圈，内底凹弦纹一圈。灰黄胎，胎质较粗。青釉，布满小开片。全器满施釉。外底心有支烧痕迹。口径 12.6、足径 5.2、高 4.1 厘米。（图 5-12：4；彩版 5-36：3）

TN02E01 ②b：1，碗叠烧标本。两件碗。斜直腹微曲。内底凹弦纹一圈。灰胎，胎质粗。青釉。全器满施釉。足端有叠烧痕迹。足径 4.4、通高 4.8 厘米。（图 5-12：5；彩版 5-37：1）

TN03E01 ①a：3，碗叠烧标本。两件相同的碗。外口沿下凹弦纹一圈，内底凹弦纹一圈。灰胎，胎质粗。青釉，布满开片。全器满施釉。足端有叠烧痕迹。口径 11.4、足径 4、通高 5.6 厘米。

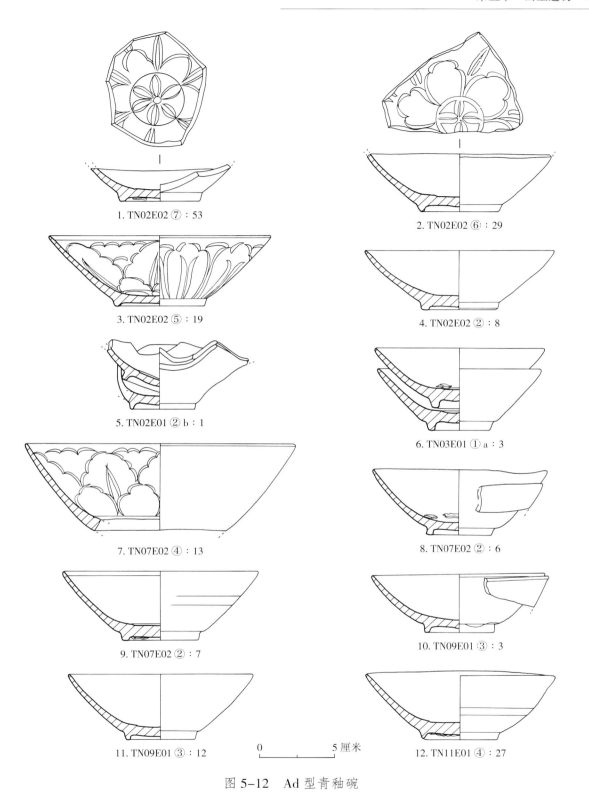

1. TN02E02⑦：53
2. TN02E02⑥：29
3. TN02E02⑤：19
4. TN02E02②：8
5. TN02E01②b：1
6. TN03E01①a：3
7. TN07E02④：13
8. TN07E02②：6
9. TN07E02②：7
10. TN09E01③：3
11. TN09E01③：12
12. TN11E01④：27

0   5厘米

图 5-12　Ad 型青釉碗

（图 5-12：6；彩版 5-38：1）

TN07E02④：13，不可复原。斜直腹微曲，失下部。内腹满饰刻划蕉叶纹多层。灰胎，胎质较粗。青釉微泛黄。口径 18、残高 6 厘米。（图 5-12：7；彩版 5-37：2）

　　TN07E02②：6，可复原。斜直腹微曲。灰胎，胎质较粗。青黄釉，较多开片。外施釉至足端，外底部露胎无釉。足端及内底有叠烧痕迹。口径 11.7、足径 4.4、高 4.5 厘米。（图 5-12：8；彩版 5-38：2）

　　TN07E02②：7，可复原。斜直腹微曲。外腹凹弦纹多圈，内口沿下凹弦纹一圈，内底凹弦纹一圈。灰胎，胎质较粗。青釉，较多开片。全器满施釉。外底心有支烧痕迹。口径 13.1、足径 5.1、高 4.7 厘米。（图 5-12：9；彩版 5-39：1）

　　TN09E01③：3，可复原。斜直腹微曲。灰胎，胎质较粗。青釉微泛黄，布满小开片。外施釉至足端，外底部露胎无釉。足端有叠烧痕迹。口径 11.9、足径 4.6、高 4.1 厘米。（图 5-12：10；彩版 5-39：2）

　　TN09E01③：12，可复原。斜直腹微曲。内底凹弦纹一圈。灰胎，胎质较粗。青黄釉，局部开片。全器满施釉。足端有叠烧痕迹。口径 12.3、足径 4.6、高 4.5 厘米。（图 5-12：11；彩版 5-39：3）

　　TN11E01④：27，可复原。斜直腹微曲。外腹凹弦纹多圈，内口沿下凹弦纹一圈，内底凹弦纹一圈。灰胎，胎质较粗。青釉微泛黄，布满开片。全器满施釉。外底心有支烧痕迹。口径 12.6、足径 5、高 4.7 厘米。（图 5-12：12；彩版 5-40：1）

　　TN11E01①：4，可复原。斜直腹微曲。内口沿下凹弦纹一圈，下满饰海水摩羯纹样。灰黄胎，胎质较粗。青黄釉，布满小开片。全器满施釉。外底心有支烧痕迹。口径 13.2、足径 5.2、高 5.2 厘米。（图 5-13：1；彩版 5-40：2）

　　TS02W01①：6，可复原。内口沿下凹弦纹双圈，内底凹弦纹一圈。灰胎，胎质较粗。青釉。全器满施釉。外底心有支烧痕迹。口径 12.2、足径 5、高 5 厘米。（图 5-13：2；彩版 5-40：3）

　　Ae 型　圆唇，敞口，花口，斜直腹，圈足。

　　TN02E02⑥：12，不可复原。斜直腹微曲，失下部。外腹对应花口处有凹陷纹，内口沿下凹弦纹一圈。灰白胎，胎质较细。青釉，较多开片。口径 12、残高 3.8 厘米。（图 5-14：1；彩版 5-41：1）

　　TN02E02⑥：30，可复原。斜直腹微曲。外腹对应花口处有凹陷纹，内底凹弦纹一圈。灰白胎，胎质较粗。青釉，较多开片。全器满施釉。足端有叠烧痕迹。口径 11.6、足径 4.4、高 4.5 厘米。（图 5-14：2；彩版 5-41：2）

　　TN02E02①：17，可复原。灰胎，胎质较粗。青釉微泛黄，较多开片。外腹对应花口处有凹陷纹，内口沿下凹弦纹一圈，内底凹弦纹一圈。全器满施釉。外底心有支烧痕迹。口径 11.8、足径 4.8、高 4.1 厘米。（图 5-14：3；彩版 5-41：3）

　　B 型

　　侈口碗。依据口部特征的不同，分为两亚型。

1. TN11E01①：4

2. TS02W01①：6

0　　　　5 厘米

图 5-13　Ad 型青釉碗

Ba 型　圆唇，侈口，斜曲腹，圈足。

TN02E02⑫：3，可复原。灰胎，胎质较粗。青釉，布满小开片。外施釉至足端，外底部露胎无釉。足端及内底有叠烧痕迹。口径13、足径5.8、高5.7厘米。（图5-15：1；彩版5-42：1）

TN02E02⑫：4，可复原。灰胎，胎质较粗。青釉。外施釉至足端，外底部露胎无釉。足端有叠烧痕迹。口径12.4、足径5.2、高4.9厘米。（图5-15：2；彩版5-42：2）

TN02E02⑫：5，碗叠烧标本。两件相同的碗。灰白胎，胎质较细。青釉，较多小开片。全器满施釉。足端有叠烧痕迹。口径13、足径5.6、通高7厘米。（图5-15：3；彩版5-42：3）

TN02E02⑪：3，可复原。内底凹弦纹一圈。灰白胎，胎质较粗。青釉，布满开片。外施釉至下腹，外底部露胎无釉。足端及内底有叠烧痕迹。口径12.3、足径5.3、高5.3厘米。（图5-15：4；彩版5-43：1）

TN02E02⑩：8，碗叠烧标本。三件相同的碗。灰白胎，胎质较粗。青釉，布满开片。外施釉至下腹，外底部露胎无釉。足端有叠烧痕迹。口径12.6、足径5.8、通高8厘米。（图5-15：5；彩版5-43：2）

TN02E02⑩：9，碗叠烧标本。三件相同的碗。灰白胎，胎质较粗。青釉，布满较多小开片。外施釉至足端，外底部露胎无釉。足端及内底有叠烧痕迹。口径12.7、足径5.1、通高5.9厘米。（图5-15：6；彩版5-43：3）

TN02E02⑩：25，可复原。灰胎，胎质较粗。青釉，布满开片。外施釉至足端，外底部露胎无釉。足端及内底有叠烧痕迹。口径12.8、足径5.4、高5.2厘米。（图5-15：7；彩版5-44：1）

TN02E02⑨：3，可复原。内底凹弦纹一圈，内素面。灰胎，胎质较粗。青釉，较多小开片。全器满施釉。外底心有支烧痕迹。口径12.4、足径5.2、高5.1厘米。（图5-15：8；彩版5-44：2）

TN02E02⑨：4，可复原。灰胎，胎质较粗。青釉，布满开片。全器满施釉。足端及内底有叠烧痕迹。口径12.5、足径5.8、高5.3厘米。（图5-15：9；彩版5-44：3）

TN02E02⑨：8，可复原。灰胎，胎质较粗。内底凹弦纹一圈。青釉，较多开片。全器满施釉，有积釉现象。足端及内底有叠烧痕迹。口径12.6、足径5、高4厘米。（图5-15：10；彩版5-45：1）

TN02E02⑧：2，可复原。外口沿下凹弦纹一圈，内底凹弦纹一圈。灰胎，胎质较粗。青釉。外施釉至足端，外底部露胎无釉。足端及内底有叠烧痕迹。口径12.4、足径5.2、高4.6厘米。（图5-15：11；彩版5-45：2）

TN02E02⑧：3，可复原。外口沿下凹弦纹一圈，内底凹弦纹一圈。灰胎，胎质较粗。青釉，布满小开片。外施釉至足端，外底部露胎无釉。足端及内底有叠烧痕迹。口径11.8、足径5.8、高5.3厘米。（图5-15：12；彩版5-45：3）

TN02E02⑧：4，可复原。外口沿下凹弦纹一圈；内底凹弦纹一圈，内素面。灰胎，胎质较粗。青釉，局部开片。全器满施釉。外底心有支烧痕迹。口径12、足径5.4、高5.3厘米。（图5-16：1；

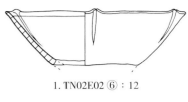

1. TN02E02⑥：12

2. TN02E02⑥：30

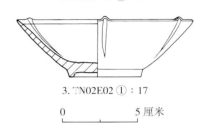

3. TN02E02①：17

0　　　　　5厘米

图5-14　Ae 型青釉碗

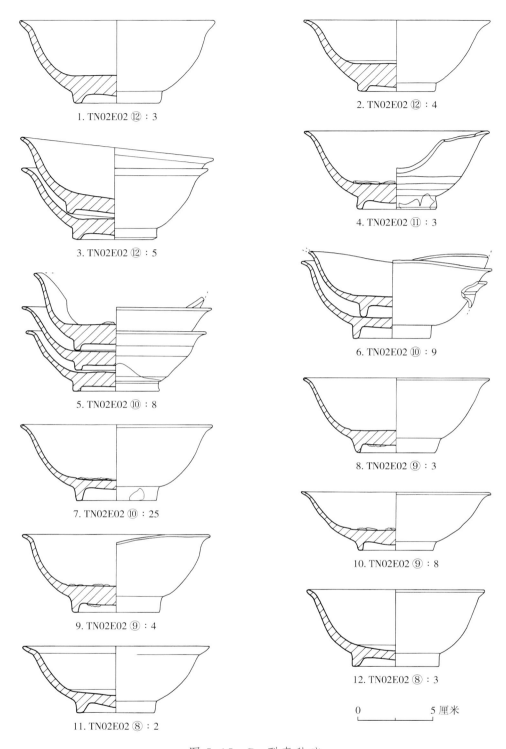

1. TN02E02 ⑫：3

2. TN02E02 ⑫：4

3. TN02E02 ⑫：5

4. TN02E02 ⑪：3

5. TN02E02 ⑩：8

6. TN02E02 ⑩：9

7. TN02E02 ⑩：25

8. TN02E02 ⑨：3

9. TN02E02 ⑨：4

10. TN02E02 ⑨：8

11. TN02E02 ⑧：2

12. TN02E02 ⑧：3

0　　　　　　　5 厘米

图 5–15　Ba 型青釉碗

彩版 5–46：1）

　　TN02E02 ⑧：5，可复原。外口沿下凹弦纹一圈；内底凹弦纹一圈，内素面。灰胎，胎质较粗。青釉，布满小开片。全器满施釉。外底心有支烧痕迹。口径 12、足径 5.8、高 5.5 厘米。（图 5–16：2；彩版 5–46：2）

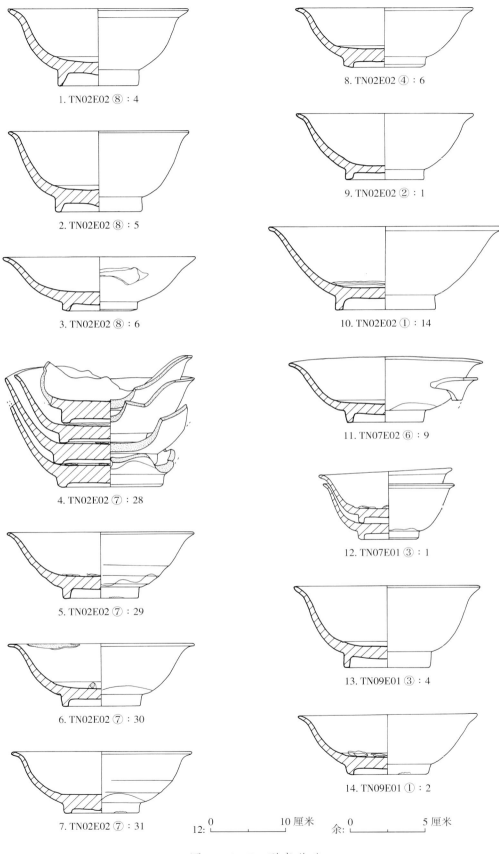

1. TN02E02 ⑧：4

2. TN02E02 ⑧：5

3. TN02E02 ⑧：6

4. TN02E02 ⑦：28

5. TN02E02 ⑦：29

6. TN02E02 ⑦：30

7. TN02E02 ⑦：31

8. TN02E02 ④：6

9. TN02E02 ②：1

10. TN02E02 ①：14

11. TN07E02 ⑥：9

12. TN07E01 ③：1

13. TN09E01 ③：4

14. TN09E01 ①：2

12: 0　　　　　　10厘米
余: 0　　　　　　5厘米

图 5-16　Ba 型青釉碗

TN02E02⑧：6，可复原。外口沿下凹弦纹一圈，内底凹弦纹一圈。灰胎，胎质较粗。青釉，布满小开片。外施釉至下腹，外底部露胎无釉。足端及内底有叠烧痕迹。口径12.8、足径5、高3.7厘米。（图5-16：3；彩版5-46：3）

TN02E02⑦：28，碗叠烧标本。四件碗。内底凹弦纹一圈。灰黄胎，胎质较粗。青釉泛黄，布满小开片。外施釉至下腹，外底部露胎无釉。足端及内底有叠烧痕迹。足径7、通高9厘米。（图5-16：4；彩版5-47：1）

TN02E02⑦：29，可复原。灰黄胎，胎质较粗。青黄釉，布满小开片。外施釉至下腹，外底部露胎无釉。足端及内底有叠烧痕迹。口径12.5、足径5.1、高4.5厘米。（图5-16：5；彩版5-47：2）

TN02E02⑦：30，可复原。内底凹弦纹一圈。灰胎，胎质较粗。青釉。外施釉至下腹，外底部露胎无釉。足端及内底有叠烧痕迹。口径12.4、足径5.2、高4.3厘米。（图5-16：6；彩版5-47：3）

TN02E02⑦：31，可复原。灰黄胎，胎质较粗。青黄釉，局部开片。外施釉至下腹，外底部露胎无釉。足端及内底有叠烧痕迹。口径12、足径5、高4.2厘米。（图5-16：7；彩版5-48：1）

TN02E02④：6，可复原。灰白胎，胎质较粗。青釉，布满开片。外施釉至足端，外底部露胎无釉。足端及内底有叠烧痕迹。口径11.7、足径5.4、高4.1厘米。（图5-16：8；彩版5-48：2）

TN02E02②：1，可复原。内底凹弦纹一圈。灰白胎，胎质较粗。青釉，局部开片。外施釉至足端，外底部露胎无釉。足端及内底有叠烧痕迹。口径11.8、足径5.2、高4.5厘米。（图5-16：9；彩版5-48：3）

TN02E02①：14，可复原。器形大。灰胎，胎质粗。青釉，布满开片。外施釉至足端，外底部露胎无釉。足端及内底有叠烧痕迹。口径15.5、足径6.7、高5.7厘米。（图5-16：10；彩版5-49：1）

TN07E02⑥：9，可复原。内底凹弦纹一圈。灰胎，胎质较粗。青釉微泛黄，布满小开片。外施釉至下腹，外底部露胎无釉。足端有叠烧痕迹。口径12.9、足径5.1、高4.4厘米。（图5-16：11；彩版5-49：2）

TN07E01③：1，碗叠烧标本。两件相同的碗，器形大。外口沿下凹弦纹一圈。灰白胎，胎质较粗。青釉微泛黄，布满小开片。外施釉至下腹，外底部露胎无釉。口径17.8、足径8、通高9.8厘米。（图5-16：12；彩版5-49：3）

TN09E01③：4，可复原。内底凹弦纹一圈。灰胎，胎质较粗。青釉。全器满施釉。外底心有支烧痕迹。口径12.4、足径5.8、高5.6厘米。（图5-16：13；彩版5-50：1）

TN09E01①：2，可复原。内底凹弦纹一圈。灰黄胎，胎质较粗。青黄釉，布满小开片。外施釉至下腹，足端及内底有叠烧痕迹。口径12、足径5.4、高4.2厘米。（图5-16：14；彩版5-50：2）

TN11E01④：10，可复原。内底凹弦纹一圈。灰黄胎，胎质较粗。青黄釉，布满开片。外施釉至下腹，外底部露胎无釉。足端及内底有叠烧痕迹。口径11.6、足径5.2、高4.2厘米。（图5-17：1；彩版5-50：3）

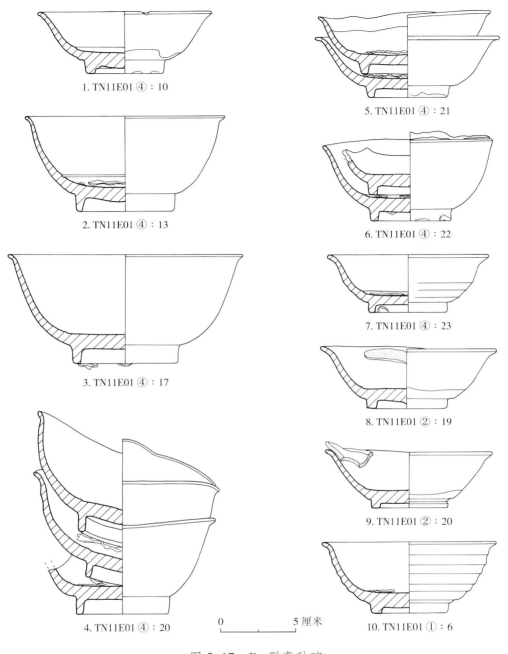

1. TN11E01 ④：10

5. TN11E01 ④：21

2. TN11E01 ④：13

6. TN11E01 ④：22

3. TN11E01 ④：17

7. TN11E01 ④：23

8. TN11E01 ②：19

9. TN11E01 ②：20

4. TN11E01 ④：20

0　　　　　5厘米

10. TN11E01 ①：6

图 5-17　Ba 型青釉碗

　　TN11E01 ④：13，可复原。内底凹弦纹一圈。灰黄胎，胎质较粗。青黄釉。全器满施釉。足端及内底有叠烧痕迹。口径 13.3、足径 6.5、高 6.5 厘米。（图 5-17：2；彩版 5-51：1）

　　TN11E01 ④：17，可复原。外腹凹弦纹多圈，内底凹弦纹一圈。灰胎，胎质较粗。青黄釉，布满开片。外施釉至足端，外底部露胎无釉。足端及内底有叠烧痕迹。口径 15.6、足径 7、高 7.4 厘米。（图 5-17：3；彩版 5-51：2）

　　TN11E01 ④：20，碗叠烧标本。三件碗。外腹凹弦纹多圈，内底凹弦纹一圈。灰胎，胎质较粗。青黄釉，局部开片。全器满施釉。足端及内底有叠烧痕迹。足径 6.2、通高 13.9 厘米。（图 5-17：4；彩版 5-51：3）

TN11E01④：21，碗叠烧标本。两件碗。内底凹弦纹一圈。灰黄胎，胎质较粗。青黄釉，局部开片。外施釉至足端，外底部露胎无釉。足端及内底有叠烧痕迹。口径12.3、足径5.3、通高5.9厘米。（图5-17：5；彩版5-52：1）

TN11E01④：22，碗叠烧标本。两件碗。内底凹弦纹一圈。灰黄胎，胎质较粗。青黄釉，局部开片。全器满施釉。足端有叠烧痕迹。口径11.3、足径5.3、高6.1厘米。（图5-17：6；彩版5-52：2）

TN11E01④：23，可复原。内底凹弦纹一圈。灰胎，胎质较粗。青黄釉，局部开片。外施釉至足端，外底部露胎无釉。足端及内底有叠烧痕迹。口径10.8、足径5.2、高3.9厘米。（图5-17：7；彩版5-52：3）

TN11E01②：19，可复原。灰胎，胎质较粗。青釉，局部开片。外施釉至下腹，外底部露胎无釉。足端及内底有叠烧痕迹。口径11.75、足径5.4、高4.3厘米。（图5-17：8；彩版5-53：1）

TN11E01②：20，可复原。灰胎，胎质较粗。青黄釉。外施釉至下腹，外底部露胎无釉。足端及内底有叠烧痕迹。口径11.2、足径5.1、高4厘米。（图5-17：9；彩版5-53：2）

TN11E01①：6，可复原。外腹压印凹弦纹多圈，内底凹弦纹一圈。灰黄胎，胎质粗。青黄釉，布满小开片。外施釉至足端，外底部露胎无釉。足端及内底有叠烧痕迹。口径11.6、足径5、高4.9厘米。（图5-17：10；彩版5-53：3）

Bb型　圆唇，侈口，花口，斜曲腹，圈足。

TN02E02⑬：4，可复原。外腹对应花口处有凹陷纹，内底凹弦纹一圈。灰胎，胎质粗。青釉。全器满施釉。外底心有支烧痕迹。口径12.5、足径5.7、高6.2厘米。（图5-18：1；彩版5-54：1）

TN02E02⑫：6，可复原。外口沿下凹弦纹一圈，外腹对应花口处有凹陷纹；内底凹弦纹一圈，内素面。灰白胎，胎质较粗。青釉，布满开片。全器满施釉。外底心有支烧痕迹。口径12.2、足径5.6、高5.4厘米。（图5-18：2；彩版5-54：2）

TN02E02⑩：7，可复原。外腹对应花口处有凹陷纹；内底凹弦纹一圈，内素面。灰白胎，胎质粗。青釉，布满开片。全器满施釉。外底心有支烧痕迹。口径12.6、足径5.4、高5厘米。（图5-18：3；彩版5-54：3）

TN02E02⑩：24，可复原。外腹对应花口处有凹陷纹；内底凹弦纹一圈，内素面。灰白胎，胎质较粗。青釉，布满小开片。全器满施釉。外底心有支烧痕迹。口径14.5、足径6.6、高6厘米。（图5-18：4；彩版5-55：1）

TN02E02⑦：40，可复原。外腹对应花口处有凹陷纹；内底凹弦纹一圈，内饰刻划花卉纹。灰胎，胎质较粗。青釉微泛黄，局部开片。全器满施釉。外底心有支烧痕迹。口径15.6、足径7、高7.6厘米。（图5-18：5；彩版5-55：2）

TN02E02⑦：45，可复原。外腹对应花口处有凹陷纹，内口沿下凹弦纹多圈，内底凹弦纹一圈。灰胎，胎质较粗。青釉泛黄，布满开片。全器满施釉。外底心有支烧痕迹。口径12.2、足径5.4、高5.7厘米。（图5-18：6；彩版5-55：3）

TN02E02⑦：46，可复原。外腹对应花口处有凹陷纹，内底凹弦纹一圈。灰胎，胎质较粗。青釉，布满开片。全器满施釉。外底心有支烧痕迹。口径12.2、足径5.6、高6.5厘米。（图5-18：7；彩版5-56：1）

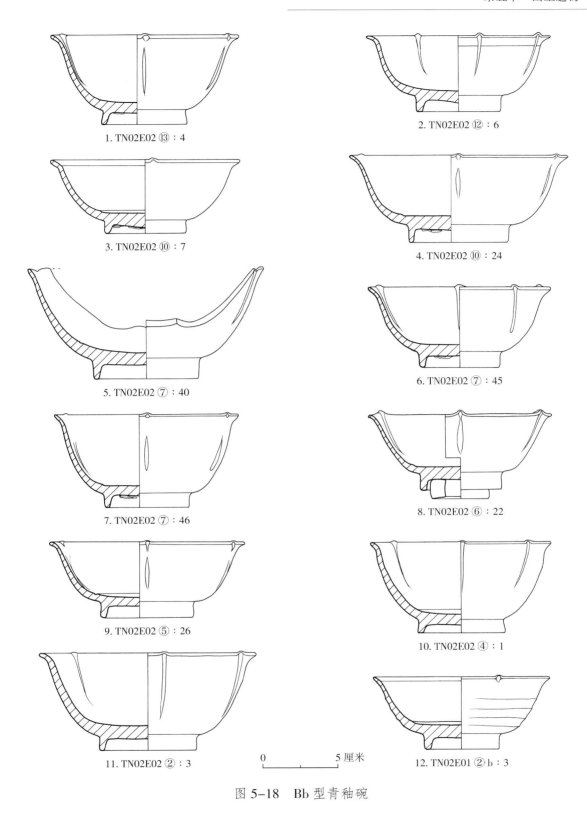

1. TN02E02 ⑬：4

2. TN02E02 ⑫：6

3. TN02E02 ⑩：7

4. TN02E02 ⑩：24

5. TN02E02 ⑦：40

6. TN02E02 ⑦：45

7. TN02E02 ⑦：46

8. TN02E02 ⑥：22

9. TN02E02 ⑤：26

10. TN02E02 ④：1

11. TN02E02 ②：3

0　　　　　5 厘米

12. TN02E01 ②b：3

图 5-18　Bb 型青釉碗

　　TN02E02 ⑥：22，可复原。外腹对应花口处有凹陷纹；内底凹弦纹一圈，内素面。灰白胎，胎质较细。青釉，布满小开片。全器满施釉。外底心粘连一垫圈。口径 12.2、足径 5.4、带垫圈高 6.1 厘米。（图 5-18：8；彩版 5-56：2）

TN02E02⑤：26，可复原。外腹对应花口处有凹陷纹，内底凹弦纹一圈。灰胎，胎质较粗。青釉泛黄，较多开片。全器满施釉。外底心有支烧痕迹。口径13、足径6.2、高5.2厘米。（图5-18：9；彩版5-56：3）

TN02E02④：1，可复原。外腹对应花口处有凹陷纹；内底凹弦纹一圈，内素面。灰白胎，胎质较细。青釉。全器满施釉。外底心有支烧痕迹。口径12、足径5.8、高6.25厘米。（图5-18：10；彩版5-57：1）

TN02E02②：3，可复原。外口沿下凹弦纹一圈，外腹对应花口处有凹陷纹；内口沿下凹弦纹一圈；内底凹弦纹一圈，内素面。灰胎，胎质较粗。青釉，局部开片。全器满施釉。外底心有支烧痕迹。口径14.4、足径6.4、高6.7厘米。（图5-18：11；彩版5-57：2）

TN02E01②b：3，可复原。外腹凸棱纹多圈。灰黄胎，胎质较粗。青釉泛黄，布满开片。全器满施釉。外底心有支烧痕迹。口径11.8、足径5、高5.1厘米。（图5-18：12；彩版5-57：3）

TN03E01②a：3，不可复原。口部残片。器形大。外腹对应花口处有凹陷纹，下饰刻划团状花卉纹。灰黄胎，胎质粗。青黄釉。残高4.9厘米。（图5-19：1；彩版5-58：1）

TN04E02⑤：3，可复原。外腹对应花口处有凹陷纹。灰胎，胎质较粗。青釉微泛黄，较多开片。全器满施釉。外底心有支烧痕迹。口径12、足径5.2、高5.7厘米。（图5-19：2；彩版5-58：2）

TN07E02⑥：11，可复原。外腹对应花口处有凹陷纹，内底凹弦纹一圈。灰黄胎，胎质较粗。青釉微泛黄，布满小开片。全器满施釉。外底心粘连一垫圈。口径15.2、足径6.4、带垫圈高6.3厘米。（图5-19：3；彩版5-58：3）

TN07E02⑥：12，可复原。外腹对应花口处有凹陷纹，内底凹弦纹一圈。灰胎，胎质较粗。青釉。全器满施釉。外底心有支烧痕迹。口径14、足径6.1、高6.4厘米。（图5-19：4；彩版5-59：1）

TN10E01④：4，可复原。外腹对应花口处有凹陷纹，内底凹弦纹一圈。灰胎，胎质粗。青釉微泛黄。全器满施釉。足端有叠烧痕迹。口径17.4、足径7、高7厘米。（图5-19：5；彩版5-59：2）

TN10E01④：14，可复原。外腹对应花口处有凹陷纹，内底凹弦纹一圈。灰胎，胎质较粗。青釉。全器满施釉。外底心有支烧痕迹。口径15、足径6.6、高7.7厘米。（图5-19：6；彩版5-59：3）

TN11E01④：11，可复原。外腹对应花口处有凹陷纹，内底凹弦纹一圈。灰胎，胎质较细。青釉。全器满施釉。外底心有支烧痕迹。口径14、足径6.4、高6.7厘米。（图5-19：7；彩版5-60：1）

TN11E01④：18，可复原。外腹对应花口处有凹陷纹；内底凹弦纹一圈，内素面。灰胎，胎质较粗。青釉。全器满施釉。外底心有支烧痕迹。口径13.6、足径6.4、高6.3厘米。（图5-19：8；彩版5-60：2）

TN11E01④：19，可复原。外腹对应花口处有凹陷纹，内底凹弦纹一圈。灰胎，胎质较粗。青釉微泛黄。全器满施釉。外底心有支烧痕迹。口径14.4、足径6.4、高6.6厘米。（图5-19：9；彩版5-60：3）

TN11E01①：2，可复原。外腹对应花口处有凹陷纹，内底凹弦纹一圈。灰白胎，胎质较细。青釉泛黄，布满小开片。全器满施釉。足端及内底有叠烧痕迹。口径14.4、足径7、高8.2厘米。（图5-19：11；彩版5-61：1）

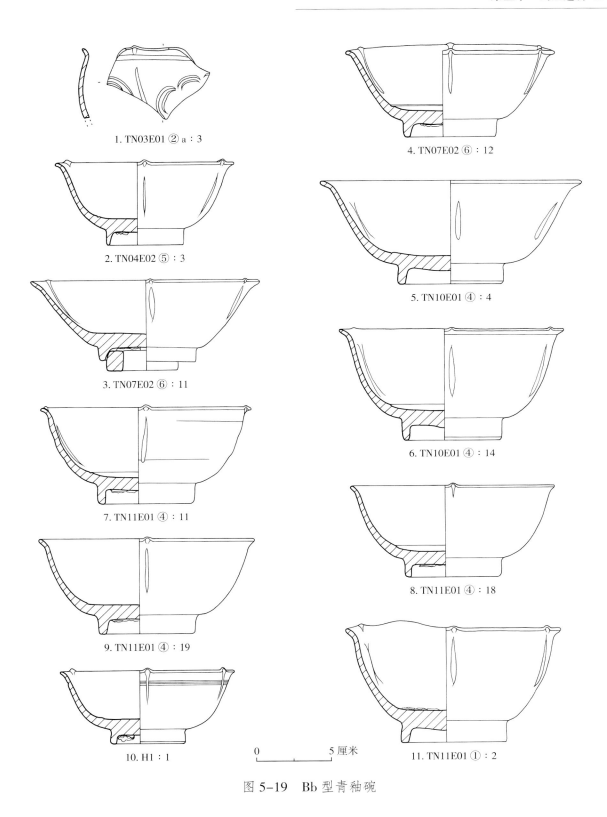

1. TN03E01 ② a：3

2. TN04E02 ⑤：3

3. TN07E02 ⑥：11

4. TN07E02 ⑥：12

5. TN10E01 ④：4

6. TN10E01 ④：14

7. TN11E01 ④：11

8. TN11E01 ④：18

9. TN11E01 ④：19

10. H1：1

11. TN11E01 ①：2

0   5 厘米

图 5-19 Bb 型青釉碗

　　H1：1，可复原。外口沿下凹弦纹多圈，外腹对应花口处有凹陷纹；内底凹弦纹一圈。灰胎，胎质较细。青釉，局部开片。全器满施釉，局部积釉。外底心有支烧痕迹。口径 11.6、足径 5、高 5.2 厘米。（图 5-19：10；彩版 5-61：2）

C 型

直口碗。依据腹部特征的不同，分为两亚型。

Ca 型　圆唇，直口，花口，斜曲腹，圈足。

TN02E02 ⑦：42，可复原。外腹对应花口处有凹陷纹，内口沿下凹弦纹一圈，内底凹弦纹一圈，圈足外足墙处凸棱纹一圈。灰胎，胎质较粗。青釉，局部开片。全器满施釉。外底心有支烧痕迹。口径 12.6、足径 5.5、高 5.3 厘米。（图 5-20：1；彩版 5-61：3）

Cb 型　圆唇，直口，花口，上腹竖直，下腹斜曲，圈足外撇。

TN08E01 ③：3，不可复原。器形大。足残。灰胎，胎质较粗。青釉，较多开片。外腹对应花口处有凹陷纹，上腹满饰刻划团状花卉纹，下腹刻划莲瓣纹一圈；内底凹弦纹一圈。全器满施釉。外底心有支烧痕迹。口径 19.6、残高 12.8 厘米。（图 5-20：5；彩版 5-62：1）

TN09E01 ③：16，不可复原。失下部。外口沿下凹弦纹一圈，外腹对应花口处有凹陷纹，外腹部饰刻划团状花卉纹样；内口沿下凹弦纹一圈。灰白胎，胎质较细。青釉微泛黄。残高 6.4 厘米。（图 5-20：2；彩版 5-62：2）

TN09E01 ①：1，可复原。外腹对应花口处有凹陷纹，内底凹弦纹一圈。灰胎，胎质较粗。

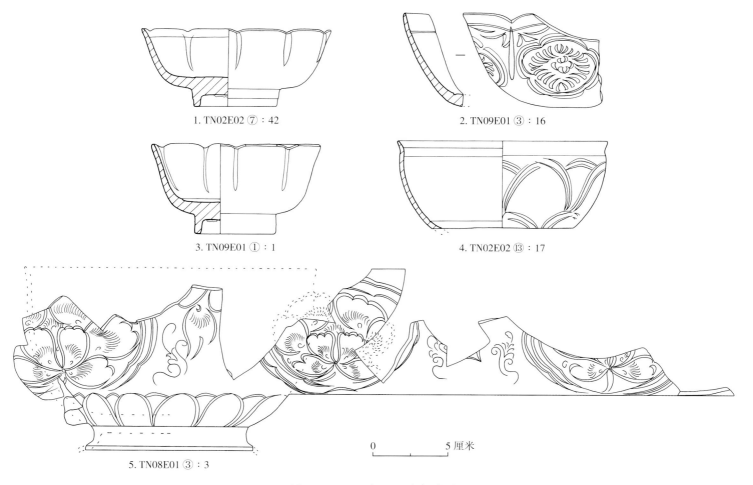

1. TN02E02 ⑦：42　　2. TN09E01 ③：16

3. TN09E01 ①：1　　4. TN02E02 ⑬：17

5. TN08E01 ③：3

图 5-20　C 型、D 型青釉碗

1. Ca 型　2、3、5. Cb 型　4. D 型

青釉微泛黄。全器满施釉。外底心有支烧痕迹。口径11.2、足径5.4、高6.2厘米。（图5-20：3；彩版5-63：1）

D型

束口碗。圆唇，敞口近直，束口，斜曲腹。

TN02E02⑬：17，不可复原。失下部。外腹饰刻划仰莲瓣纹多层。灰胎，胎质较粗。青釉。口径14、残高6厘米。（图5-20：4；彩版5-63：2）

未分型[1]

TN02E02⑫：11，不可复原。失口部，斜曲腹，圈足。外腹满饰刻划蕉叶纹多层。灰白胎，胎质较粗。青釉，布满小开片。全器满施釉。外底心有支烧痕迹。足径6.6、残高6.6厘米。（图5-21：1；彩版5-63：3）

TN02E02⑩：4，不可复原。特大碗。失口部，斜曲腹，圈足。灰白胎，胎质粗。青釉泛黄，布满小开片。外施釉至下腹，外底部露胎无釉。足端及内底有叠烧痕迹。足径8、残高4.6厘米。（图5-21：2；彩版5-64：1）

TN02E02⑩：5，不可复原。特大碗。失口部，斜曲腹，圈足。灰白胎，胎质粗。青釉泛黄，布满小开片。外施釉至下腹，外底部露胎无釉。足端有叠烧痕迹，内底粘连窑渣。足径8.5、残高4厘米。（图5-21：3；彩版5-64：2）

TN02E02⑦：27，不可复原。失口部，斜曲腹，圈足。外腹近足处饰刻划仰莲瓣纹，内底凹弦纹一圈。灰黄胎，胎质较粗。青釉微泛黄，布满开片。外施釉至足端，外底部露胎无釉。足端及内底有叠烧痕迹。足径7、残高3.3厘米。（图5-21：4；彩版5-64：3）

TN02E02⑤：30，不可复原。失口部，斜曲腹，圈足。外腹饰刻划蕉叶纹多层，内底凹弦纹一圈。灰胎，胎质较粗。青黄釉。全器满施釉。外底心有支烧痕迹。足径6、残高4厘米。（图5-21：5；彩版5-65：1）

TN02E02④：9，不可复原。失口部，斜曲腹，圈足。外腹饰刻划仰莲瓣纹多层。灰胎，胎质较粗。青釉，布满小开片。全器满施釉。外底心有支烧痕迹。足径6.6、残高3.4厘米。（图5-21：6；彩版5-65：2）

TN02E02④：11，不可复原。失口部，斜曲腹，圈足。内腹饰刻划蕉叶纹多层；内底凹弦纹一圈，内饰刻划花卉纹。灰胎，胎质较粗。青釉，布满小开片。全器满施釉。外底心有支烧痕迹。足径5.2、残高3.4厘米。（图5-21：7；彩版5-65：3）

TN02E01②a：4，不可复原。失口部，斜曲腹，圈足。外腹近足处刻划仰莲瓣纹一圈。灰胎，胎质较细。青釉，布满开片。全器满施釉。足端有叠烧痕迹。足径6.4、残高3.1厘米。（图5-21：8；彩版5-66：1）

TN02E01②a：5，不可复原。失口部，斜曲腹，失足。外腹近足处刻划仰莲瓣纹一圈。灰胎，胎质较细。青釉泛黄，布满开片。全器满施釉，有积釉。残高3厘米。（图5-21：9；彩版5-66：2）

TN03E01①a：1，不可复原。失口部，斜曲腹，圈足。外腹饰刻划仰莲瓣纹，内底凹弦纹

---

[1] 因口部缺失等原因无法归类者。下同。

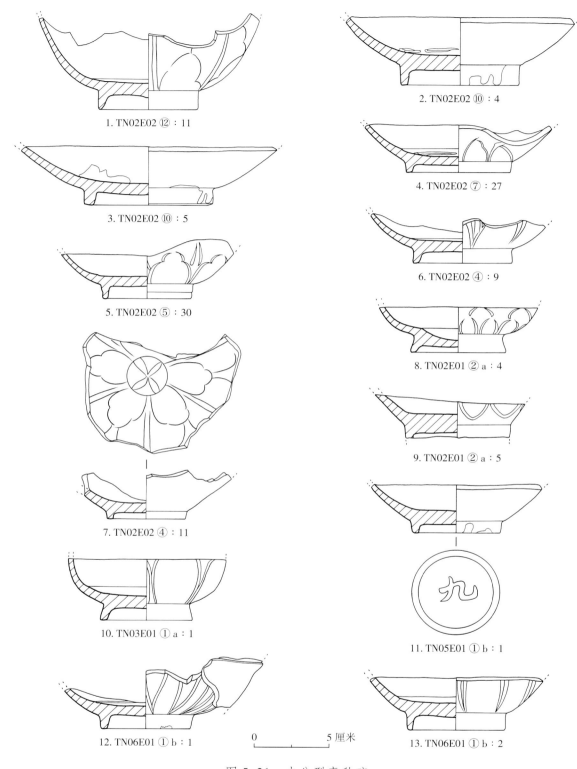

1. TN02E02 ⑫：11

2. TN02E02 ⑩：4

3. TN02E02 ⑩：5

4. TN02E02 ⑦：27

5. TN02E02 ⑤：30

6. TN02E02 ④：9

8. TN02E01 ②a：4

7. TN02E02 ④：11

9. TN02E01 ②a：5

10. TN03E01 ①a：1

11. TN05E01 ①b：1

12. TN06E01 ①b：1

0　　　　　　5 厘米

13. TN06E01 ①b：2

图 5-21　未分型青釉碗

一圈。灰白胎，胎质较粗。青釉。全器满施釉。足端有叠烧痕迹。足径 6.2、残高 4.2 厘米。（图 5-21：10；彩版 5-66：3）

　　TN05E01 ①b：1，不可复原。失口部，斜曲腹，圈足。灰胎，胎质粗。青釉。全器满施釉。

足端露胎无釉。外底心有褐彩"九"字。足径5.8、残高3.3厘米。（图5-21：11；彩版5-67：1）

TN06E01①b：1，碗叠烧标本。两件不同的碗。其一：失口部，斜曲腹，圈足。外腹满饰仰莲瓣纹。灰胎，胎质较粗。青釉，布满开片。全器满施釉。足端有叠烧痕迹。其二：圆唇，敞口，失下部。灰胎，胎质较粗。青釉微泛黄。足径5.8、通高4.8厘米。（图5-21：12；彩版5-67：2）

TN06E01①b：2，不可复原。失口部，斜曲腹，圈足。外腹满饰仰花卉纹。灰白胎，胎质较粗。青釉，布满开片。全器满施釉。足端有叠烧痕迹。足径6.6、残高3.6厘米。（图5-21：13；彩版5-67：3）

TN07E02⑥：13，不可复原。失口部，斜曲腹，圈足。外腹满饰刻划仰莲瓣纹，内底凹弦纹一圈。灰胎，胎质较细。青釉微泛黄。全器满施釉。外底心有支烧痕迹。足径6.8、残高4.8厘米。（图5-22：1；彩版5-68：1）

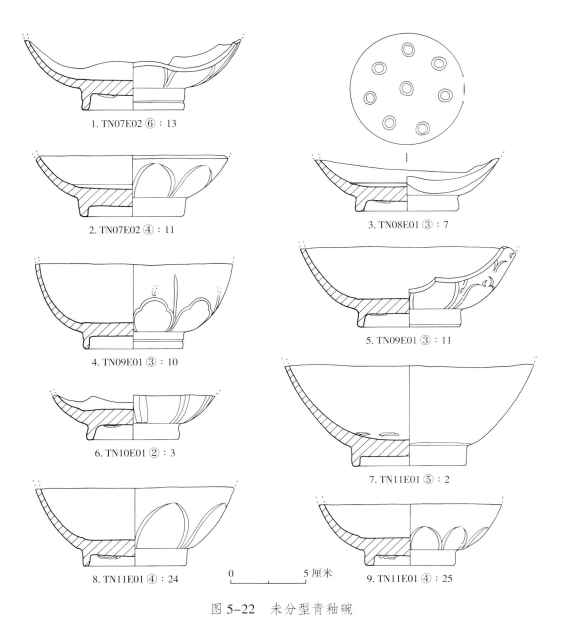

1. TN07E02⑥：13
2. TN07E02④：11
3. TN08E01③：7
4. TN09E01③：10
5. TN09E01③：11
6. TN10E01②：3
7. TN11E01⑤：2
8. TN11E01④：24
9. TN11E01④：25

0 5厘米

图5-22 未分型青釉碗

TN07E02④：11，不可复原。失口部，斜曲腹，圈足。外腹刻划仰莲瓣纹，内底凹弦纹一圈。灰胎，胎质较粗。青釉微泛黄，局部开片。全器满施釉。足端有叠烧痕迹。足径7、残高4.2厘米。（图5-22：2；彩版5-68：2）

TN08E01③：7，不可复原。失口部，斜曲腹，圈足。内底凹弦纹一圈，内饰莲蓬状纹样。灰白胎，胎质较粗。青黄釉，布满开片。全器满施釉。外底心有支烧痕迹。足径6.9、残高3.6厘米。（图5-22：3；彩版5-68：3）

TN09E01③：10，不可复原。失口部，斜曲腹，圈足。外腹满饰刻划蕉叶纹多层，内底凹弦纹一圈。灰胎，胎质较细。青釉微泛黄，有开片。全器满施釉。外底心有支烧痕迹。足径6.6、残高5.8厘米。（图5-22：4；彩版5-69：1）

TN09E01③：11，不可复原。失口部，斜曲腹，圈足。外腹满饰刻划蕉叶纹多层，内底凹弦纹一圈。灰胎，胎质较细。青釉微泛黄，有开片。全器满施釉。外底心有支烧痕迹。足径6.9、残高5.4厘米。（图5-22：5；彩版5-69：2）

TN10E01②：3，不可复原。失口部，斜曲腹，圈足。外腹满饰刻划直条纹。灰胎，胎质较细。青釉。全器满施釉。外底心有支烧痕迹。足径6.2、残高3厘米。（图5-22：6；彩版5-69：3）

TN11E01⑤：2，不可复原。特大碗。失口部，斜曲腹，圈足。灰黄胎，胎质较粗。青黄釉，布满开片。外施釉至下腹，外底部露胎无釉。足端及内底有支烧痕迹。足径7.5、残高6.9厘米。（图5-22：7；彩版5-70：1）

TN11E01④：24，不可复原。失口部，斜曲腹，圈足。外腹满饰仰莲瓣纹多层，内底凹弦纹一圈。灰黄胎，胎质较粗。青黄釉，局部开片。全器满施釉。足端有叠烧痕迹。足径6.9、残高5.3厘米。（图5-22：8；彩版5-70：2）

TN11E01④：25，不可复原。失口部，斜曲腹，圈足。外腹满饰仰莲瓣纹多层，内底凹弦纹一圈。灰胎，胎质较细。青釉微泛黄，布满开片。全器满施釉。外底心有支烧痕迹。足径6、残高4.2厘米。（图5-22：9；彩版5-70：3）

夹层碗

根据口部特征不同，分为两型。

A 型

由外层和内层碗组成。外层碗方唇，敞口，斜曲腹，隐圈足，中空。内层碗敞口，斜曲腹，圜底。

TN02E02⑨：37，不可复原。仅余外层碗。外口沿下凸棱纹双圈，下刻划卷草纹，下腹近足处凹弦纹一圈。灰胎，胎质较粗。青釉，布满小开片。全器满施釉，外底部露胎无釉。外底心有支烧痕迹。口径10、残高3.9厘米。（图5-23：1；彩版5-71：1）

TN02E02③：5，不可复原。灰胎，胎质较细。青釉，局部开片。外口沿下凹弦纹双圈，下饰花卉纹，下腹近足处凹弦纹双圈；内腹凹弦纹多圈，内满饰细线划花纹样。全器满施釉，外底部露胎无釉。外底心有支烧痕迹。足径12、残高4.4厘米。（图5-23：3；彩版5-71：2）

TS01E01③：2，不可复原。失下部。灰胎，胎质较粗。青釉微泛黄。口径14、残高3.8厘米。（图5-23：2；彩版5-71：3）

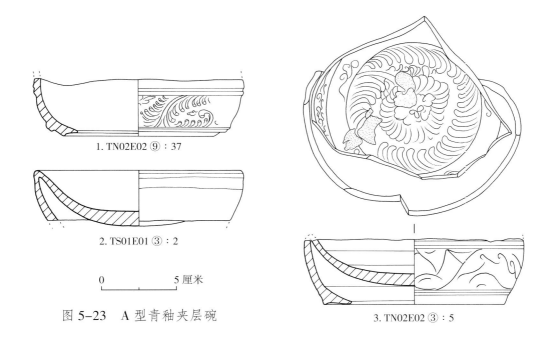

1. TN02E02 ⑨：37

2. TS01E01 ③：2

0　　　　　　　5 厘米

图 5-23　A 型青釉夹层碗

3. TN02E02 ③：5

B 型

由外层和内层碗组成。外层碗方唇，直口，斜曲腹，矮圈足，中空。内层碗敞口，斜曲腹，圜底。

TN02E02 ⑦：7，可复原。外层碗：外口沿下凹弦纹双圈，下满饰刻划花卉纹，下腹近足处凹弦纹双圈。内层碗：内口沿下凹弦纹一圈，内底满饰细线划花纹样。灰胎，胎质较细。青釉。全器满施釉，局部积釉，外底部露胎无釉。外底心有支烧痕迹，内底粘连一窑具。口径 16.7、足径 13.3、带窑具高 5.8 厘米。（图 5-24：1；彩版 5-72：1）

TN02E02 ⑦：8，不可复原。仅余外层碗。方唇，直口，斜腹微曲，矮圈足。外口沿下凹弦纹双圈，下满饰刻划花卉纹，下腹近足处凹弦纹双圈。灰胎，胎质较细。青釉。全器满施釉，局部积釉，外底部露胎无釉。外底心有支烧痕迹。口径 18、足径 14.8、高 5.3 厘米。（图 5-24：2；彩版 5-72：2）

TN02E02 ⑤：5，可复原。外层碗：外口沿下凹弦纹双圈，下满饰刻划花卉纹，下腹近足处凹弦纹双圈。内层碗：内口沿下凹弦纹一圈，内底细线划缠枝花卉纹样。灰胎，胎质较细。青釉，局部开片。全器满施釉，外底部露胎无釉。口径 15.2、足径 12、高 5.2 厘米。（图 5-24：3；彩版 5-73：1）

TN03E01 ①a：2，不可复原。仅余外层碗。直口微敞，失下部。外口沿下凹弦纹双圈，下饰刻划花卉纹。灰白胎，胎质较细。青釉。口径 17、残高 5.6 厘米。（图 5-24：4；彩版 5-73：2）

TS02W01 ①：12，不可复原。仅余外层碗。直口微敞。外口沿下凹弦纹多圈，下饰刻划花卉纹。灰黄胎，胎质粗。青黄釉。全器满施釉。外底心有支烧痕迹。足径 15、残高 5.6 厘米。（图 5-24：5；彩版 5-73：3）

未分型

TN02E02 ⑧：40，不可复原。仅余外层碗。失口部，斜直腹，平底，中空。外腹饰刻划花卉纹。灰白胎，胎质较细。青釉，较多开片。全器满施釉，外底部露胎无釉。外底心有支烧痕迹。残高 4.2

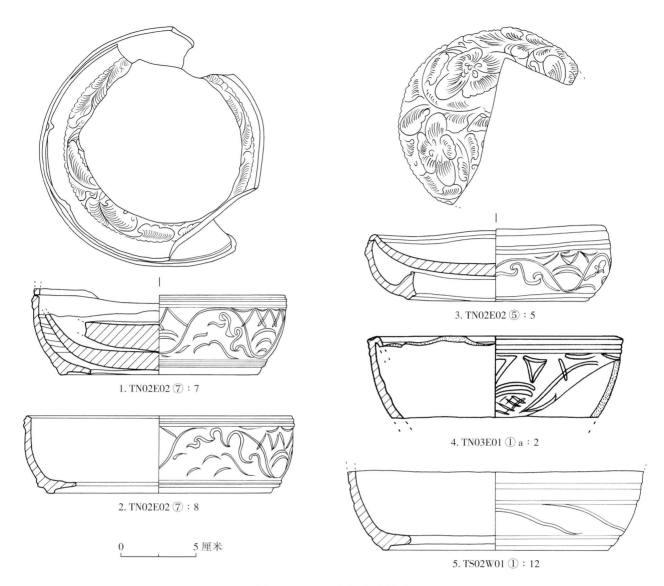

1. TN02E02 ⑦ : 7

2. TN02E02 ⑦ : 8

0　　　　　　5 厘米

3. TN02E02 ⑤ : 5

4. TN03E01 ① a : 2

5. TS02W01 ① : 12

图 5-24　B 型青釉夹层碗

厘米。（图 5-25：1；彩版 5-74：1）

TN02E02 ⑦ : 9，不可复原。仅余内层碗。失口部，斜曲腹，圜底。内底满饰鹦鹉及花草纹。灰胎，胎质较粗。青釉。残长 10.4 厘米。（图 5-25：3；彩版 5-75：1）

TN02E02 ⑦ : 11，不可复原。仅余外层碗。失口部，斜腹微曲，矮圈足，中空。外腹饰刻划花卉纹，下腹近足处凹弦纹双圈。灰胎，胎质较细。青釉，较多开片。全器满施釉，外底部露胎无釉。外底心有支烧痕迹。足径 13.5、残高 4.8 厘米。（图 5-25：2；彩版 5-74：2）

TN02E02 ④ : 12，不可复原。仅余内层碗。失口部，斜曲腹，圜底。内腹满饰细线划花卉纹样。灰胎，胎质较粗。青釉。残高 4.1 厘米。（图 5-25：4；彩版 5-74：3）

TS02E01 ① : 4，仅余内层碗。内腹满饰刻划花卉纹。灰胎，胎质粗。青黄釉。残高 2.4 厘米。（图 5-25：5；彩版 5-75：2）

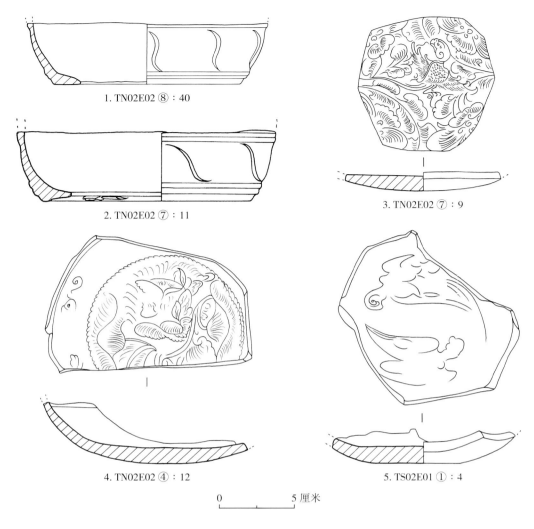

1. TN02E02 ⑧：40

2. TN02E02 ⑦：11

3. TN02E02 ⑦：9

4. TN02E02 ④：12

5. TS02E01 ①：4

0　　　　　5厘米

图 5-25　未分型青釉夹层碗

钵

依据口部特征的不同，分为三型。

A 型

敞口钵。圆唇，敞口，斜曲腹。

TN02E02⑪：1，可复原。隐圈足。外腹刻划细凹弦纹多圈，内腹凹弦纹多圈。灰白胎，胎质较粗。青黄釉，布满小开片。外底心有支烧痕迹。口径 32、足径 12、高 10.8 厘米。（图 5-26：1；彩版 5-76：1）

TN02E02①：31，不可复原。失下部。内口沿下凹弦纹双圈。灰胎，胎质绞粗。青釉微泛黄。口径 26、残高 5.6 厘米。（图 5-26：2；彩版 5-76：2）

TN07E02⑤：7，可复原。隐圈足。内口沿下凹弦纹一圈，内底凹弦纹一圈。灰胎，胎质较粗。青黄釉，局部开片。全器满施釉。外底心有支烧痕迹。口径 24、足径 10.8、高 9 厘米。（图 5-26：3；彩版 5-76：3）

TN11E01②：27，不可复原。失下部。外腹凹弦纹多圈。灰黄胎，胎质较粗。青黄釉，布满开片。

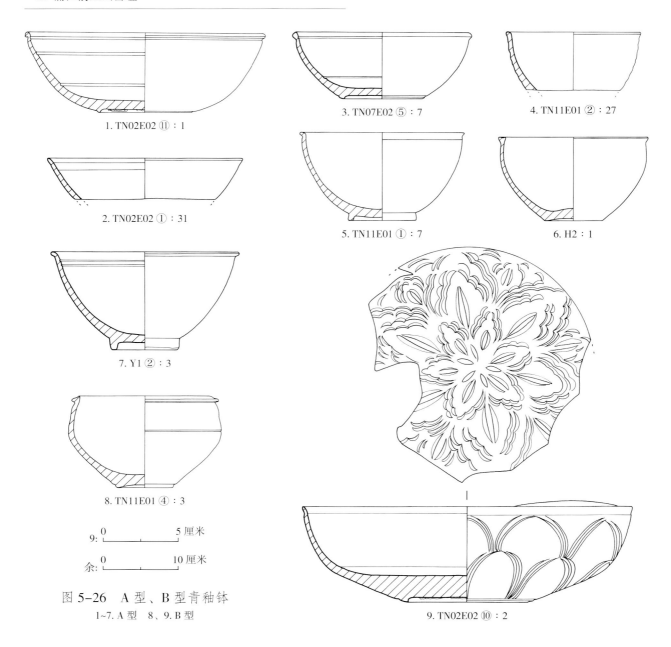

图 5-26　A 型、B 型青釉钵
1~7. A 型　8、9. B 型

口径 18、残高 7.8 厘米。（图 5-26：4；彩版 5-77：1）

　　TN11E01 ①：7，可复原。小平折沿，圈足。外腹凹弦纹多圈。灰黄胎，胎质较粗。青黄釉。全器满施釉。足端有支烧痕迹。口径 22、足径 9、高 12 厘米。（图 5-26：5；彩版 5-77：2）

　　H2：1，可复原。平沿，平底微内凹。灰胎，胎质较粗。青黄釉。全器满施釉。口径 20、底径 7.7、高 11.4 厘米。（图 5-26：6；彩版 5-77：3）

　　Y1 ②：3，可复原。尖圆唇，唇口，圈足。外腹凹弦纹多圈，内口沿下凹弦纹多圈。灰黄胎，胎质粗。青黄釉。全器满施釉。足端有叠烧痕迹。口径 25.2、足径 9.2、高 13.4 厘米。（图 5-26：7；彩版 5-78：1）

　　B 型

　　直口钵。圆唇，直口，斜曲腹，隐圈足。

TN02E02 ⑩：2，可复原。外腹满饰多层莲瓣纹，内腹素面，内底凹弦纹一圈，以内底心为中心刻划蕉叶纹。灰黄胎，胎质粗。青釉微泛黄。全器满施釉。外底心有支烧痕迹。口径 22、足径 8.2、高 6.5 厘米。（图 5-26：9；彩版 5-78：2）

TN11E01 ④：3，可复原。小平沿，上腹斜直，下腹斜曲。外上下腹相交处凹弦纹一圈。灰黄胎，胎质较粗。青黄釉，布满小开片。全器满施釉。外底心有支烧痕迹。口径 19.6、足径 7.6、高 12.4 厘米。（图 5-26：8；彩版 5-78：3）

C 型

敛口钵。圆唇，唇口，敛口，圆折腹，斜曲腹。

TN02E02 ⑦：18，不可复原。失下部。外腹凹弦纹一圈。灰黄胎，胎质较粗。青黄釉，布满小开片。口径 18、残高 8.3 厘米。（图 5-27：1；彩版 5-79：1）

TN04E01 ①a：3，不可复原。失下部。外上腹深刻花卉纹，上下腹相交处凹弦纹双圈。灰胎，胎质较粗。青釉微泛黄。口径 22、残高 11.6 厘米。（图 5-27：2；彩版 5-79：2）

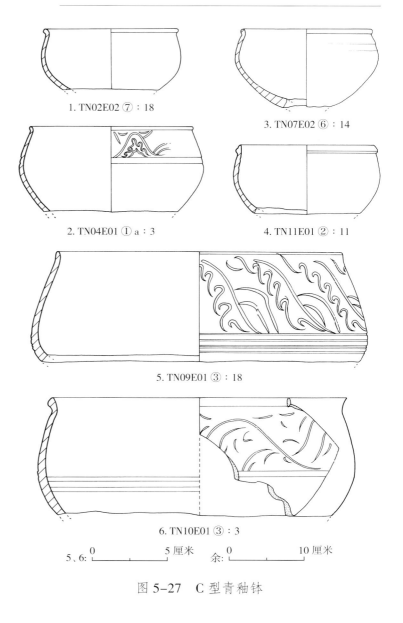

1. TN02E02 ⑦：18

3. TN07E02 ⑥：14

2. TN04E01 ①a：3

4. TN11E01 ②：11

5. TN09E01 ③：18

6. TN10E01 ③：3

5、6：0   5厘米   余：0   10厘米

图 5-27   C 型青釉钵

TN07E02 ⑥：14，不可复原。失下部。外腹凹弦纹多圈。灰黄胎，胎质较粗。青黄釉。口径 17.4、残高 10.6 厘米。（图 5-27：3；彩版 5-79：3）

TN09E01 ③：18，不可复原。失下部。外上腹部满饰花卉纹，上下腹相交处深凹弦纹多圈。灰黄胎，胎质较粗。青釉微泛黄。口径 19、残高 7.4 厘米。（图 5-27：5；彩版 5-80：1）

TN10E01 ③：3，不可复原。失下部。外上腹刻划花卉纹，上下腹相交处凹弦纹双圈；内腹凹弦纹多圈。灰胎，胎质较粗。青釉。口径 20、残高 8.2 厘米。（图 5-27：6；彩版 5-80：2）

TN11E01 ②：11，不可复原。失下部。灰黄胎，胎质较粗。青釉。口径 19、残高 9.4 厘米。（图 5-27：4；彩版 5-80：3）

未分型

TN02E02 ⑧：31，不可复原。失口部，斜曲腹，隐圈足。外上下腹相交处凹弦纹双圈。灰黄胎，

胎质较粗。青黄釉，布满小开片。全器满施釉。外底心有支烧痕迹。足径 9、残高 10 厘米。（图5-28：1；彩版 5-81：1）

TN02E02 ⑧：32，不可复原。失口部，斜曲腹，隐圈足。灰胎，胎质较粗。青釉，布满小开片。全器满施釉。外底心有支烧痕迹。足径 8、残高 4.4 厘米。（图 5-28：2；彩版 5-81：2）

TN02E02 ⑧：33，不可复原。失口部，斜腹，平底。灰胎，胎质较粗。青釉，布满小开片。全器满施釉。底径 6、残高 1.7 厘米。（图 5-28：3；彩版 5-81：3）

TN02E02 ⑦：19，不可复原。失口部，下腹斜收，隐圈足。内腹凹弦纹一圈。灰黄胎，胎质较粗。青黄釉，布满小开片。全器满施釉。外底心有支烧痕迹。足径 10.2、残高 6.4 厘米。（图 5-28：4；彩版 5-82：1）

TN07E02 ⑥：3，不可复原。失口部，斜曲腹，隐圈足。下腹近足处凹弦纹一圈。灰胎，胎质粗。青釉微泛黄，布满小开片。全器满施釉。外底心粘连垫圈。足径 8.4、残高 3.7 厘米。（图 5-28：5；彩版 5-82：2）

TN07E02 ③：6，不可复原。失口部，斜直腹，隐圈足。外腹凹弦纹多圈；内腹及内底满饰纹样，疑似文字。灰黄胎，胎质粗。青黄釉，布满小开片。全器满施釉。外底心有支烧痕迹。足径 7.4、残高 5.6 厘米。（图 5-28：6；彩版 5-82：3）

TN07E02 ①：1，不可复原。失口部，斜直腹，隐圈足。灰胎，胎质粗。青黄釉，布满小开片。全器满施釉。足端有叠烧痕迹。足径 5、残高 3.7 厘米。（图 5-28：7；彩版 5-83：1）

TN10E01 ④：7，不可复原。失口部，上腹斜直，下腹斜收，隐圈足。外腹凹弦纹双圈。灰黄胎，胎质较粗。青釉微泛黄，布满小开片。全器满施釉。外底心有支烧痕迹。足径 8、残高 11.8 厘米。（图 5-28：8；彩版 5-83：2）

TN10E01 ②：1，不可复原。失口部，上腹竖直，下腹斜收，隐圈足。外口沿下凹弦纹一圈，下腹部刻划蕉叶纹及莲瓣纹；内口沿下凹弦纹一圈；内底凹弦纹一圈。灰黄胎，胎质较粗。青黄釉，布满小开片。全器满施釉。外底心有支烧痕迹。足径 7、残高 7.7 厘米。（图 5-28：9；彩版 5-83：3）

TN11E01 ④：34，不可复原。失口部，斜曲腹，隐圈足。外腹满饰莲瓣纹，内底凹弦纹一圈。灰黄胎，胎质较粗。青黄釉。全器满施釉。外底心有支烧痕迹，内腹粘连大量窑渣。足径 8、残高 3.9 厘米。（图 5-28：10；彩版 5-84：1）

TN11E01 ④：35，不可复原。失口部，斜曲腹，隐圈足。外腹满饰刻划莲瓣纹，内底凹弦纹一圈。灰胎，胎质较粗。青釉。全器满施釉。外底心有支烧痕迹，内腹粘连大量残片。足径 8、残高 4.5 厘米。（图 5-28：11；彩版 5-84：2）

TN11E01 ④：36，不可复原。失口部，斜曲腹，隐圈足。外腹满饰刻划莲瓣纹。灰胎，胎质较粗。青釉。全器满施釉。外底心有支烧痕迹。足径 6、残高 2.4 厘米。（图 5-28：12；彩版 5-84：3）

TN11E01 ④：37，不可复原。失口部，斜曲腹，隐圈足。灰胎，胎质较粗。青釉。全器满施釉。外底心有支烧痕迹。足径 6、残高 2.6 厘米。（图 5-28：13；彩版 5-85：1）

TN11E01 ④：38，不可复原。失口部，上腹斜直，下腹斜曲，圈足。外腹有凹弦纹多圈。灰黄胎，胎质较粗。青黄釉。全器满施釉。外底心有支烧痕迹。足径 8.6、残高 12.2 厘米。（图 5-29：1；

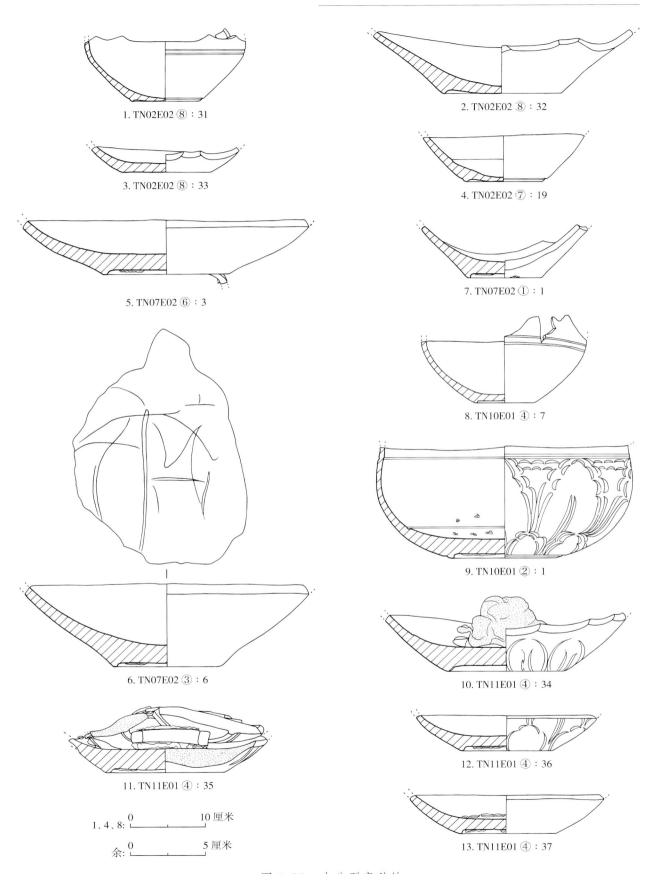

1. TN02E02 ⑧：31

2. TN02E02 ⑧：32

3. TN02E02 ⑧：33

4. TN02E02 ⑦：19

5. TN07E02 ⑥：3

7. TN07E02 ①：1

8. TN10E01 ④：7

9. TN10E01 ②：1

6. TN07E02 ③：6

10. TN11E01 ④：34

11. TN11E01 ④：35

12. TN11E01 ④：36

13. TN11E01 ④：37

1、4、8：　0　　　　　10 厘米

余：　0　　　　　5 厘米

图 5-28　未分型青釉钵

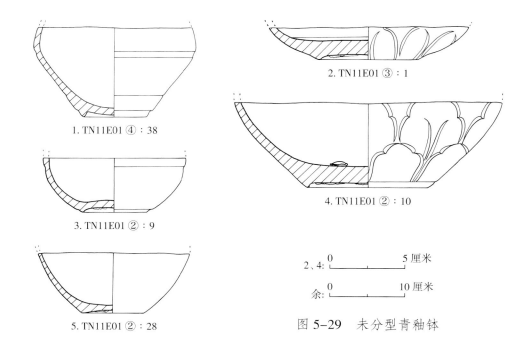

1. TN11E01④：38

2. TN11E01③：1

3. TN11E01②：9

4. TN11E01②：10

5. TN11E01②：28

2、4: 0 ____ 5 厘米

余: 0 ____ 10 厘米

图 5-29　未分型青釉钵

彩版 5-85：2）

　　TN11E01③：1，不可复原。失口部，斜曲腹，隐圈足。外腹刻划仰莲瓣纹，下腹近足处凹弦纹一圈。灰胎，胎质较细。青釉，布满开片。全器满施釉，有积釉现象。外底心有支烧痕迹。足径 6.6、残高 2.2 厘米。（图 5-29：2；彩版 5-85：3）

　　TN11E01②：9，不可复原。失口部，斜曲腹，隐圈足。外腹凹弦纹一圈。灰胎，胎质较粗。青釉微泛黄，局部开片。全器满施釉。外底心有支烧痕迹。足径 8.6、残高 7.3 厘米。（图 5-29：3；彩版 5-86：1）

　　TN11E01②：10，不可复原。失口部，斜曲腹，隐圈足。外腹满饰刻划蕉叶纹，内底凹弦纹一圈。灰胎，胎质较粗。青釉。全器满施釉。外底心有支烧痕迹。足径 8.2、残高 5.8 厘米。（图 5-29：4；彩版 5-86：2）

　　TN11E01②：28，不可复原。失口部，斜曲腹，平底。灰黄胎，胎质较粗。青黄釉全器满施釉。外底心有支烧痕迹。底径 8.4、残高 8.2 厘米。（图 5-29：5；彩版 5-86：3）

盘

依据口部特征的不同，分为两型。

A 型

敞口盘。依据口部特征不同，分为两亚型。

Aa 型　圆唇，敞口，斜曲腹，圈足。

TN02E02⑬：8，可复原。圈足外撇。内底凹弦纹一圈。灰白胎，胎质较细。青釉，局部开片。全器满施釉。外底心有支烧痕迹。口径 12.1、足径 6.7、高 3.5 厘米。（图 5-30：1；彩版 5-87：1）

TN02E02⑬：9，可复原。圈足外撇。内底凹弦纹一圈。灰胎，胎质较粗。青釉，局部开片。全器满施釉。外底心有支烧痕迹。口径 12.2、足径 6.8、高 3.85 厘米。（图 5-30：2；彩版 5-87：2）

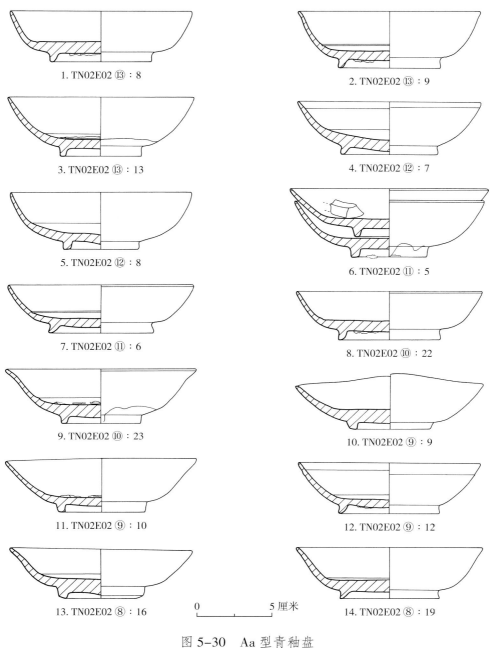

1. TN02E02 ⑬：8

2. TN02E02 ⑬：9

3. TN02E02 ⑬：13

4. TN02E02 ⑫：7

5. TN02E02 ⑫：8

6. TN02E02 ⑪：5

7. TN02E02 ⑪：6

8. TN02E02 ⑩：22

9. TN02E02 ⑩：23

10. TN02E02 ⑨：9

11. TN02E02 ⑨：10

12. TN02E02 ⑨：12

13. TN02E02 ⑧：16

14. TN02E02 ⑧：19

0　　　　　5 厘米

图 5-30　Aa 型青釉盘

TN02E02 ⑬：13，可复原。内底凹弦纹一圈。灰白胎，胎质较粗。青釉微泛黄，布满小开片。外施釉至下腹，外底部露胎无釉。足端及内底有叠烧痕迹。口径 12.4、足径 5.4、高 4 厘米。（图 5-30：3；彩版 5-87：3）

TN02E02 ⑫：7，可复原。圈足外撇。外口沿下凹弦纹一圈；内口沿下凹弦纹一圈；内底凹弦纹一圈，内素面。灰胎，胎质较粗。青釉，布满小开片。全器满施釉。外底心有支烧痕迹。口径 12.2、足径 6.4、高 3.6 厘米。（图 5-30：4；彩版 5-88：1）

TN02E02 ⑫：8，可复原。内底凹弦纹一圈。灰胎，胎质较粗。青釉，布满开片。外施釉至足端，外底部露胎无釉。足端有叠烧痕迹。口径 12、足径 5、高 3.9 厘米。（图 5-30：5；彩版 5-88：2）

TN02E02⑪：5，盘叠烧标本。两件盘。灰胎，胎质较粗。青釉泛黄，布满开片。外施釉至下腹，外底部露胎无釉。足端及内底有叠烧痕迹。口径13.2、足径5、通高4.65厘米。（图5-30：6；彩版5-88：3）

TN02E02⑪：6，可复原。圈足外撇。内底凹弦纹一圈，内素面。灰白胎，胎质较粗。青釉，布满小开片。全器满施釉。外底心有支烧痕迹。口径12.4、足径7、高3.3厘米。（图5-30：7；彩版5-89：1）

TN02E02⑩：22，可复原。圈足外撇。内底凹弦纹一圈。灰白胎，胎质粗。青釉微泛黄，布满小开片。全器满施釉。外底心有支烧痕迹。口径12.4、足径6.8、高3.3厘米。（图5-30：8；彩版5-89：2）

TN02E02⑩：23，可复原。灰胎，胎质较粗。青釉，布满开片。外施釉至下腹，外底部露胎无釉。足端及内底有叠烧痕迹。口径12.7、足径5.3、高3.7厘米。（图5-30：9；彩版5-89：3）

TN02E02⑨：9，可复原。内底凹弦纹一圈。灰白胎，胎质较细。青黄釉，布满小开片。全器满施釉。足端及内底有叠烧痕迹。口径12.5、足径5.4、高3.8厘米。（图5-30：10；彩版5-90：1）

TN02E02⑨：10，可复原。内底凹弦纹一圈。灰黄胎，胎质较粗。青黄釉。外施釉至下腹，外底部露胎无釉。足端及内底有叠烧痕迹。口径12.6、足径5.8、高3.7厘米。（图5-30：11；彩版5-90：2）

TN02E02⑨：12，可复原。圈足外撇。内口沿下凹弦纹一圈，内底凹弦纹一圈。灰黄胎，胎质较粗。青黄釉，布满小开片。全器满施釉。外底心有支烧痕迹。口径12.1、足径6.7、高3.5厘米。（图5-30：12；彩版5-90：3）

TN02E02⑧：16，可复原。灰黄胎，胎质较粗。青釉，布满小开片。外施釉至下腹，局部积釉，外底部露胎无釉。足端及内底有叠烧痕迹。口径12.1、足径5.6、高3.5厘米。（图5-30：13；彩版5-91：1）

TN02E02⑧：19，可复原。圈足外撇。内底凹弦纹一圈。灰胎，胎质较粗。青釉微泛黄，局部小开片。全器满施釉，有积釉现象。外底心有支烧痕迹。口径12.4、足径6.6、高3.5厘米。（图5-30：14；彩版5-91：2）

TN02E02⑧：21，可复原。内底凹弦纹一圈。灰胎，胎质较粗。青釉微泛黄，布满小开片，局部积釉。外施釉至足端，外底部露胎无釉。足端及内底有叠烧痕迹。口径12.2、足径5.6、高3.3厘米。（图5-31：1；彩版5-91：3）

TN02E02⑦：35，可复原。内底凹弦纹一圈。灰胎，胎质较粗。青釉微泛黄，布满小开片。外施釉至下腹，外底部露胎无釉。足端及内底有叠烧痕迹。口径12.8、足径5.4、高4.1厘米。（图5-31：2；彩版5-92：1）

TN02E02⑦：36，可复原。内底凹弦纹一圈。灰胎，胎质较粗。青釉微泛黄，布满小开片。外施釉至下腹，外底部露胎无釉。足端有叠烧痕迹。口径12.4、足径5.1、高3.6厘米。（图5-31：3；彩版5-92：2）

TN02E02⑦：54，可复原。圈足外撇。内口沿下凹弦纹一圈，内底凹弦纹一圈。灰胎，胎质

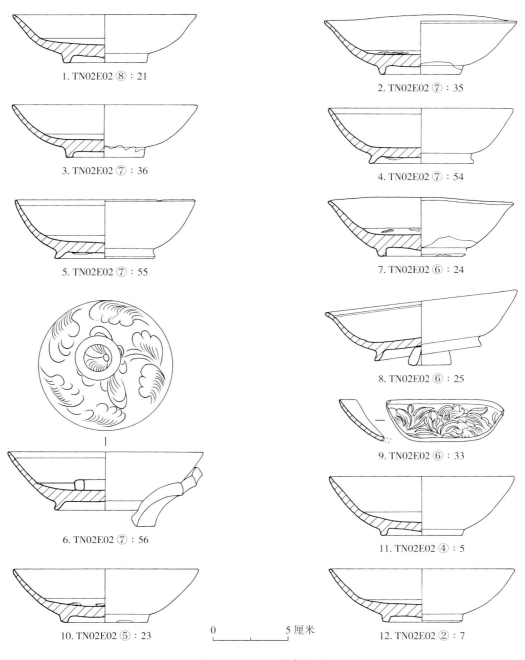

1. TN02E02 ⑧：21

2. TN02E02 ⑦：35

3. TN02E02 ⑦：36

4. TN02E02 ⑦：54

5. TN02E02 ⑦：55

7. TN02E02 ⑥：24

8. TN02E02 ⑥：25

9. TN02E02 ⑥：33

6. TN02E02 ⑦：56

11. TN02E02 ④：5

0　　　　　5厘米

10. TN02E02 ⑤：23

12. TN02E02 ②：7

图 5-31　Aa 型青釉盘

较粗。青釉，布满小开片。全器满施釉。外底心有支烧痕迹。口径 12.4、足径 7、高 3.8 厘米。（图 5-31：4；彩版 5-92：3）

　　TN02E02 ⑦：55，可复原。圈足外撇。内口沿下凹弦纹一圈，内底凹弦纹一圈。灰胎，胎质较粗。青釉。全器满施釉。外底心有支烧痕迹。口径 12、足径 6.7、高 4 厘米。（图 5-31：5；彩版 5-93：1）

　　TN02E02 ⑦：56，可复原。圈足外撇。内口沿下凹弦纹一圈，内底凹弦纹一圈，内满饰刻划花卉纹。灰胎，胎质较细。青釉，布满小开片。全器满施釉。底部粘连一匣钵残块，内底粘连一垫圈。口径 13、足径 6.8、高 4.1 厘米。（图 5-31：6；彩版 5-93：2）

TN02E02⑥：24，可复原。内底凹弦纹一圈。灰胎，胎质较粗。青釉。外施釉至下腹，外底部露胎无釉。足端及内底有叠烧痕迹。口径12.4、足径5.9、高4厘米。（图5-31：7；彩版5-93：3）

TN02E02⑥：25，可复原。圈足外撇。内口沿下凹弦纹一圈。灰黄胎，胎质较粗。青黄釉，布满开片。全器满施釉。外底心粘连一垫圈。口径12.8、足径7.1、带垫圈高5.2厘米。（图5-31：8；彩版5-94：1）

TN02E02⑥：33，不可复原。失下部。内口沿下凹弦纹一圈，下满饰刻划花卉纹。灰白胎，胎质较细。青釉。残高2.9厘米。（图5-31：9；彩版5-94：2）

TN02E02⑤：23，可复原。内底凹弦纹一圈。灰胎，胎质较粗。青釉泛黄，布满小开片。全器满施釉。足端及内底有叠烧痕迹。口径12.3、足径5.7、高3.6厘米。（图5-31：10；彩版5-94：3）

TN02E02④：5，可复原。外腹凸棱纹多圈；内底凹弦纹一圈，内素面。灰胎，胎质较粗。青釉。全器满施釉。足端及内底有叠烧痕迹。口径12.4、足径5.4、高4.1厘米。（图5-31：11；彩版5-95：1）

TN02E02②：7，可复原。内底凹弦纹一圈。灰胎，胎质较粗。青釉，布满开片。外施釉至下腹，外底部露胎无釉。足端及内底有叠烧痕迹。口径12.4、足径5.4、高3.6厘米。（图5-31：12；彩版5-95：2）

TN05E01①a：1，可复原。器形较大。外腹凹弦纹多圈；内口沿下凹弦纹一圈，下满饰花卉纹。灰黄胎，胎质较粗。青黄釉，布满小开片。全器满施釉。足端及内底有叠烧痕迹。足径7.6、残高7.2厘米。（图5-32：1；彩版5-95：3）

TN06E01①a：1，盘叠烧标本。两件相同的盘。外腹凹弦纹一圈。灰黄胎，胎质较粗。青黄釉，布满开片。外施釉至下腹，外底部露胎无釉。足端及内底有叠烧痕迹。口径12.5、足径5.4、通高4.7厘米。（图5-32：2；彩版5-96：1）

TN07E02②：8，可复原。内底凹弦纹一圈。灰黄胎，胎质较粗。青黄釉。外施釉至下腹，外底部露胎无釉。足端及内底有叠烧痕迹。口径12.6、足径5.5、高3.9厘米。（图5-32：3；彩版5-96：2）

TN09E01③：15，可复原。圈足外撇。外腹凹弦纹多圈，内口沿下凹弦纹一圈，内腹及内底满饰刻划花卉纹。灰胎，胎质较细。青釉泛灰，失光。全器满施釉。外底心有支烧痕迹。口径13、足径7.2、高3.5厘米。（图5-32：4；彩版5-96：3）

TN11E01④：32，可复原。外腹凹弦纹多圈，内口沿下凹弦纹一圈，内底凹弦纹一圈。灰胎，胎质较粗。青釉。全器满施釉。外底心有支烧痕迹。口径12.1、足径5.7、高4厘米。（图5-32：5；彩版5-97：1）

TN11E01②：1，可复原。灰胎，胎质较细。青釉，布满小开片。内口沿下有凹弦纹一圈，内底有凹弦纹一圈。全器满施釉。外底心有支烧痕迹。口径11.5、足径5.6、高4.4厘米。（图5-32：6；彩版5-97：2）

TN11E01①：5，可复原。内底凹弦纹一圈。灰胎，胎质较粗。青釉微泛黄，局部开片。全

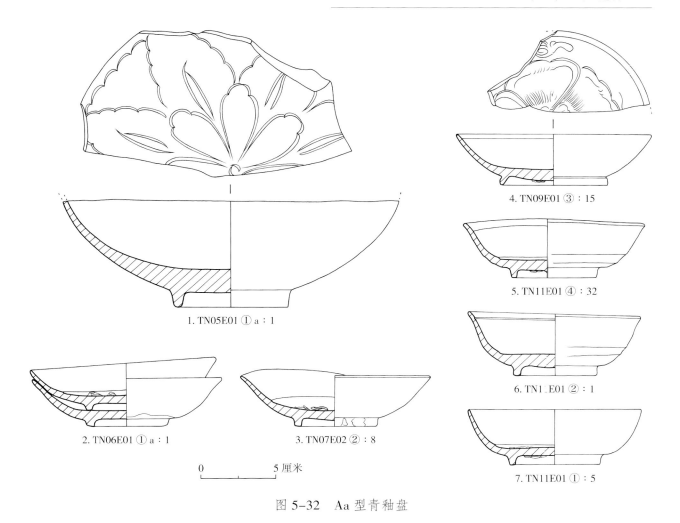

1. TN05E01 ① a：1

2. TN06E01 ① a：1　　　3. TN07E02 ②：8

4. TN09E01 ③：15

5. TN11E01 ④：32

6. TN1₁E01 ②：1

7. TN11E01 ①：5

0　　　　　5厘米

图 5-32　Aa 型青釉盘

器满施釉。外底心有支烧痕迹，内底有叠烧痕迹。口径 11.6、足径 6、高 3.8 厘米。（图 5-32：7；彩版 5-97：3）

Ab 型　圆唇，敞口，花口，斜曲腹，隐圈足或圈足外撇。

TN02E02 ⑫：9，可复原。隐圈足。外口沿下凹弦纹一圈，外腹对应花口处有凹陷纹；内口沿下凹弦纹一圈；内底凹弦纹一圈，内素面。灰白胎，胎质较粗。青釉微泛黄，布满小开片。全器满施釉。外底心有支烧痕迹。口径 12.2、足径 5.6、高 2.7 厘米。（图 5-33：1；彩版 5-98：1）

TN02E02 ⑫：10，不可复原。失足部。外腹对应花口处有凹陷纹；内口沿下凹弦纹一圈；内底凹弦纹一圈，内刻划花卉纹。灰白胎，胎质较粗。青釉微泛黄，局部开片。全器满施釉。外底心有支烧痕迹。口径 12、残高 2.7 厘米。（图 5-33：2；彩版 5-98：2）

TN02E02 ⑩：19，可复原。隐圈足。外腹对应花口处有凹陷纹；内口沿下凹弦纹一圈；内底凹弦纹一圈，内素面。灰黄胎，胎质较粗。青釉，布满小开片。全器满施釉。外底心有支烧痕迹。口径 12.6、足径 5.2、高 3.2 厘米。（图 5-33：3；彩版 5-98：3）

TN02E02 ⑩：20，可复原。隐圈足。外腹对应花口处有凹陷纹；内口沿下凹弦纹一圈；内底凹弦纹一圈，内素面。灰白胎，胎质较粗。青釉微泛黄，布满小开片。全器满施釉。外底心有支烧痕迹。口径 12.6、足径 5.6、高 2.9 厘米。（图 5-33：4；彩版 5-99：1）

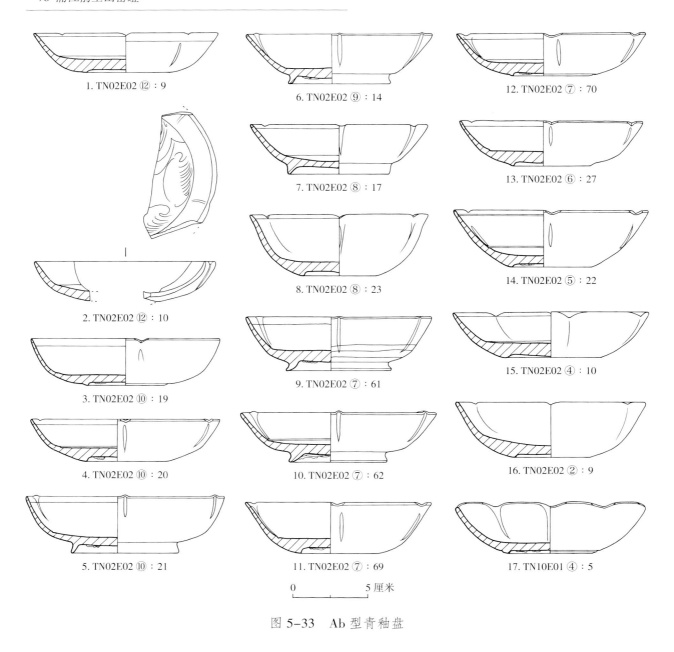

1. TN02E02⑫：9

6. TN02E02⑨：14

12. TN02E02⑦：70

2. TN02E02⑫：10

7. TN02E02⑧：17

13. TN02E02⑥：27

3. TN02E02⑩：19

8. TN02E02⑧：23

14. TN02E02⑤：22

4. TN02E02⑩：20

9. TN02E02⑦：61

15. TN02E02④：10

5. TN02E02⑩：21

10. TN02E02⑦：62

16. TN02E02②：9

11. TN02E02⑦：69

17. TN10E01④：5

0   5 厘米

图 5-33　Ab 型青釉盘

TN02E02⑩：21，可复原。圈足外撇。外腹对应花口处有凹陷纹，内底凹弦纹一圈。灰白胎，胎质粗。青釉，布满小开片。全器满施釉。外底心有支烧痕迹。口径 13.2、足径 7.2、高 3.9 厘米。（图 5-33：5；彩版 5-99：2）

TN02E02⑨：14，可复原。圈足外撇。外腹对应花口处有凹陷纹，内底凹弦纹一圈。灰胎，胎质较粗。青釉，布满小开片。全器满施釉。外底心有支烧痕迹。口径 12.4、足径 6.8、高 3.4 厘米。（图 5-33：6；彩版 5-99：3）

TN02E02⑧：17，可复原。圈足外撇。外腹对应花口处有凹陷纹，内口沿下凹弦纹一圈，内底凹弦纹一圈。灰胎，胎质较粗。青釉微泛黄，布满小开片。全器满施釉。外底心有支烧痕迹。口径 11.8、足径 6.8、高 3.4 厘米。（图 5-33：7；彩版 5-100：1）

TN02E02⑧：23，可复原。隐圈足。外口沿下凹弦纹一圈，外腹对应花口处有凹陷纹；内口沿下凹弦纹一圈；内底凹弦纹一圈。灰胎，胎质较粗。青釉微泛黄，局部开片。全器满施釉。外底心有支烧痕迹。口径 11.8、足径 5、高 4.2 厘米。（图 5-33：8；彩版 5-100：2）

TN02E02⑦：61，可复原。圈足外撇。外腹对应花口处有凹陷纹，内口沿下凹弦纹一圈，内底凹弦纹一圈。灰胎，胎质较粗。青釉微泛黄，布满小开片。全器满施釉。外底心有支烧痕迹。口径 12.4、足径 7、高 3.7 厘米。（图 5-33：9；彩版 5-100：3）

TN02E02⑦：62，可复原。圈足外撇。灰胎，胎质较粗。青釉泛灰，局部开片。外腹对应花口处有凹陷纹，内口沿下凹弦纹一圈，内底凹弦纹一圈。全器满施釉。外底心有支烧痕迹。口径 13、足径 6.5、高 3.5 厘米。（图 5-33：10；彩版 5-101：1）

TN02E02⑦：69，可复原。隐圈足。灰胎，胎质较细。青釉，局部开片。外腹对应花口处有凹陷纹，内口沿下凹弦纹一圈，内底凹弦纹一圈。全器满施釉。外底心有支烧痕迹。口径 12.4、足径 5、高 3.5 厘米。（图 5-33：11；彩版 5-101：2）

TN02E02⑦：70，可复原。隐圈足。外腹对应花口处有凹陷纹，内口沿下凹弦纹一圈，内底凹弦纹一圈。灰胎，胎质较粗。青釉，布满开片。全器满施釉。外底心有支烧痕迹。口径 12.6、足径 5.1、高 2.9 厘米。（图 5-33：12；彩版 5-101：3）

TN02E02⑥：27，可复原。隐圈足。外腹对应花口处有凹陷纹，内底凹弦纹一圈。灰胎，胎质较粗。青釉，布满开片。全器满施釉。外底心有支烧痕迹。口径 12.2、足径 5.2、高 3.1 厘米。（图 5-33：13；彩版 5-102：1）

TN02E02⑤：22，可复原。隐圈足。外腹对应花口处有凹陷纹，内口沿下凹弦纹一圈，内底凹弦纹一圈。灰胎，胎质较粗。青釉泛黄，布满小开片。全器满施釉。外底心有支烧痕迹。口径 13、足径 5、高 3.9 厘米。（图 5-33：14；彩版 5-102：2）

TN02E02④：10，可复原。隐圈足。外腹对应花口处有凹陷纹；内底凹弦纹一圈，内素面。灰胎，胎质较粗。青釉，布满小开片。全器满施釉。外底心有支烧痕迹。口径 13、足径 6.6、高 3.1 厘米。（图 5-33：15；彩版 5-102：3）

TN02E02②：9，可复原。隐圈足。外腹对应花口处有凹陷纹；内口沿下凹弦纹一圈；内底凹弦纹一圈，内素面。灰黄胎，胎质较粗。青釉，布满小开片。全器满施釉。外底心有支烧痕迹。口径 12.6、足径 4.8、高 3.8 厘米。（图 5-33：16；彩版 5-103：1）

TN10E01④：5，可复原。隐圈足。外腹对应花口处有凹陷纹。灰胎，胎质较细。青釉。全器满施釉。外底心有支烧痕迹。口径 12.8、足径 5.6、高 3.5 厘米。（图 5-33：17；彩版 5-103：2）

B 型

侈口盘。依据口部特征不同，分为两亚型。

Ba 型　圆唇，侈口，斜曲腹，圈足外撇。

TN02E02⑬：10，可复原。灰黄胎，胎质较粗。青釉泛黄，布满小开片。全器满施釉。外底心有支烧痕迹。口径 13.2、足径 6.8、高 2.8 厘米。（图 5-34：1；彩版 5-103：3）

TN02E02⑬：11，可复原。变形。内腹及内底以盘心为中心饰刻划莲瓣纹。灰白胎，胎质较细。釉色青绿。全器满施釉。外底心有支烧痕迹。口径 13、足径 6.7、高 3.5 厘米。（图 5-34：2；彩版 5-104：1）

1. TN02E02 ⑬ : 10

2. TN02E02 ⑬ : 11

3. TN02E02 ⑬ : 12

4. TN02E02 ⑩ : 13

5. TN02E02 ⑩ : 15

6. TN02E02 ⑩ : 16

7. TN02E02 ⑧ : 14

8. TN02E02 ⑧ : 15

9. TN02E02 ⑧ : 18

0   5厘米

图 5-34　Ba 型青釉盘

TN02E02⑬：12，可复原。内腹及内底以盘心为中心饰刻划莲瓣纹。灰白胎，胎质较细。青釉。全器满施釉。外底心有支烧痕迹。口径12.8、足径7、高3.2厘米。（图5-34：3；彩版5-104：2）

TN02E02⑩：13，可复原。变形。内口沿下凹弦纹一圈，内腹及内底以盘心为中心满饰刻划莲瓣纹。灰白胎，胎质较粗。青釉泛黄。全器满施釉。外底心有支烧痕迹。口径13.4、足径6.2、高4.2厘米。（图5-34：4；彩版5-104：3）

TN02E02⑩：15，可复原。盘心刻一小圆圈，内腹及内底以其为中心满饰刻划莲瓣纹。灰黄胎，胎质粗。青釉，较多小开片。全器满施釉。外底心有支烧痕迹。口径13、足径7.2、高3厘米。（图5-34：5；彩版5-105：1）

TN02E02⑩：16，可复原。内口沿下凹弦纹一圈；盘心刻一小圆圈，内腹及内底以其为中心满饰刻划莲瓣纹。灰白胎，胎质较粗。青釉，布满小开片。全器满施釉。外底心有支烧痕迹。口径13.2、足径7.2、高3.2厘米。（图5-34：6；彩版5-105：2）

TN02E02⑧：14，可复原。盘心刻一小圆圈，内腹及内底以其为中心满饰刻划莲瓣纹。灰黄胎，胎质粗。青黄釉，布满小开片。全器满施釉。外底心有支烧痕迹。口径12.4、足径7、高2.6厘米。（图5-34：7；彩版5-105：3）

TN02E02⑧：15，可复原。盘心刻一小圆圈，内腹及内底以其为中心满饰刻划莲瓣纹。灰黄胎，胎质粗。青黄釉，布满小开片。全器满施釉。外底心有支烧痕迹。口径12.4、足径6.8、高2.9厘米。（图5-34：8；彩版5-106：1）

TN02E02⑧：18，可复原。内口沿下凹弦纹一圈；盘心刻一小圆圈，内腹及内底以其为中心满饰刻划莲瓣纹。灰黄胎，胎质粗。青黄釉，布满小开片。全器满施釉。外底心有支烧痕迹。口径11.8、足径7、高2.8厘米。（图5-34：9；彩版5-106：2）

TN02E02⑧：20，可复原。内口沿下凹弦纹一圈；盘心刻一小圆圈，内腹及内底以其为中心满饰刻划莲瓣纹。灰黄胎，胎质粗。青黄釉，布满小开片。全器满施釉。外底心有支烧痕迹。口径12.4、足径7.2、高2.7厘米。（图5-35：1；彩版5-106：3）

TN02E02⑧：58，可复原。内口沿下凹弦纹一圈；盘心刻一小圆圈，内腹及内底以其为中心满饰刻划莲瓣纹。灰黄胎，胎质粗。青黄釉。全器满施釉。外底心有支烧痕迹。口径12.7、足径6.2、高3.7厘米。（图5-35：2；彩版5-107：1）

TN02E02⑦：60，可复原。内底凹弦纹一圈。灰胎，胎质较粗。青釉，布满小开片。全器满施釉。外底心有支烧痕迹。口径12.2、足径7、高3.3厘米。（图5-35：3；彩版5-107：2）

TN02E02⑤：20，可复原。灰白胎，胎质较细。青釉，布满小开片。全器满施釉。外底心有支烧痕迹。口径12.9、足径6.2、高3.5厘米。（图5-35：4；彩版5-107：3）

TN02E02④：7，可复原。外口沿下凹弦纹一圈，内口沿下凹弦纹一圈。灰黄胎，胎质较细。青黄釉，布满小开片。全器满施釉。外底心有支烧痕迹。口径13、足径6.6、高3.2厘米。（图5-35：5；彩版5-108：1）

TN02E02③：3，可复原。外口沿下凹弦纹一圈；盘心刻一小圆圈，内腹及内底以其为中心满饰刻划莲瓣纹。灰白胎，胎质较粗。青釉，局部开片。全器满施釉。外底心有支烧痕迹。口径12.6、足径6.4、高2.7厘米。（图5-35：6；彩版5-108：2）

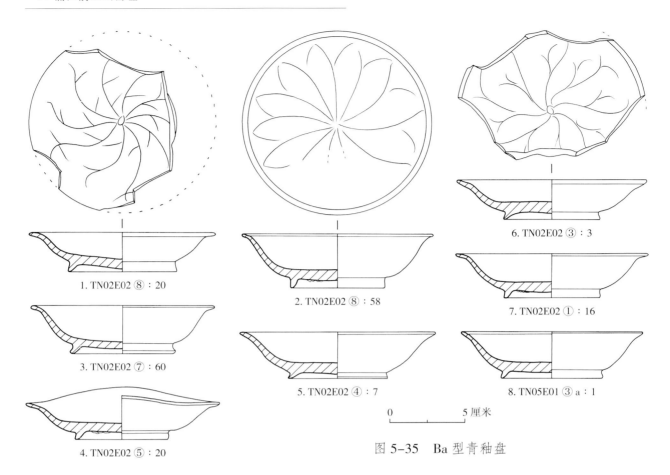

1. TN02E02 ⑧：20

2. TN02E02 ⑧：58

3. TN02E02 ⑦：60

4. TN02E02 ⑤：20

5. TN02E02 ④：7

6. TN02E02 ③：3

7. TN02E02 ①：16

8. TN05E01 ③a：1

0　　　　　5 厘米

图 5-35　Ba 型青釉盘

　　TN02E02 ①：16，可复原。内口沿下凹弦纹一圈。灰胎，胎质较粗。青釉。全器满施釉。外底心有支烧痕迹。口径 12.8、足径 6.4、高 3 厘米。（图 5-35：7；彩版 5-108：3）

　　TN05E01 ③a：1，可复原。外腹凹弦纹多圈，内口沿下凹弦纹一圈。灰黄胎，胎质较粗。青黄釉，布满小开片。全器满施釉。外底心有支烧痕迹。口径 12.2、足径 6.8、高 3.2 厘米。（图 5-35：8；彩版 5-109：1）

　　Bb 型　圆唇，侈口，花口，斜曲腹，圈足外撇。

　　TN02E02 ⑩：17，可复原。外腹对应花口处有凹陷纹，内底凹弦纹一圈。灰胎，胎质粗。青釉微泛黄，布满小开片。全器满施釉。外底心有支烧痕迹。口径 12.8、足径 6.6、高 2.9 厘米。（图 5-36：1；彩版 5-109：2）

　　TN02E02 ⑩：18，可复原。外腹对应花口处有凹陷纹，内底凹弦纹一圈。灰胎，胎质粗。青釉，布满小开片。全器满施釉。外底心有支烧痕迹。口径 12.8、足径 6.8、高 2.9 厘米。（图 5-36：2；彩版 5-110：1）

　　TN02E02 ⑨：11，可复原。内口沿下凹弦纹一圈，内底凹弦纹一圈。灰白胎，胎质较粗。青釉，布满小开片。全器满施釉。外底心有支烧痕迹。口径 12.5、足径 6.3、高 3.2 厘米。（图 5-36：3；彩版 5-110：2）

　　TN02E02 ⑨：13，可复原。外腹对应花口处有凹陷纹，内底凹弦纹一圈。灰胎，胎质较粗。青釉，布满小开片。全器满施釉。外底心有支烧痕迹。口径 12.5、足径 6.7、高 3.1 厘米。（图 5-36：4；

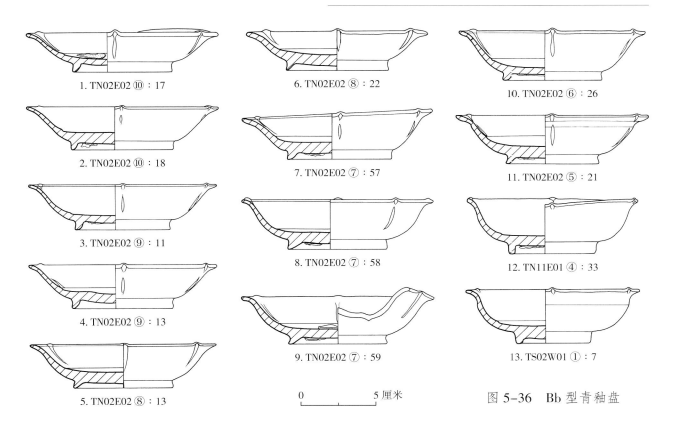

1. TN02E02⑩：17

6. TN02E02⑧：22

10. TN02E02⑥：26

2. TN02E02⑩：18

7. TN02E02⑦：57

11. TN02E02⑤：21

3. TN02E02⑨：11

8. TN02E02⑦：58

12. TN11E01④：33

4. TN02E02⑨：13

9. TN02E02⑦：59

13. TS02W01①：7

5. TN02E02⑧：13

0　　　　　5厘米

图5-36　Bb型青釉盘

彩版5-110：3）

TN02E02⑧：13，可复原。外腹对应花口处有凹陷纹，内口沿下凹弦纹一圈，内底凹弦纹一圈。灰胎，胎质较粗。青釉，布满小开片。全器满施釉。外底心有支烧痕迹。口径12.4、足径6.6、高3厘米。（图5-36：5；彩版5-111：1）

TN02E02⑧：22，可复原。外腹对应花口处有凹陷纹，内底凹弦纹一圈。灰白胎，胎质较细。青釉，布满小开片。全器满施釉，有积釉现象。外底心有支烧痕迹。口径12、足径6.8、高2.9厘米。（图5-36：6；彩版5-111：2）

TN02E02⑦：57，可复原。外腹对应花口处有凹陷纹，内口沿下凹弦纹一圈，内底凹弦纹一圈。灰胎，胎质较粗。青釉，局部开片。全器满施釉。外底心有支烧痕迹。口径12.7、足径7、高3.4厘米。（图5-36：7；彩版5-111：3）

TN02E02⑦：58，可复原。外腹对应花口处有凹陷纹，内口沿下凹弦纹一圈，内底凹弦纹一圈。灰黄胎，胎质较粗。青黄釉，布满小开片。全器满施釉。外底心有支烧痕迹。口径12.8、足径6.7、高3.55厘米。（图5-36：8；彩版5-112：1）

TN02E02⑦：59，可复原。外腹对应花口处有凹陷纹，内底凹弦纹一圈。灰胎，胎质较粗。青釉，布满小开片。全器满施釉。外底心有支烧痕迹。口径12.8、足径6.6、高3.8厘米。（图5-36：9；彩版5-112：2）

TN02E02⑥：26，可复原。外腹对应花口处有凹陷纹，内底凹弦纹一圈。灰胎，胎质较粗。青釉，布满开片。全器满施釉。外底心有支烧痕迹。口径12.4、足径6.6、高3.6厘米。（图5-36：10；彩版5-112：3）

TN02E02⑤：21，可复原。外腹对应花口处有凹陷纹，内口沿下凹弦纹多圈，内底凹弦纹一圈。灰胎，胎质较粗。青釉微泛黄，布满小开片。全器满施釉。外底心有支烧痕迹。口径12.8、足径6.2、高3.4厘米。（图5-36：11；彩版5-113：1）

TN11E01④：33，可复原。外腹对应花口处有凹陷纹，内底凹弦纹一圈。灰胎，胎质较粗。青釉微泛黄。全器满施釉。外底心有支烧痕迹。口径11.4、足径5.7、高3.8厘米。（图5-36：12；彩版5-113：2）

TS02W01①：7，可复原。圈足。内底凹弦纹一圈。灰胎，胎质粗。青釉。全器满施釉。外底心有支烧痕迹。口径11.6、足径5、高3.8厘米。（图5-36：13；彩版5-113：3）

未分型

TN01E01①c：3，不可复原。失口部，斜曲腹，隐圈足。内底凹弦纹一圈，内满饰刻划花卉纹。灰胎，胎质较粗。青釉，布满开片。全器满施釉。外底心有支烧痕迹。足径8、残高3.8厘米。（图5-37：1；彩版5-114：1）

TN02E02⑪：7，不可复原。失口部，斜曲腹，圈足外撇。内底凹弦纹一圈，内素面。灰白胎，胎质较粗。青釉，布满小开片。全器满施釉。外底心粘连一垫圈。足径7.1、带垫圈残高2.8厘米。（图5-37：2；彩版5-114：2）

TN02E02⑩：14，不可复原。失口部，斜曲腹，圈足外撇。盘心刻一小圆圈，内腹及内底以其为中心饰刻划莲瓣纹。灰黄胎，胎质粗。青釉，布满小开片。全器满施釉。外底心有支烧痕迹。足径6.7、残高2.7厘米。（图5-37：3；彩版5-114：3）

TN02E02⑧：37，不可复原。器形大。失口部，斜曲腹，圈足。外下腹部凹弦纹双圈，内底凹弦纹一圈。灰胎，胎质较粗。青釉微泛黄，局部开片。全器满施釉。外底心有支烧痕迹。残高2.2厘米。（图5-37：4；彩版5-115：1）

TN02E02⑧：38，不可复原。失口部，斜曲腹，圈足外撇。内腹及内底满饰刻划蕉叶纹。灰白胎，胎质较细。青釉，布满小开片。全器满施釉。外底心有支烧痕迹。足径6.9、残高2.4厘米。（图5-37：5；彩版5-115：2）

TN02E02⑥：28，不可复原。失口部，斜曲腹，圈足外撇。内腹及内底满饰蕉叶纹。灰胎，胎质较细。青釉，布满小开片。全器满施釉。外底心有支烧痕迹。足径6.2、残高2.2厘米。（图5-37：6；彩版5-115：3）

TN02E02⑤：31，不可复原。失口部，斜曲腹，圈足外撇。盘心凹弦纹双圈，内腹及内底以其为中心刻划蕉叶纹多层。灰黄胎，胎质较粗。青黄釉，布满开片。全器满施釉。外底心有支烧痕迹。足径10、残高2.4厘米。（图5-37：7；彩版5-116：1）

TN02E02④：8，不可复原。失口部，斜曲腹，圈足外撇。内腹及内底以盘心为中心满饰蕉叶纹。灰白胎，胎质较细。青釉，布满小开片。全器满施釉。外底心有支烧痕迹。足径6.6、残高2.2厘米。（图5-37：8；彩版5-116：2）

TN02E02②：10，不可复原。失口部，斜曲腹，圈足外撇。内腹及内底满饰刻划莲瓣纹。灰胎，胎质较细。青釉，局部开片。全器满施釉。外底心有支烧痕迹。足径6.8、残高2.5厘米。（图5-38：1；彩版5-116：3）

1. TN01E01 ① c : 3

2. TN02E02 ⑪ : 7

3. TN02E02 ⑩ : 14

4. TN02E02 ⑧ : 37

5. TN02E02 ⑧ : 38

6. TN02E02 ⑥ : 28

7. TN02E02 ⑤ : 31

0   5 厘米

图 5-37 未分型青釉盘

8. TN02E02 ④ : 8

　　TN02E02 ② : 17，不可复原。失口部，下腹斜直，隐圈足。外腹饰刻划莲瓣纹多层，下腹近足处凹弦纹一圈；内底凹弦纹一圈。灰胎，胎质较细。青釉。全器满施釉。外底心有支烧痕迹。足径6.6、残高2.1厘米。（图5-38：2；彩版5-117：1）

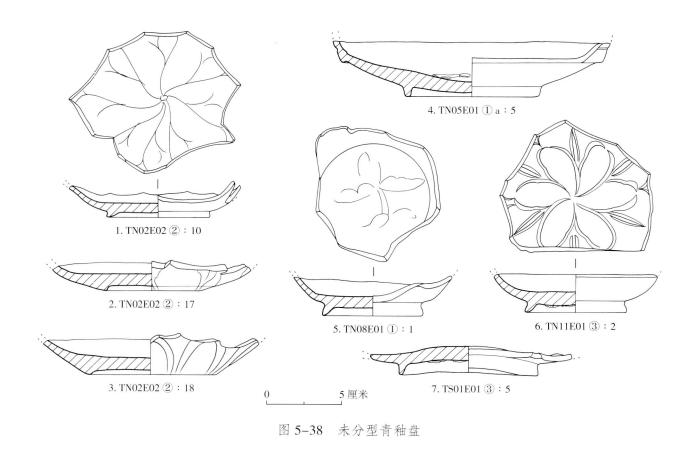

图 5-38　未分型青釉盘

1. TN02E02 ②：10

2. TN02E02 ②：17

3. TN02E02 ②：18

4. TN05E01 ① a：5

5. TN08E01 ①：1

6. TN11E01 ③：2

7. TS01E01 ③：5

0　　　　　5 厘米

TN02E02 ②：18，不可复原。失口部，下腹斜直，隐圈足。外腹饰刻划莲瓣纹多层，下腹近足处凹弦纹一圈，内底凹弦纹一圈。灰胎，胎质较粗。青釉，布满小开片。全器满施釉。外底心有支烧痕迹。足径 8.6、残高 2.8 厘米。（图 5-38：3；彩版 5-117：2）

TN05E01 ① a：5，不可复原。失口部，折腹，下腹斜收，圈足。外上下腹相交处凸棱纹一圈。灰黄胎，胎质粗。青黄釉，布满开片。全器满施釉。足端及内底有叠烧痕迹。足径 9、残高 3.7 厘米。（图 5-38：4；彩版 5-117：3）

TN08E01 ①：1，不可复原。失口部，斜曲腹，圈足外撇。内底凹弦纹一圈，内刻划纹样。灰胎，胎质较粗。青釉，布满开片。全器满施釉。外底心有支烧痕迹。足径 6.7、残高 2.7 厘米。（图 5-38：5；彩版 5-118：1）

TN11E01 ③：2，不可复原。失口部，斜曲腹，圈足外撇。内腹及内底满饰刻划蕉叶纹。灰胎，胎质较粗。青釉泛黄。全器满施釉。外底心有支烧痕迹。足径 6.8、残高 2.6 厘米。（图 5-38：6；彩版 5-118：2）

TS01E01 ③：5，不可复原。仅余下腹及底部。圈足外撇。灰胎，胎质较粗。青釉，布满开片。全器满施釉。外底心有支烧痕迹。足径 9.2、残高 2 厘米。（图 5-38：7；彩版 5-118：3）

盏

依据口部特征的不同，分为两型。

A 型

敞口盏，依据口部特征的不同，分为两亚型。

Aa 型　圆唇，敞口，斜曲腹，圈足部分外撇。

TN02E02 ⑩：27，可复原。灰白胎，胎质较细。青釉，布满小开片。全器满施釉。外底心有支烧痕迹。口径9.6、足径4.8、高4.9厘米。（图5-39：1；彩版5-119：1）

TN02E02 ⑨：15，可复原。外口沿下凹弦纹一圈。灰胎，胎质较粗。青釉，局部开片。全器满施釉。外底心有支烧痕迹。口径9.4、足径4.8、高4.7厘米。（图5-39：2；彩版5-119：2）

TN02E02 ⑨：16，可复原。灰胎，胎质较粗。青釉，局部开片。全器满施釉。外底心有支烧痕迹。口径9、足径4.4、高4.2厘米。（图5-39：3；彩版5-119：3）

TN02E02 ⑨：17，可复原。外口沿下凹弦纹一圈。灰胎，胎质较粗。青釉。全器满施釉。外底心有支烧痕迹。口径8.9、足径4.7、高4.5厘米。（图5-39：4；彩版5-120：1）

TN02E02 ⑦：63，可复原。灰胎，胎质较细。青釉微泛黄，较多小开片。全器满施釉。外底心有支烧痕迹。口径9、足径4.5、高4.4厘米。（图5-39：5；彩版5-120：2）

TN02E02 ⑤：16，可复原。灰胎，胎质较粗。青釉微泛黄，有开片。全器满施釉。外底心有支烧痕迹。口径9.6、足径4.8、高4.8厘米。（图5-39：6；彩版5-120：3）

TN09E01 ③：13，可复原。灰胎，胎质较细。青釉微泛黄。全器满施釉。外底心有支烧痕迹。口径8.8、足径4.4、高4.8厘米。（图5-39：7；彩版5-121：1）

TN10E01 ④：3，可复原。外腹凹弦纹多圈。灰白胎，胎质较粗。青釉。全器满施釉。口径10.8、足径4.8、高5.4厘米。（图5-39：9；彩版5-121：2）

TN11E01 ④：28，可复原。灰胎，胎质较粗。青黄釉，局部开片。全器满施釉。足端有叠烧痕迹。口径8.4、足径4.2、高4.4厘米。（图5-39：8；彩版5-121：3）

TS02W01 ①：2，可复原。灰黄胎，胎质较粗。青黄釉，布满小开片。全器满施釉。足端有

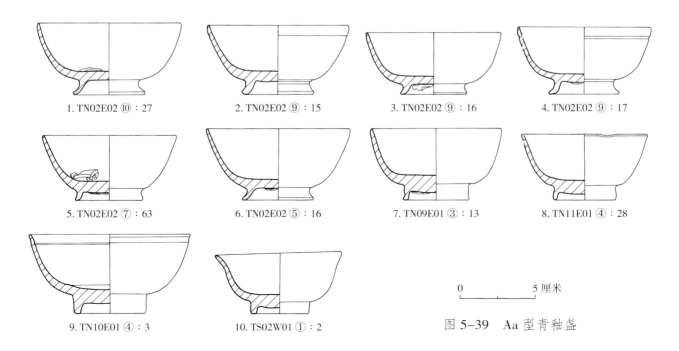

1. TN02E02 ⑩：27　　2. TN02E02 ⑨：15　　3. TN02E02 ⑨：16　　4. TN02E02 ⑨：17

5. TN02E02 ⑦：63　　6. TN02E02 ⑤：16　　7. TN09E01 ③：13　　8. TN11E01 ④：28

9. TN10E01 ④：3　　10. TS02W01 ①：2

0　　5 厘米

图 5-39　Aa 型青釉盏

叠烧痕迹。口径 8.4、足径 3.9、高 4.3 厘米。（图 5-39：10；彩版 5-122：1）

Ab 型　圆唇，敞口，花口，斜曲腹，圈足外撇。

TN02E02 ⑪：8，可复原。外腹对应花口处有凹陷纹。灰白胎，胎质较粗。青釉，布满小开片。全器满施釉。外底心有支烧痕迹。口径 9.3、足径 4.5、高 4.5 厘米。（图 5-40：1；彩版 5-122：2）

TN02E02 ⑩：26，可复原。外腹对应花口处有凹陷纹。灰白胎，胎质较细。青釉，布满小开片。全器满施釉。外底心有支烧痕迹。口径 8.8、足径 4、高 4.4 厘米。（图 5-40：2；彩版 5-122：3）

TN02E02 ⑨：19，可复原。外腹对应花口处有凹陷纹。灰胎，胎质较粗。青釉。全器满施釉。外底心有支烧痕迹。口径 8.8、足径 4.6、高 4.7 厘米。（图 5-40：3；彩版 5-123：1）

TN02E02⑧：25，可复原。外腹对应花口处有凹陷纹，内底模印花卉纹。灰白胎，胎质较细。青釉，较多小开片。全器满施釉。外底心有支烧痕迹。口径 8.8、足径 4.2、高 5.1 厘米。（图 5-40：4；彩版 5-123：2）

TN02E02⑧：26，可复原。外腹对应花口处有凹陷纹，内底模印花卉纹。灰胎，胎质较细。青釉，较多小开片。全器满施釉。外底心有支烧痕迹。口径 8.9、足径 3.8、高 5.3 厘米。（图 5-40：5；彩版 5-123：3）

TN02E02⑧：28，可复原。外腹对应花口处有凹陷纹。灰白胎，胎质较粗。青釉，布满小开片。全器满施釉，有积釉现象。外底心有支烧痕迹。口径 9.2、足径 4.2、高 5.1 厘米。（图 5-40：6；彩版 5-124：1）

TN02E02⑦：64，可复原。外腹对应花口处有凹陷纹。灰黄胎，胎质较粗。青黄釉，较多小开片。全器满施釉。外底心有支烧痕迹。口径 9、足径 4.3、高 4.9 厘米。（图 5-40：7；彩版 5-124：2）

TN02E02⑦：65，可复原。外腹对应花口处有凹陷纹，内底模印花卉纹。灰胎，胎质较粗。青釉，较多小开片。全器满施釉。外底心有支烧痕迹。口径 9.6、足径 4.3、高 5.25 厘米。（图 5-40：8；彩版 5-124：3）

TN02E02⑤：1，可复原。外腹对应花口处有凹陷纹。灰白胎，胎质较细。青釉，布满小开片。全器满施釉。外底心有支烧痕迹。口径 9、足径 3.8、高 4.9 厘米。（图 5-40：9；彩版 5-125：1）

TN02E02⑤：17，可复原。外腹对应花口处有凹陷纹。灰胎，胎质较粗。青釉微泛黄，布满开片。全器满施釉。外底心有支烧痕迹。口径 8.6、足径 4.4、高 5 厘米。（图 5-40：10；彩版 5-125：2）

TN02E02④：4，可复原。外腹对应花口处有凹陷纹；内底凹弦纹一圈，内模印花卉纹。灰白胎，胎质较细。青釉，布满小开片。全器满施釉。外底心有支烧痕迹。口径 9、足径 4.2、高 5.2 厘米。（图 5-40：11；彩版 5-125：3）

TN02E02②：14，可复原。外腹对应花口处有凹陷纹，内底模印六瓣花卉纹。灰黄胎，胎质较粗。青黄釉，局部开片。全器满施釉。外底心有支烧痕迹。口径 8.6、足径 4.2、高 5.3 厘米。（图 5-40：12；彩版 5-126：1）

TN02E02②：15，可复原。外腹对应花口处有凹陷纹，内底模印花卉纹。灰胎，胎质较粗。青釉泛黄，布满小开片。全器满施釉。外底心有支烧痕迹。口径 9、足径 3.8、高 5.1 厘米。（图 5-40：13；彩版 5-126：2）

TN02E02①：22，可复原。外腹对应花口处有凹陷纹；内底凹弦纹一圈，内模印花卉纹。灰黄胎，

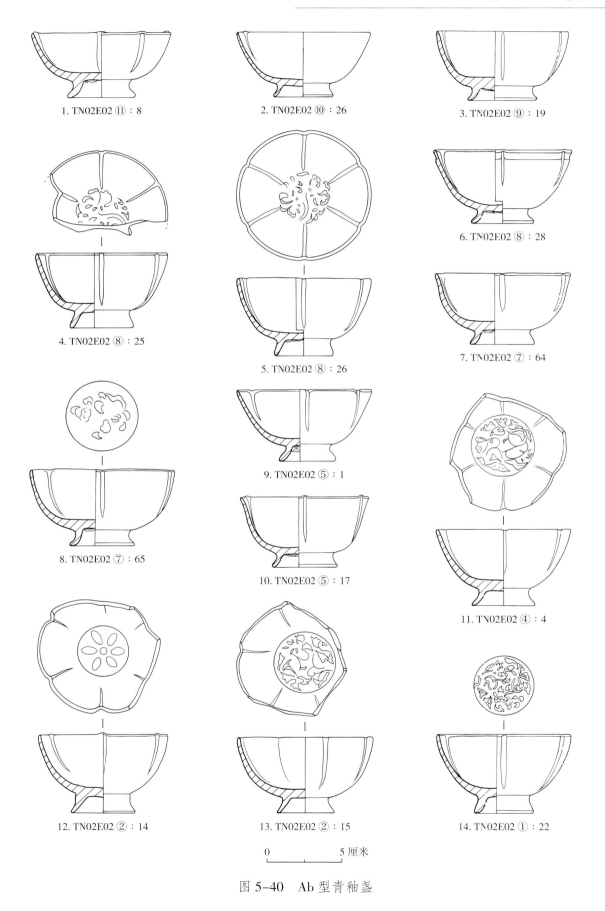

1. TN02E02 ⑪：8   2. TN02E02 ⑩：26   3. TN02E02 ⑨：19

4. TN02E02 ⑧：25   5. TN02E02 ⑧：26   6. TN02E02 ⑧：28

7. TN02E02 ⑦：64

8. TN02E02 ⑦：65   9. TN02E02 ⑤：1

10. TN02E02 ⑤：17   11. TN02E02 ④：4

12. TN02E02 ②：14   13. TN02E02 ②：15   14. TN02E02 ①：22

0 　　　　 5 厘米

图 5-40　Ab 型青釉盏

胎质较粗。青釉，布满小开片。全器满施釉，有积釉现象。外底心有支烧痕迹。口径9、足径4、高5.3厘米。（图5-40：14；彩版5-126：3）

TN05E01①a：2，可复原。灰胎，胎质较粗。青釉微泛黄。外腹对应花口处有凹陷纹；内底凹弦纹一圈，内模印花卉纹。全器满施釉。足端有叠烧痕迹。口径8.4、足径3.7、高5.3厘米。（图5-41：1；彩版5-127：1）

TN05E01①a：4，可复原。外腹对应花口处有凹陷纹；内底凹弦纹一圈，内模印花卉纹。灰胎，胎质较粗。青釉微泛黄。全器满施釉。足端有叠烧痕迹。口径8、足径3.6、高5.5厘米。（图5-41：2；彩版5-127：2）

TN09E01③：14，可复原。外腹对应花口处有凹陷纹。灰胎，胎质较细。青釉微泛黄。全器满施釉。外底心有支烧痕迹。口径8.4、足径4.4、高4.8厘米。（图5-41：3；彩版5-127：3）

TN10E01④：1，可复原。外腹对应花口处有凹陷纹。灰白胎，胎质较细。青釉，布满小开片。全器满施釉。足端有叠烧痕迹。口径8.8、足径4、高5.1厘米。（图5-41：4；彩版5-128：1）

TN11E01④：29，可复原。外腹对应花口处有凹陷纹，内底模印花卉纹。灰胎，胎质较粗。

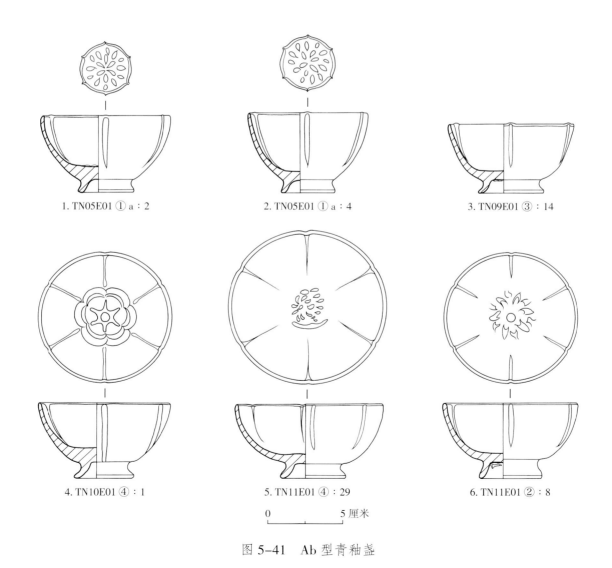

1. TN05E01①a：2   2. TN05E01①a：4   3. TN09E01③：14

4. TN10E01④：1   5. TN11E01④：29   6. TN11E01②：8

0   5厘米

图5-41　Ab型青釉盏

青釉，局部开片。全器满施釉。足端有叠烧痕迹。口径 9.9、足径 4.4、高 5 厘米。（图 5-41：5；彩版 5-128：2）

　　TN11E01②：8，可复原。外腹对应花口处有凹陷纹，内底模印花卉纹。灰胎，胎质较细。青釉。全器满施釉。外底心有支烧痕迹。口径 9、足径 4.2、高 5.1 厘米。（图 5-41：6；彩版 5-128：3）

　　B 型

　　侈口，花口，斜曲腹，圈足。

　　TN07E02①：3，可复原。外腹对应花口处有凹陷纹，内底凹弦纹一圈。灰胎，胎质较粗。青釉泛灰。全器满施釉。足端有叠烧痕迹。口径 9.2、足径 4.1、高 4.8 厘米。（图 5-42：1；彩版 5-129：1）

　　未分型

　　TN02E02⑨：18，不可复原。失口部，斜曲腹，圈足外撇。内底模印莲荷纹。灰胎，胎质较粗。青釉，局部开片。全器满施釉。外底心有支烧痕迹。足径 4.3、残高 2.9 厘米。（图 5-42：2；彩版 5-129：2）

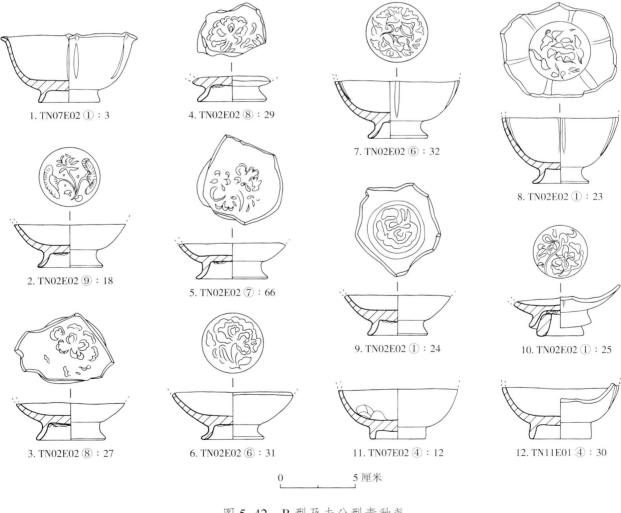

1. TN07E02①：3　　4. TN02E02⑧：29　　7. TN02E02⑥：32　　8. TN02E02①：23

2. TN02E02⑨：18　　5. TN02E02⑦：66　　9. TN02E02①：24　　10. TN02E02①：25

3. TN02E02⑧：27　　6. TN02E02⑥：31　　11. TN07E02④：12　　12. TN11E01④：30

0　　　　　　5 厘米

图 5-42　B 型及未分型青釉盏
1. B 型　2~12. 未分型

TN02E02⑧：27，不可复原。失口部，斜曲腹，圈足外撇。外腹对应花口处有凹陷纹，内底模印花卉纹。灰胎，胎质较细。青釉。全器满施釉。外底心有支烧痕迹。足径4.6、残高2.5厘米。（图5-42：3；彩版5-129：3）

TN02E02⑧：29，不可复原。失口部，斜曲腹，圈足外撇。内底模印花卉纹。灰胎，胎质较细。青釉。全器满施釉。外底心有支烧痕迹。足径4.6、残高1.7厘米。（图5-42：4；彩版5-130：1）

TN02E02⑦：66，不可复原。失口部，斜曲腹，圈足外撇。外腹对应花口处有凹陷纹，内底模印花卉纹。灰胎，胎质较细。青釉，较多小开片。全器满施釉。外底心有支烧痕迹。足径4.8、残高2.4厘米。（图5-42：5；彩版5-130：2）

TN02E02⑥：31，不可复原。失口部，斜曲腹，圈足外撇。外腹对应花口处有凹陷纹，内底模印花卉纹。灰胎，胎质较粗。青釉，局部开片。全器满施釉。外底心有支烧痕迹。足径4.2、残高3.2厘米。（图5-42：6；彩版5-130：3）

TN02E02⑥：32，不可复原。失口部，斜曲腹，圈足外撇。外腹对应花口处有凹陷纹；内底凹弦纹一圈，内模印花卉纹。灰胎，胎质较粗。青釉，布满开片。全器满施釉。外底心有支烧痕迹。足径4、残高4厘米。（图5-42：7；彩版5-131：1）

TN02E02①：23，不可复原。失口部，斜曲腹，圈足外撇。外腹对应花口处有凹陷纹；内底凹弦纹一圈，内模印花卉纹。灰黄胎，胎质较粗。青釉，布满小开片。全器满施釉。足端有叠烧痕迹。足径3.7、残高4.5厘米。（图5-42：8；彩版5-131：2）

TN02E02①：24，不可复原。失口部，斜曲腹，圈足外撇。外腹对应花口处有凹陷纹；内底凹弦纹一圈，内模印花卉纹。灰黄胎，胎质较粗。青釉。全器满施釉。外底心有支烧痕迹。足径4、残高2.7厘米。（图5-42：9；彩版5-131：3）

TN02E02①：25，不可复原。失口部，斜曲腹，圈足外撇。外腹对应花口处有凹陷纹；内底凹弦纹一圈，内模印花卉纹。灰胎，胎质较粗。青釉。全器满施釉。外底心粘连一喇叭形垫圈。足径4、带垫圈残高3.5厘米。（图5-42：10；彩版5-132：1）

TN02E02①：26，不可复原。失口部，斜曲腹，圈足外撇。外腹对应花口处有凹陷纹；内底凹弦纹一圈，内模印莲荷纹。灰胎，胎质较粗。青釉。全器满施釉。外底心有支烧痕迹。足径4.3、残高3.1厘米。（图5-43：1；彩版5-132：2）

TN07E02④：12，不可复原。失口部，斜曲腹，圈足。灰胎，胎质较粗。青黄釉。全器满施釉。足端有叠烧痕迹。足径3.7、残高3.3厘米。（图5-42：11；彩版5-132：3）

TN09E01③：24，不可复原。失口部，斜曲腹，圈足外撇。内底模印花卉纹。灰黄胎，胎质较粗。青釉泛黄，布满小开片。全器满施釉。足端有叠烧痕迹。足径4、残高2.2厘米。（图5-43：2；彩版5-133：1）

TN10E01④：2，不可复原。失口部，斜曲腹，圈足外撇。外腹对应花口处有凹陷纹。灰胎，胎质较粗。青黄釉，布满小开片。全器满施釉。足端有叠烧痕迹。足径4.2、残高3.1厘米。（图5-43：3；彩版5-133：2）

TN11E01④：30，不可复原。失口部，斜曲腹，圈足。外腹对应花口处有凹陷纹，内底模印花卉纹。灰黄胎，胎质较粗。青黄釉。外施釉至足端，外底部露胎无釉。足端有叠烧痕迹。足径4.1、

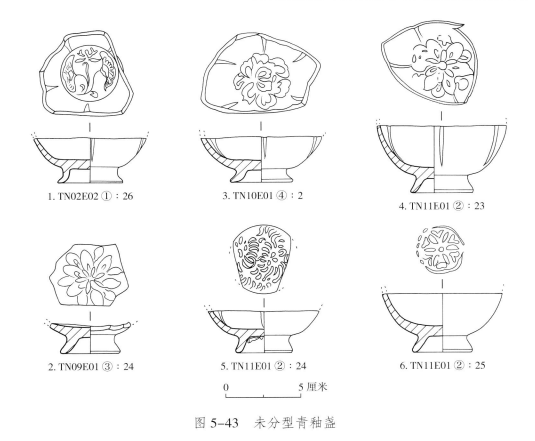

1. TN02E02①：26

3. TN10E01④：2

4. TN11E01②：23

2. TN09E01③：24

5. TN11E01②：24

6. TN11E01②：25

0　　　　　　5 厘米

图 5-43　未分型青釉盏

残高 3.7 厘米。（图 5-42：12；彩版 5-133：3）

　　TN11E01②：23，不可复原。失口部，斜曲腹，圈足外撇。外腹对应花口处有凹陷纹，内底模印花卉纹。灰胎，胎质较细。青釉。全器满施釉。足端有叠烧痕迹。足径 4.2、残高 4.6 厘米。（图5-43：4；彩版 5-134：1）

　　TN11E01②：24，不可复原。失口部，斜曲腹，圈足外撇。外腹对应花口处有凹陷纹，内底模印花卉纹。灰胎，胎质较细。青釉。全器满施釉。外底心有支烧痕迹。足径 3.8、残高 2.8 厘米。（图 5-43：5；彩版 5-134：2）

　　TN11E01②：25，不可复原。失口部，斜曲腹，圈足外撇。外腹对应花口处有凹陷纹，内底模印花卉纹。黄胎，胎质较细。青黄釉，布满小开片。全器满施釉。足端有叠烧痕迹。足径 4、残高 4 厘米。（图 5-43：6；彩版 5-134：3）

执壶

依据口部特征的不同，分为两型。

A 型

侈口执壶。

TN02E02⑩：1，不可复原。侈口，束颈较长，丰肩，圆鼓腹，圈足。肩部对称置曲流、曲柄，失流。腹部以瓜棱纹为界分为若干个等大的区域，内素面。灰白胎，胎质较粗。青釉，布满小开片。全器满施釉。外底心有支烧痕迹。口径 10.2、足径 9、最大腹径 15.3、高 19.8 厘米。（图 5-44：1；

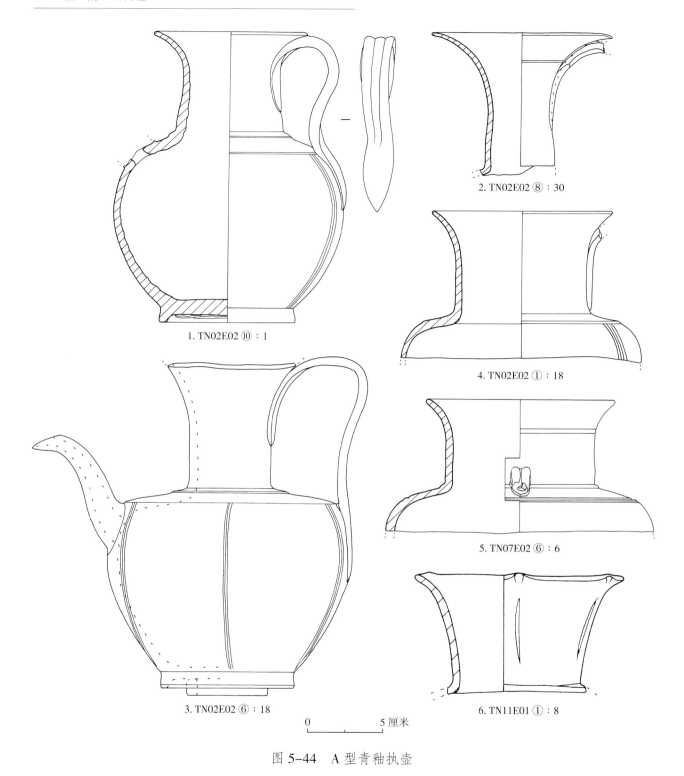

1. TN02E02 ⑩：1
2. TN02E02 ⑧：30
4. TN02E02 ①：18
5. TN07E02 ⑥：6
3. TN02E02 ⑥：18
6. TN11E01 ①：8

0　　　　　5 厘米

图 5-44　A 型青釉执壶

彩版 5-135：1）

　　TN02E02 ⑧：30，不可复原。圆唇，侈口，喇叭口，束颈较长，失下部。颈部置双泥条曲柄。颈部凹弦纹多圈。灰白胎，胎质较细。青釉微泛黄，布满小开片。口径 12、残高 9.7 厘米。（图 5-44：2；彩版 5-135：2）

　　TN02E02⑥：18，不可复原。失口部，喇叭口，束颈较长，丰肩，圆鼓腹，圈足。肩部对称置曲柄及曲流，曲柄由两股泥条粘连而成。颈肩及肩腹部相交处凸棱纹一圈；腹部以瓜棱纹分为若干个等大的区域，内素面。灰白胎，胎质较粗。青釉，布满小开片。全器满施釉。外底心有支烧痕迹。足径9、带垫圈残高23厘米。（图5-44：3；彩版5-136：1）

　　TN02E02①：18，不可复原。圆唇，侈口，束颈较长，丰肩，鼓腹，失下部。肩颈部残存曲柄。肩部凸棱纹一圈，腹部以瓜棱纹为界分为若干个等大的区域。灰黄胎，胎质较粗。青黄釉，布满小开片。口径12、残高10厘米。（图5-44：4；彩版5-136：2）

　　TN07E02⑥：6，不可复原。圆唇，侈口，束颈较长，丰肩，失下部。肩部残留一双泥条竖系。颈部凹弦纹双圈，颈肩部相交处凸棱纹一圈。灰胎，胎质较细。青釉，有开片。局部积釉。口径12.6、残高9厘米。（图5-44：5；彩版5-137：1）

　　TN07E02⑤：1，可复原。圆唇，侈口，束颈较长，丰肩，圆鼓腹，圈足。肩部对称置曲流及曲柄，柄残，柄由双股泥条并成。颈部凹弦纹多圈，肩腹部相交处凹弦纹双圈。灰胎，胎质较细。青釉，局部开片。全器满施釉。足端有支烧痕迹。口径10.8、足径6.8、高14.7厘米。（图5-45：1；

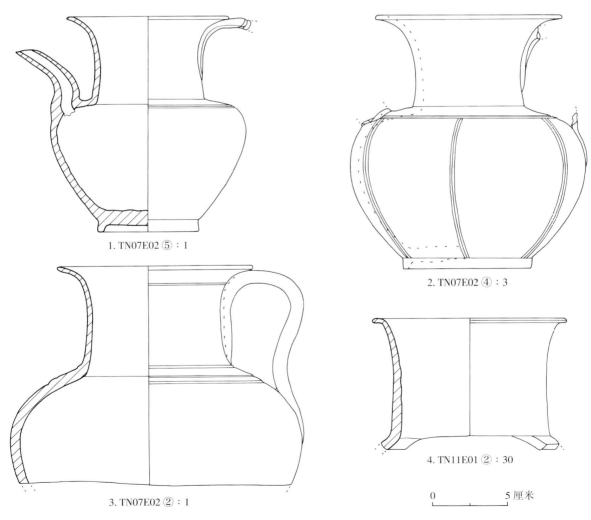

1. TN07E02⑤：1

2. TN07E02④：3

3. TN07E02②：1

4. TN11E01②：30

0　　　　5厘米

图5-45　A型青釉执壶

彩版 5-137：2）

TN07E02④：3，可复原。侈口，束颈较长，丰肩，圆鼓腹，圈足。失流，柄残。肩腹相交处凹弦纹双圈；腹部以瓜棱纹分为若干个等大的区域，内素面，灰白胎，胎质较细。青釉，布满小开片。全器满施釉。外底心有支烧痕迹。口径 12.4、足径 8.5、高 17.3 厘米。（图 5-45：2；彩版 5-138）

TN07E02②：1，不可复原。圆唇，侈口，束颈较长，丰肩，圆鼓腹，失下部。肩部对称置曲流及曲柄，柄由三股泥条并成。颈肩部与肩腹部相交处凸棱纹一圈。灰黄胎，胎质较细。青黄釉，布满小开片。口径 13、残高 14.9 厘米。（图 5-45：3；彩版 5-139：1）

TN11E01②：30，不可复原。圆唇，侈口，束颈较长，丰肩，失下部。灰黄胎，胎质较粗。青黄釉，局部开片。口径 13、残高 8.8 厘米。（图 5-45：4；彩版 5-139：2）

TN11E01①：8，不可复原。圆唇，侈口，花口，束颈，失下部。灰黄胎，胎质较粗。青黄釉，布满小开片。口径 14、残高 8 厘米。（图 5-44：6；彩版 5-139：3）

B 型

直口执壶。

TN11E01④：1，不可复原。圆唇，直口，束颈较长，圆折肩，圆鼓腹，失下部。灰黄胎，胎质较粗。青黄釉。颈部近口沿处有宽带状凸棱纹一圈。口径 9.4、残高 13.7 厘米。（图 5-46：1；彩版 5-140：1）

未分型

TN02E02⑦：22，不可复原。肩腹部残片。丰肩，圆鼓腹。肩部刻划花卉纹；肩腹部相交处凸棱纹一圈；腹部以瓜棱纹为界分为若干个等大的区域，内饰刻划花卉纹。灰胎，胎质较细。青釉。残高 4.8 厘米。（图 5-46：2；彩版 5-140：2）

TN02E02⑤：12，不可复原。失口部，束颈较长，丰肩，失下部。肩部对称置曲流、曲柄及双泥条竖系，流及柄已失。颈肩部及肩腹部相交处凹弦纹多圈。灰胎，胎质较细。青釉，布满小开片。残高 9.4 厘米。（图 5-46：3；彩版 5-140：3）

TN02E02⑤：13，不可复原。仅余曲流及腹部残片。外腹刻划花卉纹。灰胎，胎质较粗。青釉微泛黄，局部开片。残高 11.3 厘米。（图 5-46：4；彩版 5-140：4）

TN02E02⑤：14，不可复原。失口部，束颈，圆丰肩，圆鼓腹，失下部。肩腹部相交处凹弦纹双圈，下满饰刻划仰莲瓣纹。灰胎，胎质较粗。青釉，布满小开片。残高 8 厘米。（图 5-46：5；彩版 5-141：1）

TN02E02⑤：15，不可复原。失口部，束颈，圆丰肩，圆鼓腹，失下部。肩腹部相交处凹弦纹双圈，下满饰刻划仰莲瓣纹。灰胎，胎质较粗。青釉，布满小开片。残高 6.9 厘米。（图 5-46：6；彩版 5-141：2）

TN02E02③：4，不可复原。肩腹部残片。丰肩，圆鼓腹。颈肩相交处凸棱纹双圈，肩腹部相交处凸棱纹一圈；腹部以瓜棱纹分为若干个等大的区域，内饰刻划花卉纹。灰黄胎，胎质较粗。青釉微泛黄，布满小开片。残高 13.2 厘米。（图 5-46：7；彩版 5-141：4）

TN03E01②a：1，不可复原。腹部残片。外腹满饰刻划花卉纹。灰胎，胎质较粗。青釉，布

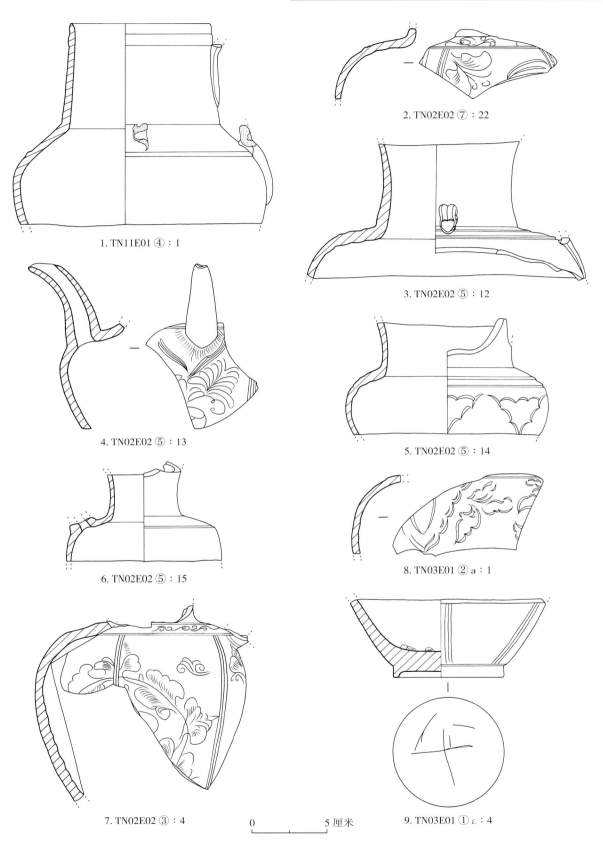

1. TN11E01 ④：1

2. TN02E02 ⑦：22

3. TN02E02 ⑤：12

4. TN02E02 ⑤：13

5. TN02E02 ⑤：14

6. TN02E02 ⑤：15

7. TN02E02 ③：4

8. TN03E01 ② a：1

9. TN03E01 ① ε：4

0   5 厘米

图 5-46 B 型及未分型青釉执壶
1. B 型 2~9. 未分型

满小开片。残高5.4厘米。（图5-46：8；彩版5-141：3）

TN03E01①a：4，不可复原。失口部，下腹斜收，圈足。外腹以瓜棱纹分为若干个等大的区域。黄胎，胎质粗。青黄釉。全器满施釉。足端有叠烧痕迹。外底心有疑似刻划文字。足径7.4、残高5.3厘米。（图5-46：9；彩版5-142：1）

TN04E01①a：2，不可复原。失口部，下腹斜收，圈足。下腹满饰仰莲瓣纹一圈。灰白胎，胎质较细。青釉，布满小开片。全器满施釉。外底心有支烧痕迹。足径7.4、残高4.5厘米。（图5-47：1；彩版5-142：2）

TN07E02⑥：7，不可复原。失口部，束颈较长，丰肩，圆鼓腹，失下部。颈肩相交处凸棱纹一圈，肩腹部相交处凸棱纹一圈；腹部以瓜棱纹分为若干个等大的区域，内素面。灰白胎，胎质较粗。青釉。残高9厘米。（图5-47：2；彩版5-142：3）

TN07E02⑤：4，不可复原。失口部，丰肩，圆鼓腹，圈足。肩部对称置曲流及曲柄，失流，柄残，柄由三股泥条并成。颈肩部相交处凹弦纹三圈，肩部刻划卷草纹一圈，肩腹部相交处凹弦纹三圈；上腹部以瓜棱纹分为若干个等大的区域，内饰团状花卉纹，间以花草纹；下腹部刻划仰蕉叶纹一圈。灰胎，胎质较细。青釉，局部开片。全器满施釉。足端有支烧痕迹。足径8、残高11.5厘米。（图5-47：7；彩版5-143：1）

TN07E02⑤：5，不可复原。腹部残片。灰胎，胎质较粗。青釉。内腹有明显拉坯痕迹。残高8.4厘米。（图5-47：3；彩版5-143：2）

TN07E02④：2，不可复原。失口部，丰肩，圆鼓腹，圈足。肩部对称置曲流、曲柄，流残，柄残。肩腹相交处凹弦纹双圈；腹部以瓜棱纹分为若干个等大的区域，内素面。灰黄胎，胎质较粗。青黄釉，布满小开片。全器满施釉。外底心粘连一垫圈。足径7.8、带垫圈残高15.8厘米。（图5-47：4；彩版5-144：1）

TN08E01③：2，不可复原。失口部，下腹斜曲，圈足外撇。外腹满饰刻划蕉叶纹。灰白胎，胎质较细。青釉微泛黄，布满小开片。全器满施釉。外底心有支烧痕迹。足径10、残高7.4厘米。（图5-47：5；彩版5-144：2）

TN09E01③：17，不可复原。失口部，下腹斜收，圈足。外腹以瓜棱纹分为若干个等大的区域，内素面。灰胎，胎质较细。青釉泛黄。全器满施釉。外底心有支烧痕迹。足径9.4、残高7.9厘米。（图5-47：6；彩版5-145：1）

TN10E01①：4，不可复原。仅余下腹部及圈足。外上腹部以瓜棱纹分为若干个等大的区域，内饰团状花卉纹；下腹部刻划蕉叶纹一圈。灰胎，胎质较粗。青釉。全器满施釉。外底心有支烧痕迹。足径8、残高12.6厘米。（图5-48：1；彩版5-145：2）

TN11E01④：6，不可复原。失口部，束颈，丰肩，圆鼓腹，圈足。肩部残留柄痕。颈肩部及肩腹部相交处凸棱纹一圈；腹部以瓜棱纹分为若干个等大的区域，内素面。灰黄胎，胎质较粗。青黄釉。全器满施釉。外底心有支烧痕迹。足径7.2、残高16.2厘米。（图5-48：2；彩版5-145：3）

TN11E01②：32，不可复原。失口部，下腹斜曲，圈足外撇。外腹满饰刻划蕉叶纹多层。灰白胎，胎质较细。青釉泛黄，布满小开片。全器满施釉。外底心有支烧痕迹。足径8.6、残高7.4厘米。（图

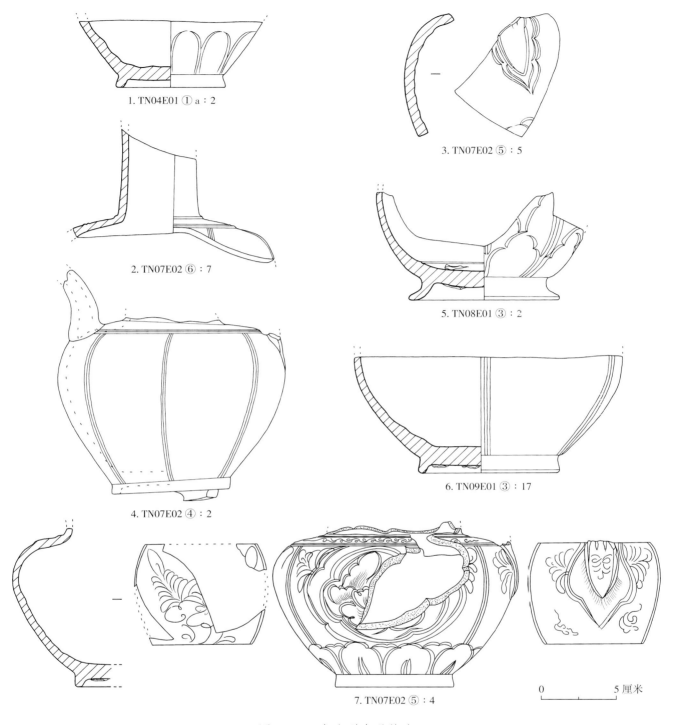

1. TN04E01①a：2

3. TN07E02⑤：5

2. TN07E02⑥：7

5. TN08E01③：2

4. TN07E02④：2

6. TN09E01③：17

7. TN07E02⑤：4

0 _____ 5 厘米

图 5-47 未分型青釉执壶

5-48：3；彩版 5-146：1）

TS01E01③：1，不可复原。失口部，束颈较长，丰肩，圆鼓腹，圈足。肩部对称置曲流及曲柄，失流，柄残。肩部凹弦纹双圈；外腹以瓜棱纹分为若干个等大的区域，内素面。灰黄胎，胎质粗。青黄釉，布满小开片。全器满施釉。足端有支烧痕迹。足径 7.5、残高 19.3 厘米。（图 5-48：4；彩版 5-146：2）

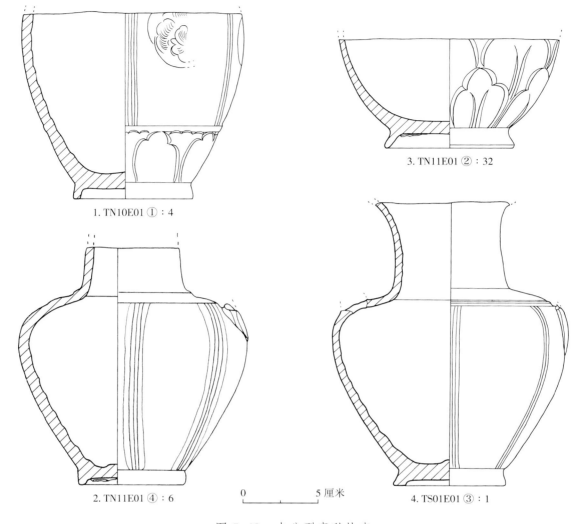

1. TN10E01 ①：4

3. TN11E01 ②：32

2. TN11E01 ④：6

0   5 厘米

4. TS01E01 ③：1

图 5-48 未分型青釉执壶

水盂

根据口部仅分出一型。

A 型

敛口。

TN02E02 ⑨：36，不可复原。圆唇，敛口，圆鼓腹，失下部。外腹饰刻划蕉叶纹。灰白胎，胎质较粗。青釉，有开片。口径 5.2、残高 4.4 厘米。（图 5-49：1；彩版 5-147：1）

TN02E02 ⑥：20，不可复原。圆唇，敛口，圆鼓腹，失下部。外腹饰蕉叶纹多层。灰胎，胎质较粗。青釉，有开片。口径 6、残高 4.5 厘米。（图 5-49：2；彩版 5-147：2）

TN02E02 ⑤：9，不可复原。圆唇，敛口，圆鼓腹，失下部。外腹满饰蕉叶纹。灰白胎，胎质较细。青釉。口径 5、残高 5.5 厘米。（图 5-49：3；彩版 5-147：3）

TN02E02 ②：12，不可复原。圆唇，敛口，圆鼓腹，失下部。外口沿处凹弦纹一圈，下满饰刻划蕉叶纹。灰黄胎，胎质较粗。青釉，布满开片。口径 6.6、残高 5.3 厘米。（图 5-49：4；彩

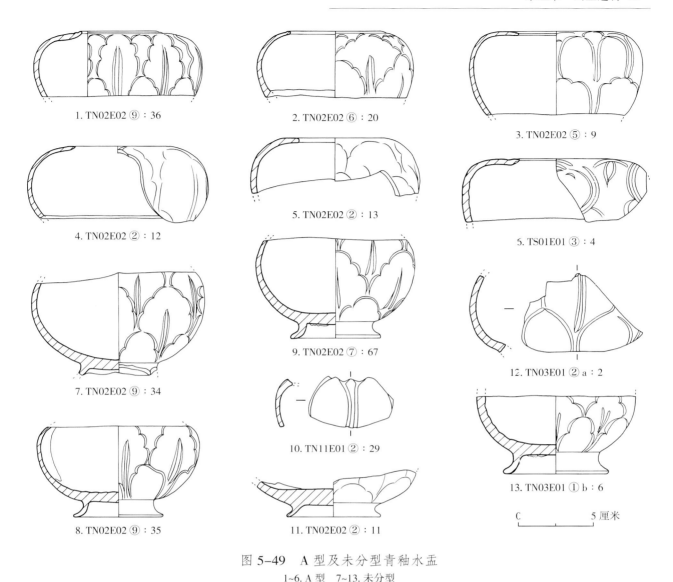

1. TN02E02⑨：36
2. TN02E02⑥：20
3. TN02E02⑤：9
4. TN02E02②：12
5. TN02E02②：13
5. TS01E01③：4
7. TN02E02⑨：34
9. TN02E02⑦：67
12. TN03E01②a：2
8. TN02E02⑨：35
10. TN11E01②：29
11. TN02E02②：11
13. TN03E01①b：6
C　　　　5厘米

图 5-49　A 型及未分型青釉水盂
1~6. A 型　7~13. 未分型

版 5-148：1）

　　TN02E02②：13，不可复原。圆唇，敛口，圆鼓腹，失下部。外口沿处凹弦纹一圈，下满饰刻划蕉叶纹。灰胎，胎质较细。青釉，局部开片。口径 5、残高 4 厘米。（图 5-49：5；彩版 5-148：2）

　　TS01E01③：4，不可复原。圆唇，敛口，丰肩，圆鼓腹，失下部。外腹满饰刻划花卉纹。灰胎，胎质粗。青釉微泛黄，布满小开片。口径 5、残高 4.3 厘米。（图 5-49：6；彩版 5-148：3）

　　未分型

　　TN02E02⑨：34，不可复原。失口部，圆鼓腹，高圈足外撇。外腹刻划仰莲瓣纹多层。灰黄胎，胎质较粗。青釉，布满细小开片。全器满施釉。外底心有支烧痕迹。残高 7 厘米。（图 5-49：7；彩版 5-149：1）

　　TN02E02⑨：35，不可复原。失口部，圆鼓腹，圈足外撇。灰白胎，胎质较细。青釉，局部开片。外腹刻划仰蕉叶纹多层。全器满施釉。外底心有支烧痕迹。足径 6、残高 6.2 厘米。（图 5-49：8；

彩版 5-150：1）

TN02E02 ⑦：67，不可复原。失口部，圆鼓腹，圈足外撇。外腹满饰刻划蕉叶纹多层。灰黄胎，胎质较粗。青釉。全器满施釉。内腹及内底有明显拉坯痕迹。外底心有支烧痕迹。足径 6、残高 6.8厘米。（图 5-49：9；彩版 5-149：2）

TN02E02 ②：11，不可复原。失口部，斜曲腹，圈足外撇。外腹饰刻划莲瓣纹多层。灰胎，胎质较细。青釉，较多开片。全器满施釉，局部积釉。外底心有支烧痕迹。足径 6.2、残高 3.2 厘米。（图 5-49：11；彩版 5-150：2）

TN03E01 ②a：2，不可复原。腹部残片。外腹满饰刻划莲瓣纹。灰胎，胎质较粗。青釉泛黄。残高 5.3 厘米。（图 5-49：12；彩版 5-151：1）

TN03E01 ①b：6，不可复原。失口部，下腹斜曲，圈足外撇。外腹满饰刻划蕉叶纹。灰胎，胎质粗。青釉，布满小开片。全器满施釉。外底心有支烧痕迹。足径 7、残高 5.4 厘米。（图 5-49：13；彩版 5-151：2）

TN11E01 ②：29，不可复原。腹部残片。外腹凸雕莲瓣纹。灰胎，胎质较细。青釉。残高 3.5厘米。（图 5-49：10；彩版 5-151：3）

炉

根据整体特征的不同，分为两型。

A 型

香炉。圆唇或方唇，直口，上腹斜曲，下腹斜收，高圈足外撇。根据口部特征，分为两亚型。

Aa 型　直口。

TN01E01 ①c：4，可复原。外腹刻划仰蕉叶纹一圈，下腹部凹弦纹双圈；内口沿下凹弦纹一圈。灰白胎，胎质较细。青黄釉，有开片。全器满施釉。外底心有支烧痕迹。口径 11.6、足径 7.4、高 7.4 厘米。（图 5-50：1；彩版 5-152：1）

TN02E02 ⑫：13，不可复原。失下部。外腹饰刻划蕉叶纹。灰白胎，胎质较粗。青釉，局部开片。口径 12.6、残高 7.2 厘米。（图 5-50：2；彩版 5-152：2）

TN02E02 ⑩：29，不可复原。失下部。外口沿下凹弦纹一圈，下饰刻划蕉叶纹一圈。口径10、残高 6.3 厘米。（图 5-50：3；彩版 5-152：3）

TN02E02 ⑩：30，不可复原。失下部。外口沿下凹弦纹一圈，下饰刻划仰莲瓣纹一圈。口径13、残高 5 厘米。（图 5-50：4；彩版 5-152：4）

TN02E02 ⑨：20，可复原。外口沿下有凹弦纹一圈，下饰蕉叶纹，上下腹相交处有凹弦纹一圈。灰白胎，胎质较粗。青釉，布满小开片。全器满施釉。外底心粘连一喇叭形垫圈。口径 8.9、足径 7、带垫圈高 11.6 厘米。（图 5-50：5；彩版 5-153：1）

TN02E02 ⑨：25，不可复原。失下部。外口沿下凹弦纹一圈，下饰蕉叶纹；内口沿下凹弦纹一圈。灰胎，胎质较粗。青釉，布满小开片。口径 12、残高 8.5 厘米。（图 5-50：6；彩版 5-154：1）

TN02E02 ⑦：2，可复原。外上腹满饰刻划蕉叶纹，上下腹相交处凹弦纹双圈；内口沿下凹弦纹双圈。灰胎，胎质较粗。青釉，布满小开片。外底心有支烧痕迹，内底有长条状叠烧痕迹。

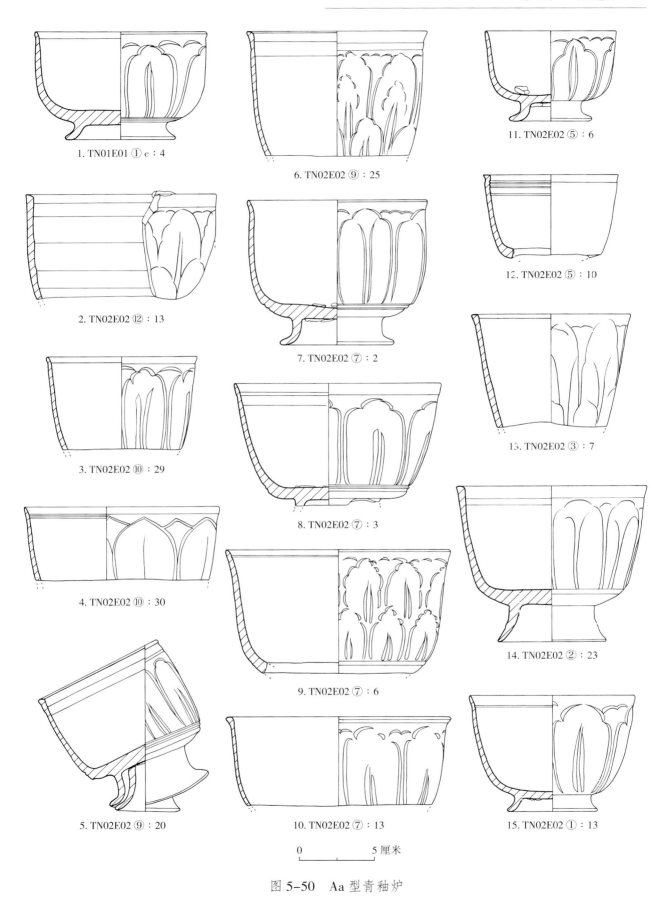

1. TN01E01 ① c：4

6. TN02E02 ⑨：25

11. TN02E02 ⑤：6

2. TN02E02 ⑫：13

7. TN02E02 ⑦：2

12. TN02E02 ⑤：10

3. TN02E02 ⑩：29

8. TN02E02 ⑦：3

13. TN02E02 ③：7

4. TN02E02 ⑩：30

9. TN02E02 ⑦：6

14. TN02E02 ②：23

5. TN02E02 ⑨：20

10. TN02E02 ⑦：13

15. TN02E02 ①：13

0　　　　　5厘米

图 5-50　Aa 型青釉炉

口径 12、足径 7.6、高 9.9 厘米。（图 5-50：7；彩版 5-153：2）

TN02E02⑦：3，不可复原。失足。外口沿下凹弦纹一圈，上腹满饰刻划蕉叶纹，上下腹相交处凹弦纹双圈；内口沿下凹弦纹双圈。灰胎，胎质较粗。青釉。全器满施釉。外底心有支烧痕迹，内底有长条状叠烧痕迹。口径 13.8、残高 8.4 厘米。（图 5-50：8；彩版 5-153：3）

TN02E02⑦：6，不可复原。失下部。外腹满饰刻划蕉叶纹多层，上下腹相交处凹弦纹一圈；内口沿下凹弦纹一圈。灰胎，胎质较粗。青釉泛黄，较多开片。口径 15、残高 8.3 厘米。（图 5-50：9；彩版 5-154：2）

TN02E02⑦：13，不可复原。失下部。外口沿下凹弦纹一圈，下满饰刻划蕉叶纹；内口沿下凹弦纹双圈。灰胎，胎质较粗。青釉，布满小卡片。口径 15、残高 5.9 厘米。（图 5-50：10；彩版 5-154：3）

TN02E02⑤：6，可复原。直口微敞。外腹满饰刻划蕉叶纹。灰黄胎，胎质较粗。青釉。全器满施釉。外底心有支烧痕迹。口径 8.8、足径 5.5、高 6.2 厘米。（图 5-50：11；彩版 5-155：1）

TN02E02⑤：10，不可复原。失下部。灰黄胎，胎质较粗。青黄釉，布满小开片。口径 9、残高 5.7 厘米。（图 5-50：12；彩版 5-154：4）

TN02E02③：7，不可复原。失下部。外口沿下凹弦纹一圈，下满饰蕉叶纹；内口沿下凹弦纹一圈。灰黄胎，胎质较粗。青釉微泛黄，布满小开片。口径 10.6、残高 7.7 厘米。（图 5-50：13；彩版 5-156：1）

TN02E02②：23，可复原。外腹饰刻划蕉叶纹，上下腹相交处凹弦纹多圈；内口沿处凹弦纹双圈。灰白胎，胎质较细。青釉。全器满施釉。外底心有支烧痕迹，内底有叠烧痕迹。口径 12.6、足径 7.2、高 10.6 厘米。（图 5-50：14；彩版 5-155：2）

TN02E02①：13，可复原。外腹饰刻划蕉叶纹。灰黄胎，胎质较粗。青釉，布满开片。全器满施釉。外底心有支烧痕迹。口径 11、足径 6、高 7.8 厘米。（图 5-50：15；彩版 5-155：3）

TN02E02①：28，不可复原。失下部。外口沿下凹弦纹一圈，下满饰刻划花卉纹。灰胎，胎质较粗。青釉。口径 15、残高 6 厘米。（图 5-51：1；彩版 5-156：2）

TN08E01③：5，可复原。外上腹刻仰莲瓣纹多层，上下腹相交处凹弦纹多圈。灰胎，胎质较粗。青釉。全器满施釉。足端有叠烧痕迹。口径 8.7、足径 5.3、高 7.4 厘米。（图 5-51：2；彩版 5-157：1）

TN10E01②：4，不可复原。失下部。外口沿下凹弦纹多圈，下满饰刻划蕉叶纹，上下腹相交处凹弦纹一圈。灰胎，胎质较粗。青釉微泛黄，布满小开片。口径 23、残高 12.8 厘米。（图 5-51：3；彩版 5-156：3）

TN11E01④：9，不可复原。失下部。外腹刻划仰莲瓣纹多层，上下腹相交处凹弦纹双圈。灰胎，胎质较细。青釉，局部开片。口径 20、残高 13 厘米。（图 5-51：4；彩版 5-156：4）

Ab 型　侈口。

TN02E02⑦：5，侈口，直腹，失下部。外腹满饰刻划蕉叶纹，内口沿下凹弦纹一圈。灰胎，胎质较粗。青釉，较多开片。口径 15、残高 9.3 厘米。（图 5-51：5；彩版 5-157：2）

TN02E02⑦：12，不可复原。失下部。外口沿下凹弦纹一圈，下满饰刻划蕉叶纹。灰胎，胎

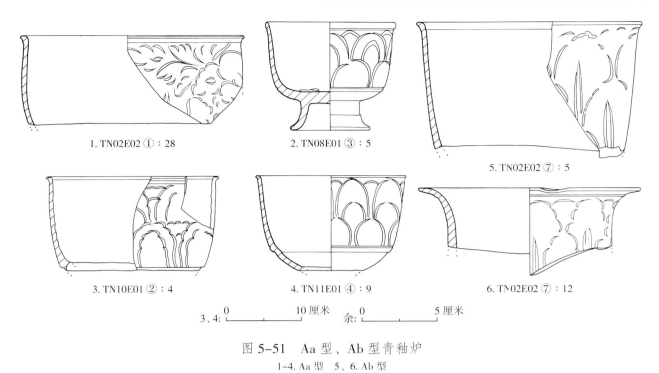

1. TN02E02 ①：28　　2. TN08E01 ③：5

5. TN02E02 ⑦：5

3. TN10E01 ②：4　　4. TN11E01 ④：9　　6. TN02E02 ⑦：12

0　　10 厘米　　余：0　　5 厘米
3、4：

图 5-51　Aa 型、Ab 型青釉炉
1~4. Aa 型　5、6. Ab 型

质较粗。青釉，布满小开片。口径 14.8、残高 6 厘米。（图 5-51：6；彩版 5-157：3）

A 型未分亚型　未见口部的香炉残件。

TN02E02 ⑫：12，不可复原。仅余下腹部及高圈足。外腹饰刻划直条纹。灰黄胎，胎质较粗。青黄釉，局部开片。全器满施釉。外底心有支烧痕迹，内底有叠烧痕迹。足径 7.4、残高 3.1 厘米。（图 5-52：1；彩版 5-158：1）

TN02E02 ⑩：28，不可复原。失口部，足残。外上腹满饰刻划蕉叶纹。灰白胎，胎质较粗。青釉，布满小开片。外底心有长条状支烧痕迹，内底有长条状叠烧痕迹。残高 6.9 厘米。（图 5-52：2；彩版 5-158：2）

TN02E02 ⑨：21，不可复原。失口部。外腹满饰仰莲瓣纹。灰胎，胎质较粗。青釉，布满小开片。全器满施釉。外底心有支烧痕迹，内底有叠烧痕迹。足径 8、残高 6.6 厘米。（图 5-52：3；彩版 5-158：3）

TN02E02 ⑨：22，不可复原。失口部。外上腹满饰蕉叶纹，上下腹相交处凹弦纹一圈。灰胎，胎质粗。青釉，布满开片。全器满施釉。外底心有支烧痕迹，内底有叠烧痕迹。足径 8.4、残高 6.9 厘米。（图 5-52：4；彩版 5-159：1）

TN02E02 ⑨：23，不可复原。失口部。外上腹满饰蕉叶纹，上下腹相交处仰莲瓣纹一圈并凹弦纹一圈。灰胎，胎质粗。青釉，布满开片。全器满施釉。外底心有支烧痕迹，内底有叠烧痕迹。足径 7.6、残高 6.5 厘米。（图 5-52：5；彩版 5-159：2）

TN02E02 ⑨：24，不可复原。腹部残片。外腹满饰蕉叶纹。灰白胎，胎质较粗。青釉。残高 7.4 厘米。（图 5-52：6；彩版 5-160：1）

TN02E02 ⑧：39，不可复原。失口部。外腹饰简化莲瓣纹。灰胎，胎质较粗。青釉微泛黄。

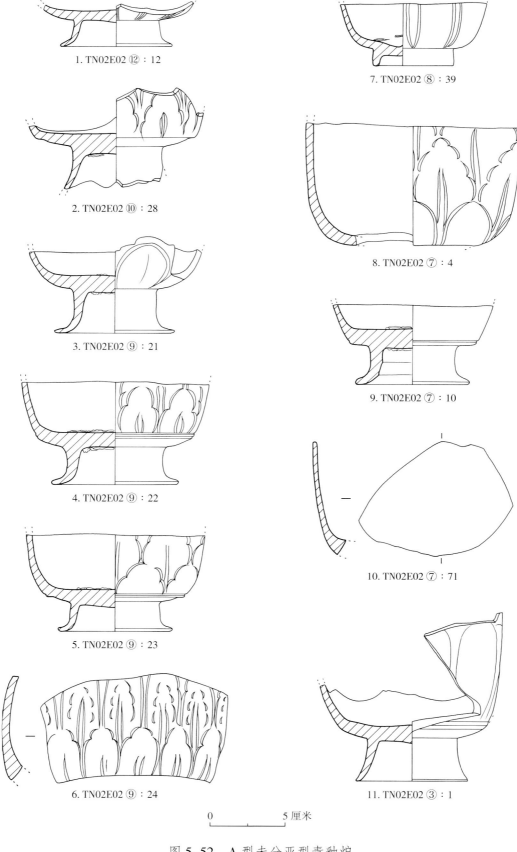

1. TN02E02 ⑫ : 12

2. TN02E02 ⑩ : 28

3. TN02E02 ⑨ : 21

4. TN02E02 ⑨ : 22

5. TN02E02 ⑨ : 23

6. TN02E02 ⑨ : 24

7. TN02E02 ⑧ : 39

8. TN02E02 ⑦ : 4

9. TN02E02 ⑦ : 10

10. TN02E02 ⑦ : 71

11. TN02E02 ③ : 1

0   5 厘米

图 5-52　A 型未分亚型青釉炉

全器满施釉。足端及内底有叠烧痕迹。足径5.4、残高4.3厘米。（图5-52：7；彩版5-159：3）

TN02E02⑦：4，不可复原。腹部残片。外腹满饰刻划蕉叶纹。灰胎，胎质较粗。青釉，布满开片。残高8.3厘米。（图5-52：8；彩版5-160：2）

TN02E02⑦：10，不可复原。失口部。灰胎，胎质较粗。青釉，布满小开片。全器满施釉。外底心有支烧痕迹，内底有长条状叠烧痕迹。足径7.6、残高5.4厘米。（图5-52：9；彩版5-161：1）

TN02E02⑦：71，不可复原。腹部残片。内口沿下凹弦纹双圈。灰胎，胎质较粗。青釉，布满开片。残高7.9厘米。（图5-52：10；彩版5-160：3）

TN02E02③：1，不可复原。失口部。外上腹饰仰莲瓣纹，上下腹相交处凹弦纹多圈；内口沿下凹弦纹一圈；内底凹弦纹一圈。灰胎，胎质较细。青釉。全器满施釉，局部积釉。外底心有支烧痕迹，内底有长条状叠烧痕迹。足径7.4、残高11.4厘米。（图5-52：11；彩版5-161：2）

TN02E02③：2，不可复原。失口部。外上腹饰仰莲瓣纹，上下腹相交处凹弦纹多圈；内底凹弦纹一圈。灰胎，胎质较粗。青黄釉，布满开片。全器满施釉。外底心粘连一喇叭形垫圈，内底有叠烧痕迹。足径7.6、残高7.8厘米。（图5-53：1；彩版5-161：3）

TN02E02③：6，不可复原。腹部残片。外腹满饰花卉纹。灰黄胎，胎质较粗。青黄釉，布满小开片。残高12厘米。（图5-53：2；彩版5-162：1）

TN02E02②：19，不可复原。失口部。外上腹饰刻划花卉纹，上下腹相交处凹弦纹。灰胎，胎质较细。青釉，局部开片。全器满施釉。外底心有支烧痕迹。足径6、残高4.9厘米。（图5-53：3；彩版5-162：2）

TN02E02①：27，不可复原。失口部。外上腹满饰刻划花卉纹。灰胎，胎质较粗。青釉，局部开片。外底心粘连一喇叭形垫圈，内底有叠烧痕迹。带垫圈残高5.5厘米。（图5-53：4；彩版5-162：3）

TN03E01①a：5，不可复原。腹部残片。外腹刻划花卉纹。灰胎，胎质较粗。青釉。全器满施釉。外底心有支烧痕迹。残高2.5厘米。（图5-53：5；彩版5-163：1）

TN03E01①b：3，不可复原。腹部残片。外腹满饰花卉纹。黄胎，胎质粗。青釉。内底有叠烧痕迹。残高6.4厘米。（图5-53：6；彩版5-163：2）

TN04E01①a：1，不可复原。腹部残片。外上腹满饰刻划花卉纹，外上下腹相交处凸棱纹一圈。灰胎，胎质粗。青釉微泛黄。残高6.8厘米。（图5-53：7；彩版5-163：3）

TN06E01①a：4，不可复原。腹部残片。外上腹满饰仰莲瓣纹。灰胎，胎质较粗。青釉，布满开片。内底有叠烧痕迹。残高9.8厘米。（图5-53：8；彩版5-164：1）

TN07E02①：4，不可复原。失口部，足残。外上腹刻划花卉纹，上下腹相交处凹弦纹一圈。灰胎，胎质较粗。青釉，布满小开片。全器满施釉。外底心有支烧痕迹，内底有叠烧痕迹。残高5.5厘米。（图5-53：9；彩版5-164：2）

TN09E01③：8，不可复原。失口部。外腹满饰刻划莲瓣纹多层，内口沿下凹弦纹双圈，内底凹弦纹一圈。灰胎，胎质较粗。青釉，布满小开片。全器满施釉。外底心有支烧痕迹。残高8.4厘米。（图5-54：1；彩版5-164：3）

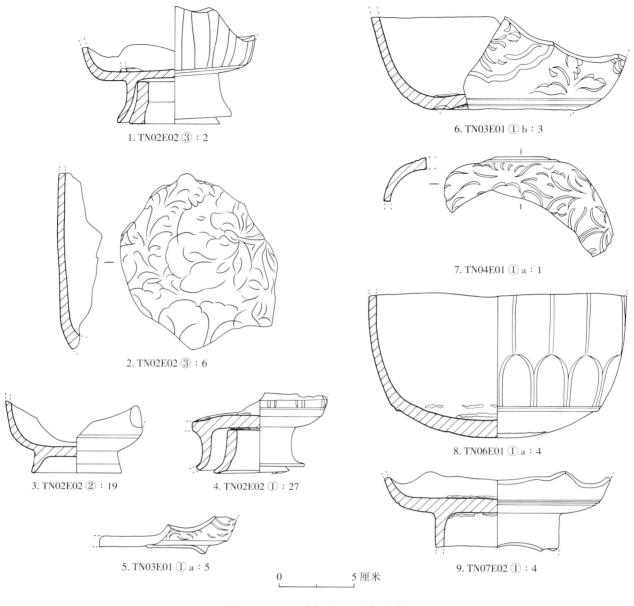

1. TN02E02 ③ : 2

6. TN03E01 ① b : 3

2. TN02E02 ③ : 6

7. TN04E01 ① a : 1

3. TN02E02 ② : 19

4. TN02E02 ① : 27

8. TN06E01 ① a : 4

5. TN03E01 ① a : 5

0   5 厘米

9. TN07E02 ① : 4

图 5-53　A 型未分亚型青釉炉

　　TN09E01 ② b：1，不可复原。器形较大。腹部残片。上下腹相交处凹弦纹一圈。灰胎，胎质较粗。青釉，局部开片。残高 6.5 厘米。（图 5-54：2；彩版 5-165：1）

　　TN09E01 ①：3，不可复原。失口部。外上腹刻划莲瓣纹，上下腹相交处凹弦纹一圈。灰胎，胎质较粗。青釉微泛黄，布满小开片。全器满施釉。内底有叠烧痕迹。足径 4.6、残高 6 厘米。（图 5-54：3；彩版 5-165：2）

　　TN09E01 ①：4，不可复原。腹部残片。外上腹刻划莲瓣纹，上下腹相交处凹弦纹一圈。灰胎，胎质较粗。青釉微泛黄。全器满施釉。内底有叠烧痕迹。残高 4 厘米。（图 5-54：4；彩版 5-165：3）

　　TN10E01 ③：2，不可复原。失口部。外腹满饰刻划蕉叶纹，内腹凹弦纹多圈。灰胎，胎质较粗。青釉。全器满施釉。外底心有支烧痕迹，内底有叠烧痕迹。足径 6、残高 11 厘米。（图 5-54：5；

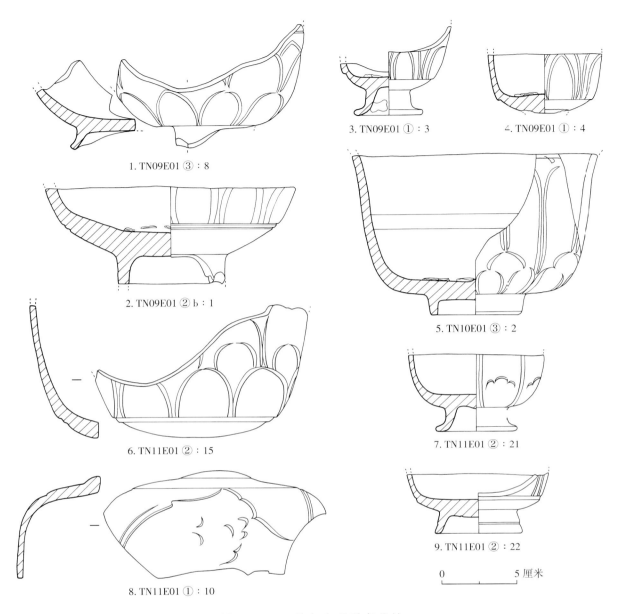

1. TN09E01 ③：8

2. TN09E01 ②b：1

3. TN09E01 ①：3

4. TN09E01 ①：4

5. TN10E01 ③：2

6. TN11E01 ②：15

7. TN11E01 ②：21

8. TN11E01 ①：10

9. TN11E01 ②：22

0   5 厘米

图 5-54　A 型未分亚型青釉炉

彩版 5-166：1）

　　TN11E01②：15，不可复原。腹部残片。外上腹满饰刻划仰莲瓣纹多层，上下腹相交处凹弦纹一圈。灰胎，胎质较粗。青釉。残高 9 厘米。（图 5-54：6；彩版 5-166：2）

　　TN11E01②：21，不可复原。失口部。外腹刻划蕉叶纹多层。灰胎，胎质较粗。青釉。全器满施釉。足端有叠烧痕迹。足径 5.4、残高 5.2 厘米。（图 5-54：7；彩版 5-166：3）

　　TN11E01②：22，不可复原。失口部。外上腹刻划花卉纹，上下腹相交处凹弦纹一圈。灰黄胎，胎质较粗。青黄釉。外施釉至足端，外底部露胎无釉。足端及内底有叠烧痕迹。足径 5.8、残高 4.1 厘米。（图 5-54：9；彩版 5-167：1）

　　TN11E01①：10，不可复原。腹部残片。外上腹满饰刻划花卉纹，上下腹相交处凹弦纹双圈。

灰胎，胎质粗。青釉。残高 7.3 厘米。（图 5-54：8；彩版 5-167：2）

B 型

熏炉。翻沿，器形复杂。

TN02E02⑦：68，不可复原。失口部，翻卷沿。下置一高台，残，中空。上饰镂空及深刻纹样。灰胎，胎质较粗。青釉，布满开片。全器满施釉。外底心有支烧痕迹。残高 5.6 厘米。（图 5-55：1；彩版 5-168：1）

TN02E02⑤：3，不可复原。仅余底座下部。斜直腹。外置一圈波浪形花边，上饰海水纹样。灰胎，胎质较粗。青釉。全器满施釉。外底心有支烧痕迹。底径 7.9、残高 3.6 厘米。（图 5-55：2；彩版 5-168：2）

TN07E02⑥：8，不可复原。失口部，斜曲腹。下置一高座，高圈足外撇。外腹满饰刻划花卉纹，高座置花边形沿。灰胎，胎质较粗。青釉，局部开片。全器满施釉。足端有支烧痕迹，内底有叠烧痕迹。足径 9.2、残高 7.3 厘米。（图 5-55：3；彩版 5-168：3）

TN09E01③：19，不可复原。腹部残件。下承一高座，残。灰胎，胎质较粗。青釉，局部开片。内底粘连大量窑渣。残高 6.4 厘米。（图 5-55：4；彩版 5-169：1）

TN09E01①：5，不可复原。腹部残片。外腹置花边形沿。灰胎，胎质较粗。青黄釉。残高 5.2 厘米。（图 5-55：5；彩版 5-169：2）

TN10E01①：1，不可复原。底座残件。灰胎，胎质较粗。青釉。残高 6 厘米。（图 5-55：6；彩版 5-170：1）

TS02W01①：11，不可复原。底座残件。灰胎，胎质较粗。青釉，局部开片。局部积釉。底径 11、残高 6.6 厘米。（图 5-55：7；彩版 5-170：2）

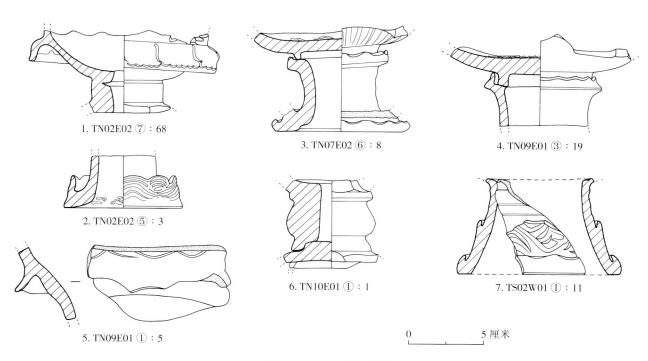

1. TN02E02⑦：68

3. TN07E02⑥：8

4. TN09E01③：19

2. TN02E02⑤：3

6. TN10E01①：1

5. TN09E01①：5

7. TS02W01①：11

0　　　　5厘米

图 5-55　B 型青釉炉

盒

依据腹部特征的不同，分为两型。

A 型

整体呈扁圆形。子母口，直口，上腹竖直，下腹斜收，隐圈足或圈足。根据腹部深浅，分为两亚型。

Aa 型　浅腹。

TN02E02 ⑬：16，盒身。可复原。隐圈足。外上腹有凹弦纹双圈。灰白胎，胎质较粗。青釉，布满小开片。全器满施釉。外底心有支烧痕迹。口径 12.2、足径 5.6、高 2.6 厘米。（图 5-56：1；彩版 5-171：1）

TN02E02 ⑨：27，盒身。可复原。隐圈足。灰胎，胎质较粗。青釉微泛黄。口沿及外底心有支烧痕迹。口径 10.8、足径 6.4、高 1.8 厘米。（图 5-56：2；彩版 5-171：2）

TN02E02 ①：21，盒身。可复原。隐圈足。外上腹凹弦纹一圈，下腹近足处凹弦纹一圈。灰白胎，胎质较细。青釉。全器满施釉。外底心有支烧痕迹。口径 10、足径 5.2、高 3 厘米。（图 5-56：3；彩版 5-171：3）

TN03E01 ① b：2，盒身。可复原。隐圈足。灰胎，胎质粗。青釉，布满小开片。全器满施釉，口沿处露胎无釉。口沿及外底心有支烧痕迹。口径 11.8、足径 5.8、高 3.5 厘米。（图 5-56：4；彩版 5-172：1）

TN10E01 ④：15，盒身。可复原。直口微敛，隐圈足。灰胎，胎质较细。青釉，局部开片。全器满施釉。外底心有支烧痕迹。口径 10.4、足径 5.6、高 2.6 厘米。（图 5-56：5；彩版 5-172：2）

TN11E01 ④：12，盒身。可复原。圈足外撇。灰黄胎，胎质较粗。青黄釉。全器满施釉。外底心有支烧痕迹。口径 11.7、足径 9.4、高 3.1 厘米。（图 5-56：6；彩版 5-172：3）

TS02W01 ①：1，盒身。可复原。隐圈足。灰胎，胎质较粗。青釉。全器满施釉。外底心有支烧痕迹。口径 10.8、足径 6、高 2.5 厘米。（图 5-56：7；彩版 5-173：1）

TS02W01 ①：8，盒身。不可复原。失下部。灰胎，胎质较粗。青黄釉，布满小开片。口径 13、残高 3.7 厘米。（图 5-56：8；彩版 5-173：2）

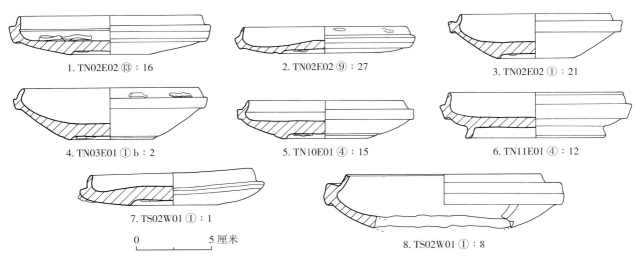

1. TN02E02 ⑬：16　　2. TN02E02 ⑨：27　　3. TN02E02 ①：21

4. TN03E01 ① b：2　　5. TN10E01 ④：15　　6. TN11E01 ④：12

7. TS02W01 ①：1

0　　　　　5 厘米

8. TS02W01 ①：8

图 5-56　Aa 型青釉盒

Ab 型　深腹。

TN02E02 ⑬：14，盒身。可复原。圈足外撇。灰胎，胎质较细。青釉，局部开片。全器满施釉。口沿及外底心有支烧痕迹。口径 12、足径 10、高 5.8 厘米。（图 5-57：1；彩版 5-173：3）

TN02E02 ⑨：26，盒盖及盒身，均残。不可复原。盒盖直口，盖面微鼓。盒身直口，失下部。灰白胎，胎质较细。青绿釉，布满小开片。盖面以弦纹圈为界分为若干个区域，内饰花卉纹。盒身口径 20 厘米，通高 10 厘米。（图 5-57：2；彩版 5-174：1）

TN07E02 ②：12，盒身。不可复原。器形大。灰胎，胎质较细。青釉泛黄，布满开片。残高 14.8 厘米。（图 5-57：3；彩版 5-174：2）

TN11E01 ②：26，盒身。不可复原。口残，失下部。外上腹近口沿处及上下腹相交处凹弦纹一圈。灰胎，胎质较粗。青釉，局部开片。残高 7 厘米。（图 5-57：4；彩版 5-174：3）

B 型

子母口，直口，斜曲腹。

TN02E02 ⑬：15，盒身。不可复原。失下部。外口沿下凹弦纹双圈，下饰深刻花卉纹。灰白胎，胎质粗。青黄釉，布满小开片。口径 11、残高 5 厘米。（图 5-58：1；彩版 5-175：1）

TN02E02 ⑧：35，盒身。不可复原。失下部。外口沿下凹弦纹一圈，下刻划仰莲瓣纹多层。灰胎，胎质较细。青釉，局部开片。残高 5.2 厘米。（图 5-58：2；彩版 5-175：2）

TN07E02 ⑥：1，盒身。可复原。隐圈足。外口沿下凹弦纹一圈，下腹近足处凹弦纹一圈。灰胎，

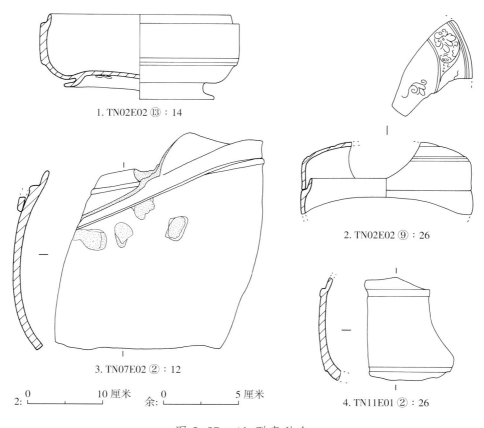

1. TN02E02 ⑬：14

2. TN02E02 ⑨：26

3. TN07E02 ②：12

4. TN11E01 ②：26

2:　0　10 厘米　　余:　0　5 厘米

图 5-57　Ab 型青釉盒

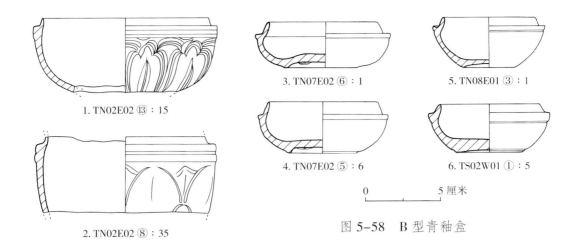

1. TN02E02 ⑬：15

2. TN02E02 ⑧：35

3. TN07E02 ⑥：1

5. TN08E01 ③：1

4. TN07E02 ⑤：6

6. TS02W01 ①：5

0　　　　　　5 厘米

图 5-58　B 型青釉盒

胎质较细。青釉，局部开片。全器满施釉。口沿及外底心有支烧痕迹。口径 7.3、足径 4.8、高 3.1 厘米。（图 5-58：3；彩版 5-176：1）

TN07E02 ⑤：6，盒身。可复原。隐圈足。上腹部凹弦纹一圈，下腹近足处凹弦纹一圈。灰胎，胎质较细。青釉，局部开片。全器满施釉。口沿及外底心有支烧痕迹。口径 7.4、足径 4.5、高 3.5 厘米。（图 5-58：4；彩版 5-176：2）

TN08E01 ③：1，盒身。可复原。直口微敛，平底微内凹。灰白胎，胎质绞粗。青釉，局部开片。全器满施釉。外底心有支烧痕迹。口径 6、底径 3.5、高 3.4 厘米。（图 5-58：5；彩版 5-175：3）

TS02W01 ①：5，盒身。可复原。直口微敛，平底。生烧。黄胎，胎质粗。青釉，剥釉现象严重。口径 6.6、底径 4.3、高 3.3 厘米。（图 5-58：6；彩版 5-176：3）

器盖

依据盖面特征的不同，分为六型。

A 型

整体呈扁圆形。直口，盖面平。

TN02E02 ⑨：28，可复原。盖近缘处凸棱纹双圈，口沿处凹弦纹一圈。全器满施釉。口径 12、高 1.6 厘米。（图 5-59：1；彩版 5-177：1）

TN02E02 ⑧：34，可复原。盖缘凸棱纹一圈，内满饰刻划花卉纹；口沿处凹弦纹双圈。灰胎，胎质粗。青釉微泛黄，布满小开片。全器满施釉，口沿处露胎无釉。口沿处有支烧痕迹。口径 13、高 1.5 厘米。（图 5-59：2；彩版 5-177：2）

TN02E02 ⑦：17，可复原。盖缘凸棱纹一圈，内满饰刻划花卉纹。灰胎，胎质较粗。青釉，布满小开片。全器满施釉，口沿露胎无釉。口沿处有支烧痕迹。口径 13、高 1.7 厘米。（图 5-59：3；彩版 5-178：1）

TN02E02 ⑤：7，可复原。盖缘凸棱纹一圈，内满饰刻划花卉纹。灰黄胎，胎质较粗。青黄釉，布满开片。全器满施釉，口沿处露胎无釉。口沿处有支烧痕迹。口径 12.6、高 1.7 厘米。（图 5-59：4；彩版 5-177：3）

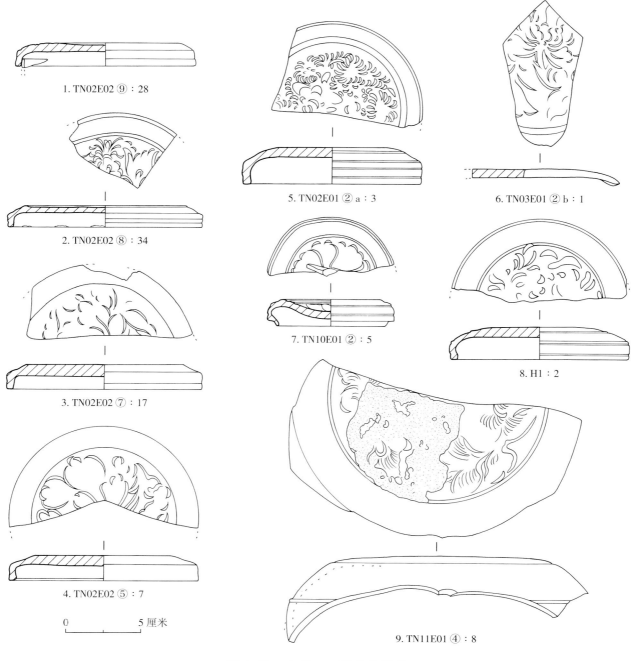

1. TN02E02 ⑨：28

2. TN02E02 ⑧：34

3. TN02E02 ⑦：17

4. TN02E02 ⑤：7

5. TN02E01 ② a：3

6. TN03E01 ② b：1

7. TN10E01 ②：5

8. H1：2

9. TN11E01 ④：8

0   5 厘米

图 5-59　A 型、B 型青釉器盖
1~8. A 型　9. B 型

　　TN02E01 ② a：3，可复原。盖缘凸棱纹一圈，内满饰模印花卉纹。灰胎，胎质较粗。青釉。全器满施釉，口沿处露胎无釉。口沿处有支烧痕迹。口径 12、高 2.5 厘米。（图 5-59：5；彩版 5-178：2）

　　TN03E01 ② b：1，不可复原。仅余盖面。盖缘凸棱纹一圈，内满饰刻划花卉纹。灰白胎，胎质较细。青釉。残高 1.2 厘米。（图 5-59：6；彩版 5-179：1）

　　TN10E01 ②：5，可复原。顶部中心置一纽。盖缘凸棱纹双圈。灰黄胎，胎质较粗。青釉。口径 8.4、

高 1.8 厘米。（图 5-59：7；彩版 5-179：2）

H1：2，可复原。盖面凸棱纹双圈，内满饰刻划花卉纹。灰胎，胎质较粗。青釉，布满小卡片。全器满施釉，口沿处露胎无釉。口径 12、高 2.2 厘米。（图 5-59：8；彩版 5-179：3）

B 型

整体呈馒首形。器形大。

TN11E01 ④：8，不可复原。顶部以凸棱纹分为若干个区域，最内层饰细线划花纹。灰胎，胎质较粗。青绿釉。残高 6 厘米。（图 5-59：9；彩版 5-180：1）

C 型

整体呈半球形。直口。盖面中心置一瓜蒂形纽。

TN02E02 ⑨：31，可复原。外腹满饰刻划花卉纹。灰白胎，胎质较粗。青釉，较多开片。全器满施釉，口沿处露胎无釉。口沿处有支烧痕迹。口径 10、高 3.4 厘米。（图 5-60：1；彩版 5-180：2）

TN02E02 ⑨：33，可复原。盖面中心凸棱纹一圈，内置瓜蒂形纽，纽残，以纽为中心刻划蕉叶纹。灰黄胎，胎质较粗。青釉，较多开片。全器满施釉，口沿处露胎无釉。口沿处有支烧痕迹。口径 12、残高 4.4 厘米。（图 5-60：2；彩版 5-180：3）

TN02E02 ⑦：14，可复原。盖面以瓜蒂形纽为中心饰深刻划花卉纹。灰胎，胎质较粗。青釉，

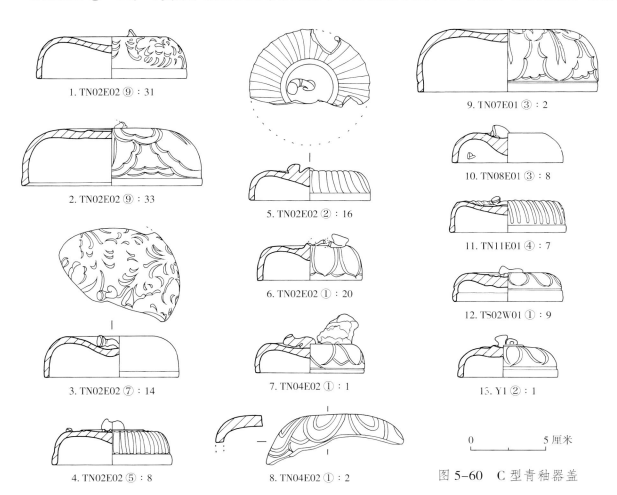

1. TN02E02 ⑨：31

2. TN02E02 ⑨：33

3. TN02E02 ⑦：14

4. TN02E02 ⑤：8

5. TN02E02 ②：16

6. TN02E02 ①：20

7. TN04E02 ①：1

8. TN04E02 ①：2

9. TN07E01 ③：2

10. TN08E01 ③：8

11. TN11E01 ④：7

12. TS02W01 ①：9

13. Y1 ②：1

0　　　　　5 厘米

图 5-60　C 型青釉器盖

局部开片。全器满施釉，口沿露胎无釉。口沿处有支烧痕迹。口径 9、高 2.8 厘米。（图 5-60：3；彩版 5-181：1）

TN02E02⑤：8，可复原。盖面中心凸棱纹一圈，内置瓜蒂形纽，以纽为中心刻划瓜棱纹样。灰白胎，胎质较细。青釉，有开片。全器满施釉，口沿处露胎无釉。口沿处有支烧痕迹。口径 8、高 3.2 厘米。（图 5-60：4；彩版 5-181：2）

TN02E02②：16，可复原。盖面中心凸棱纹一圈，内置瓜蒂形纽，以纽为中心刻瓜棱纹。灰白胎，胎质较细。青釉，局部开片。全器满施釉，口沿处露胎无釉。口沿处有支烧痕迹。口径 8、高 2.5 厘米。（图 5-60：5；彩版 5-181：3）

TN02E02①：20，可复原。盖面中心凸棱纹一圈，内置瓜蒂形纽，以纽为中心深刻覆莲瓣纹。灰胎，胎质粗。青釉，较多小开片。全器满施釉。口沿处有支烧痕迹。口径 7、残高 3.2 厘米。（图 5-60：6；彩版 5-182：1）

TN04E02①：1，可复原。盖面中心凸棱纹一圈，内置瓜蒂形纽，以纽为中心刻覆莲瓣纹双层。灰胎，胎质较粗。青釉微泛黄。全器满施釉，口沿处露胎无釉。口沿处有叠烧痕迹。口径 7.2、高 2.7 厘米。（图 5-60：7；彩版 5-182：2）

TN04E02①：2，不可复原。腹部残片。外腹刻划莲瓣纹。灰胎，胎质较粗。青釉微泛黄，局部开片。残高 3.5 厘米。（图 5-60：8；彩版 5-182：3）

TN07E01③：2，可复原。盖面中心凸棱纹双圈，外刻划覆蕉叶纹，口沿处凹弦纹一圈。灰胎，胎质较粗。青釉。全器满施釉。口沿处有支烧痕迹。口径 12、高 4.3 厘米。（图 5-60：9；彩版 5-183：1）

TN08E01③：8，可复原。盖面中心宽凸棱纹一圈，内置瓜蒂形纽。灰胎，胎质较粗。青釉，局部开片。全器满施釉。口沿处有支烧痕迹。口径 7.4、高 2.6 厘米。（图 5-60：10；彩版 5-183：2）

TN11E01④：7，可复原。盖面中心凸棱纹双圈，内置瓜蒂形纽，以纽为中心刻划瓜棱纹。灰胎，胎质较细。青釉。全器满施釉，口沿处露胎无釉。口沿处有支烧痕迹。口径 7.8、高 2.5 厘米。（图 5-60：11；彩版 5-183：3）

TS02W01①：9，可复原。盖面中心置一瓜蒂形纽，以纽为中心依次置凸棱纹双圈、覆莲瓣纹一圈、凹弦纹一圈。灰胎，胎质较粗。青釉，局部开片。全器满施釉，口沿处露胎无釉。口径 7.3、高 2.5 厘米。（图 5-60：12；彩版 5-184：1）

Y1②：1，可复原。盖面中心凸棱纹一圈，内置瓜蒂形纽，以纽为中心刻划覆莲瓣纹一圈。灰胎，胎质较粗。青釉泛黄。全器满施釉。口沿处有叠烧痕迹。口径 6.7、高 2.9 厘米。（图 5-60：13；彩版 5-184：2）

D 型

整体呈二层台状。直口。

TN02E02⑧：36，不可复原。失顶部。灰胎，胎质较粗。青釉。全器满施釉。口径 10、残高 2.6 厘米。（图 5-61：1；彩版 5-184：3）

TN02E02⑦：16，可复原。盖面中心凸棱纹一圈，内置瓜蒂形纽，纽残，以纽为中心饰刻划

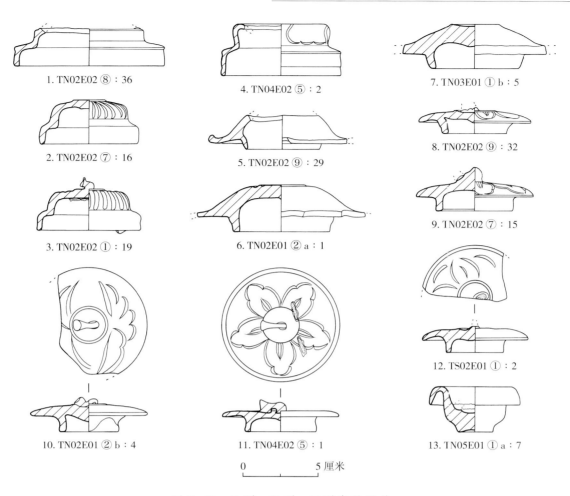

1. TN02E02 ⑧：36
4. TN04E02 ⑤：2
7. TN03E01 ① b：5
2. TN02E02 ⑦：16
5. TN02E02 ⑨：29
8. TN02E02 ⑨：32
3. TN02E02 ①：19
6. TN02E01 ② a：1
9. TN02E02 ⑦：15
12. TS02E01 ①：2
10. TN02E01 ② b：4
11. TN04E02 ⑤：1
13. TN05E01 ① a：7

0　　　　　　5 厘米

图 5-61　D 型、E 型、F 型青釉器盖
1~4. D 型　　5~7. Ea 型　　8~12. Eb 型　　13. F 型

瓜棱纹。灰胎，胎质较粗。青釉，有开片。全器满施釉，口沿露胎无釉。口沿处有支烧痕迹。口径 6.6、高 3 厘米。（图 5-61：2；彩版 5-185：1）

TN02E02 ①：19，完整。盖面中心凸棱纹一圈，内置瓜蒂形纽，以纽为中心深刻瓜棱纹。灰胎，胎质粗。青釉，布满小开片。全器满施釉，内底有支烧痕迹。口径 7、高 3.6 厘米。（图 5-61：3；彩版 5-185：2）

TN04E02 ⑤：2，不可复原。失顶部。外腹刻划花卉纹。灰白胎，胎质较粗。青釉。全器满施釉。口径 8、残高 3.5 厘米。（图 5-61：4；彩版 5-185：3）

E 型
宽沿。子母口，直口。根据盖面特征，分为两亚型。
Ea 型　盖面鼓，宽沿微上翘。

TN02E02 ⑨：29，不可复原。灰白胎，胎质较粗。青釉，较多开片。口径 5、残高 2.3 厘米。（图 5-61：5；彩版 5-186：1）

TN02E01 ② a：1，不可复原。盖面中心凸棱纹双圈。灰黄胎，胎质较粗。青黄釉。口径 6.4、残高 3.2 厘米。（图 5-61：6；彩版 5-186：2）

TN03E01①b：5，不可复原。灰胎，胎质粗。青釉。口径5.8、高3厘米。（图5-61：7；彩版5-186：3）

Eb型　盖面平，微鼓，平沿。

TN02E02⑨：32，可复原。盖面中心凸棱纹一圈，内置瓜蒂形纽，纽残，以纽为中心刻划莲瓣纹。灰胎，胎质较粗。青釉，较多开片。口径4.3、残高1.8厘米。（图5-61：8；彩版5-187：1）

TN02E02⑦：15，可复原。盖面中心置一瓜蒂形纽，以纽为中心深刻蕉叶纹。灰胎，胎质较粗。青釉，有开片。全器满施釉，口沿露胎无釉。口沿处有支烧痕迹。口径5、高3厘米。（图5-61：9；彩版5-187：2）

TN02E01②b：4，可复原。盖面中心凸棱纹一圈，内置瓜蒂形纽，以纽为中心刻划花卉纹。灰胎，胎质较粗。青釉。口径4、高2.4厘米。（图5-61：10；彩版5-187：3）

TN04E02⑤：1，可复原。盖面中心凹弦纹一圈，内置瓜蒂形纽，以纽为中心刻划花卉纹。灰胎，胎质较粗。青釉泛黄，布满开片。全器满施釉，内口沿露胎无釉。口沿处有支烧痕迹。口径4.8、高2.2厘米。（图5-61：11；彩版5-188：1）

TS02E01①：2，不可复原。盖面中心置一瓜蒂形纽，纽残，以纽为中心饰凸棱纹一圈，外刻划莲瓣纹一圈。灰胎，胎质粗。青黄釉，有剥釉现象。口径3.8、残高1.8厘米。（图5-61：12；彩版5-188：2）

F型

异形，器形特殊。

TN05E01①a：7，可复原。灰胎，胎质粗。青黄釉，布满小开片。上径6、下径2.4、高3.1厘米。（图5-61：13；彩版5-188：3）

盏托

TN02E02⑨：30，可复原。圆唇，敞口，花口，平折沿，沿部微上翘，上腹竖直，下腹平收，高圈足外撇，底足中空。内心置一高台，直口，饰刻划覆蕉叶纹。内口沿及外腹刻划多圈凹弦纹，内口沿处有细线划纹样。灰胎,胎质较粗。青釉微泛黄。全器满施釉。外底心有多枚长条状支烧痕迹。上径5.6、足径8、高3.8厘米。（图5-62：1；彩版5-189：1）

TN02E02⑤：4，不可复原。失口部，平折沿，上腹斜直，下腹斜收，高圈足外撇，中空。内底置一高台，已失。内口沿处有花纹装饰，上腹对称置凹陷纹。灰胎，胎质较细。青黄釉。全器满施釉。外底心有支烧痕迹。足径8、残高3.4厘米。（图5-62：2；彩版5-189：2）

TN10E01③：1，不可复原。圆唇，敞口，斜曲腹，圈足。内底置一台，已失。灰胎，胎质较粗。青釉。外施釉至足端，外底部露胎无釉。口径12.8、足径6、高3.7厘米。（图5-62：3；彩版5-190：1）

TN11E01②：7，不可复原。圆唇，平沿，花口，敞口，上腹斜直，下腹斜收，高圈足外撇，中空。内底置一高台，已失。圈足处有镂空花卉纹。灰胎，胎质较粗。青釉微泛黄。全器满施釉。外底心有支烧痕迹。口径12、足径7.2、高3.5厘米。（图5-62：4；彩版5-190：2）

TS02W01①：3，不可复原。仅余台面。外满饰刻划覆莲瓣纹。灰胎，胎质粗。青釉，有开片。

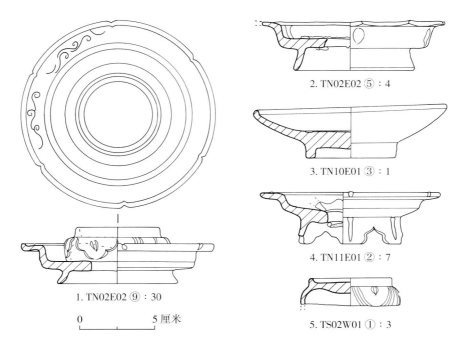

1. TN02E02 ⑨：30

0 ————————— 5 厘米

2. TN02E02 ⑤：4

3. TN10E01 ③：1

4. TN11E01 ②：7

5. TS02W01 ①：3

图 5-62　青釉盏托

上径 5.5、残高 1.9 厘米。（图 5-62：5；彩版 5-190：3）

瓶

依据口部特征的不同，分为四型。

A 型

敛口瓶。

TN02E02 ⑦：1，不可复原。方唇，直口微敛，垂腹，失下部。外口沿下凹弦纹一圈，下满饰刻划花卉纹。灰胎，胎质较细。青釉，布满小开片。全器满施釉，口沿处露胎无釉。口沿处有支烧痕迹。口径 5、残高 10.5 厘米。（图 5-63：1；彩版 5-191：1）

B 型

直口瓶。

TN02E02 ⑩：3，可复原。直口，短束颈，折肩，直腹微鼓，平底微内凹。外口沿处凹弦纹三圈，肩腹相交处凹弦纹双圈；腹部以瓜棱纹分为若干个等大的区域，内素面。灰胎，胎质较细。青绿釉，布满小开片。口径 3.6、底径 4.4、高 9.1 厘米。（图 5-63：2；彩版 5-191：2）

C 型

盘口瓶。

TN02E02 ②：24，不可复原。方唇，盘口，束颈，失下部。外口沿下凹弦纹一圈。灰黄胎，胎质较粗。青黄釉，布满细小开片。口沿处有叠烧痕迹。口径 8.4、残高 5 厘米。（图 5-63：3；彩版 5-192：1）

TN07E02 ⑤：2，不可复原。圆唇，直口，短束颈，丰肩，失下部。外口沿下凹弦纹一圈，

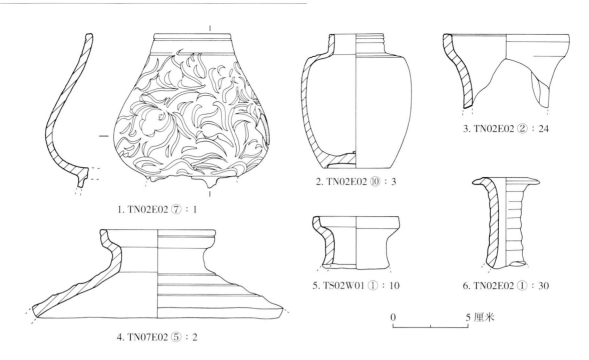

1. TN02E02 ⑦：1

2. TN02E02 ⑩：3

3. TN02E02 ②：24

4. TN07E02 ⑤：2

5. TS02W01 ①：10

6. TN02E02 ①：30

0   5 厘米

图 5-63 A 型、B 型、C 型、D 型青釉瓶
1. A 型 2. B 型 3~5. C 型 6. D 型

肩部凹弦纹多圈。灰黄胎，胎质较粗。青黄釉，布满开片。口径 7.7、残高 6 厘米。（图 5-63：4；彩版 5-192：2）

TS02W01 ①：10，不可复原。方唇，直口，盘口，短束颈，失下部。灰胎，胎质粗。青釉。口径 5.7、残高 3.6 厘米。（图 5-63：5；彩版 5-192：3）

D 型

侈口瓶。

TN02E02 ①：30，不可复原。圆唇，侈口，束颈较长，失下部。颈部饰凸棱纹多圈。灰黄胎，胎质粗。青褐釉。口径 4.5、残高 6.3 厘米。（图 5-63：6；彩版 5-193：1）

未分型

TN01E01 ①a：1，不可复原。失口部，下腹斜直，圈足。外腹满饰刻划花卉纹。灰胎，胎质较细。全器满施釉，内腹露胎无釉。足端有叠烧痕迹。残高 5.4 厘米。（图 5-64：1；彩版 5-193：2）

TN01E01 ①c：2，不可复原。底部残片。灰胎，胎质粗。青釉。足端有叠烧痕迹。足径 6.6、残高 3.8 厘米。（图 5-64：2；彩版 5-193：3）

TN02E02 ⑦：20，不可复原。失口部，下腹斜收，圈足。外腹以瓜棱纹分为若干个等大的区域，内素面。灰胎，胎质较粗。青釉，有开片。内腹露胎无釉。足端有叠烧痕迹。足径 4.4、残高 6.5 厘米。（图 5-64：4；彩版 5-194：1）

TN02E02 ⑦：21，不可复原。腹部残片。外腹满饰刻划蕉叶纹。灰胎，胎质较粗。青釉，有开片。内腹露胎无釉。残高 5 厘米。（图 5-64：3；彩版 5-194：2）

TN02E02 ⑥：21，不可复原。腹部残片。灰胎，胎质较粗。青釉。残高 2.9 厘米。（图 5-64：5；彩版 5-194：3）

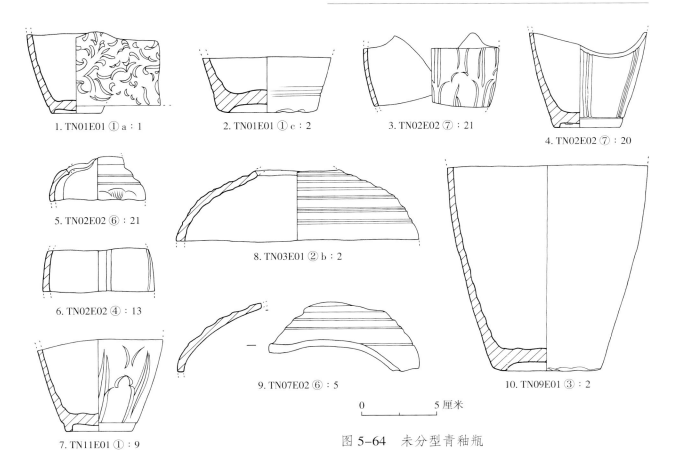

1. TN01E01 ① a : 1   2. TN01E01 ① c : 2   3. TN02E02 ⑦ : 21

4. TN02E02 ⑦ : 20

5. TN02E02 ⑥ : 21

6. TN02E02 ④ : 13

8. TN03E01 ② b : 2

9. TN07E02 ⑥ : 5

0   5 厘米

10. TN09E01 ③ : 2

7. TN11E01 ① : 9

图 5-64　未分型青釉瓶

　　TN02E02 ④：13，不可复原。腹部残片。外腹以瓜棱纹分为若干个等大的区域，内素面。灰黄胎，胎质较粗。青釉。残高 3 厘米。（图 5-64：6；彩版 5-195：1）

　　TN03E01 ② b：2，不可复原。腹部残片。外腹饰凸棱纹多圈。灰黄胎，胎质粗。青黄釉，布满小开片。残高 4.8 厘米。（图 5-64：8；彩版 5-195：3）

　　TN07E02 ⑥：5，不可复原。腹部残片。外腹饰凸棱纹多圈。灰胎，胎质较粗。青釉泛黄，布满开片。残高 4.7 厘米。（图 5-64：9；彩版 5-195：2）

　　TN09E01 ③：2，不可复原。失口部，下腹斜收，平底内凹。外腹有凹弦纹多圈。灰胎，胎质粗。青釉。外施釉至足端，外底部露胎无釉。内腹有明显拉坯痕迹。外底心有支烧痕迹。底径 7.2、残高 14 厘米。（图 5-64：10；彩版 5-196：1）

　　TN11E01 ①：9，不可复原。失口部，斜直腹，圈足。外腹满饰刻划蕉叶纹。灰胎，胎质较粗。青釉，局部开片。内腹有明显拉坯痕迹。足端有支烧痕迹。足径 4.6、残高 6.3 厘米。（图 5-64：7；彩版 5-196：2）

盆

　　TN02E02 ⑧：41，不可复原。尖圆唇，平沿，敞口，斜曲腹，失下部。内口沿下凹弦纹双圈。灰黄胎，胎质较粗。青黄釉，较多开片。有积釉现象。口径 18、残高 4.4 厘米。（图 5-65：1；彩版 5-197：1）

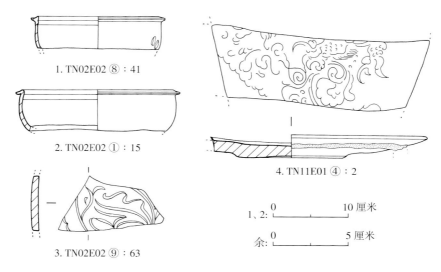

1. TN02E02 ⑧：41

2. TN02E02 ①：15

3. TN02E02 ⑨：63

4. TN11E01 ④：2

1、2: 0 —————— 10 厘米

余: 0 —————— 5 厘米

图 5-65　青釉盆、枕
1、2.盆　3、4.枕

　　TN02E02 ①：15，不可复原。尖圆唇，平折沿，敞口，斜曲腹，失下部。内口沿下凹弦纹双圈。灰黄胎，胎质较粗。青黄釉，布满小开片。口径 22、残高 5.6 厘米。（图 5-65：2；彩版 5-197：2）

枕

　　TN02E02 ⑨：63，不可复原。腹部残片。外腹深刻花卉纹。灰白胎，胎质较粗。青釉。残高 3.8 厘米。（图 5-65：3；彩版 5-197：3）

　　TN11E01 ④：2，不可复原。枕面残片。枕面细线划龙纹及花卉纹。灰白胎，胎质较粗。青釉。全器满施釉。残长 14.4、残高 1.6 厘米。（图 5-65：4；彩版 5-197：4）

多管灯

　　TN02E02 ⑧：42，不可复原。仅余一管。管外刻划花卉纹，底部有半圆形孔。灰胎，胎质较细。青釉。残高 4.5 厘米。（图 5-66：1；彩版 5-198：1）

　　TN02E02 ⑥：19，不可复原。失口部，斜曲腹，圈足外撇。盘心置多管，仅余两管。管外刻划花卉纹。灰黄胎，胎质较粗。青黄釉，布满小开片。全器满施釉。足径 11、残高 8 厘米。（图 5-66：3；彩版 5-198：2）

　　TN04E02 ④：1，六管灯。可复原。圆唇，平沿，上腹斜直，下腹斜曲，高圈足外撇。内底置六管。管呈圆形，上有深刻花纹，近底处有三角形镂孔。灰胎，胎质较粗。青釉，局部开片。全器满施釉。外底心有支烧痕迹。足径 9.5、残高 8 厘米。（图 5-66：5；彩版 5-198：3）

　　TN04E01 ①a：5，不可复原。仅余两管。管花口，整体呈多棱形，下部有一椭圆形孔。灰胎，胎质粗。青釉。残高 7 厘米。（图 5-66：2；彩版 5-199：1）

　　TS01E01 ③：3，六管灯。不可复原。失口部，斜曲腹，圈足。内底等距置六管。管呈多棱形，近底处有一小圆孔。外腹刻划花卉纹及凹弦纹。灰胎，胎质较粗。青釉，布满小开片。全器满施釉。外底心有支烧痕迹。足径 12、残高 7 厘米。（图 5-66：4；彩版 5-199：2）

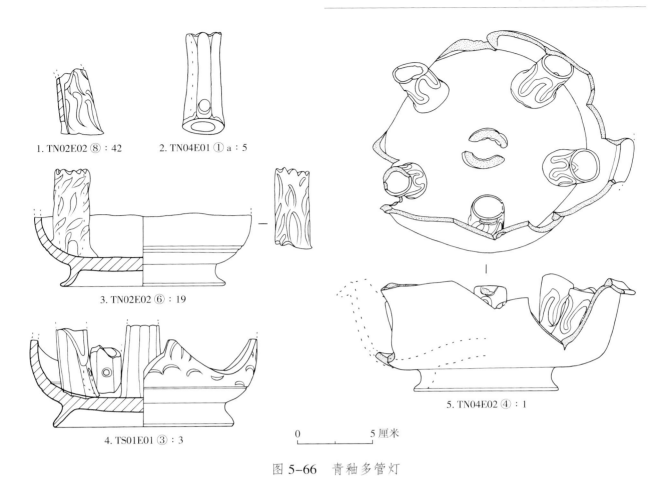

1. TN02E02 ⑧：42　　　2. TN04E01 ① a：5

3. TN02E02 ⑥：19

4. TS01E01 ③：3

5. TN04E02 ④：1

0 　　　　 5 厘米

图 5-66　青釉多管灯

灯盏

TN03E01 ① b：4，可复原。圆唇，侈口，斜曲腹，平底。灰胎，胎质粗。青黄釉，布满小开片。外腹露胎无釉。口径 11、底径 5、高 3.2 厘米。（图 5-67：1；彩版 5-200：1）

Y1 ②：4，可复原。圆唇，唇口，敞口，斜曲腹，平底。黄胎，胎质粗。黄釉，剥釉现象严重。口径 11、底径 4.7、高 4 厘米。（图 5-67：2；彩版 5-200：2）

Y1 ①：1，可复原。圆唇，唇口，侈口，斜曲腹，平底微内凹。灰胎，胎质粗。青釉。全器满施釉。外底部露胎无釉。外底心有叠烧痕迹。口径 10、底径 3.7、高 3.9 厘米。（图 5-67：3；彩版 5-200：3）

罐

TN02E02 ⑤：11，不可复原。腹部残片。外刻划花卉纹。灰黄胎，胎质较粗。青黄釉，布满小开片。残高 5.3 厘米。（图 5-67：4；彩版 5-201：1）

TN02E02 ①：29，不可复原。圆唇，敞口，短竖颈，溜肩，失下部。肩部置单泥条横系。灰黄胎，胎质粗。青釉。口径 7.6、残高 5.4 厘米。（图 5-67：5；彩版 5-201：2）

TN03E01 ① b：1，不可复原。方唇，直口，短束颈，溜肩，失下部。肩部置双泥条竖系。肩部凹弦纹双圈。灰胎，胎质粗。青釉，布满开片。肩部有叠烧痕迹。口径 9.6、残高 4.9 厘米。（图

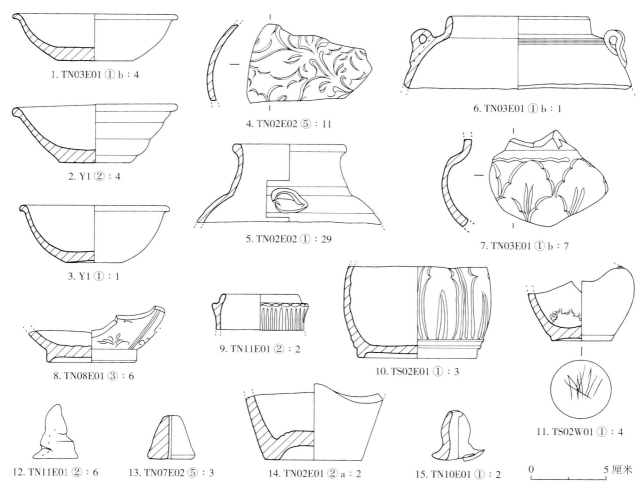

1. TN03E01 ① b：4

4. TN02E02 ⑤：11

6. TN03E01 ① b：1

2. Y1 ②：4

5. TN02E02 ①：29

7. TN03E01 ① b：7

3. Y1 ①：1

8. TN08E01 ③：6

9. TN11E01 ②：2

10. TS02E01 ①：3

11. TS02W01 ①：4

12. TN11E01 ②：6

13. TN07E02 ⑤：3

14. TN02E01 ② a：2

15. TN10E01 ①：2

0   5 厘米

图 5-67　青釉灯盏、罐、多角罐、权、韩瓶、器纽
1~3.灯盏　4~11.罐　12.多角罐　13.权　14.韩瓶　15.器纽

5-67：6；彩版 5-201：3）

　　TN03E01 ① b：7，不可复原。腹部残片。外腹满饰深刻蕉叶纹。灰胎，胎质粗。青釉微泛黄。残高 6.6 厘米。（图 5-67：7；彩版 5-202：1）

　　TN08E01 ③：6，不可复原。失口部，下腹斜直，圈足。外腹刻划花卉纹。灰黄胎，胎质较粗。青黄釉，布满开片。全器满施釉。内腹有明显拉坯痕迹。足端有叠烧痕迹。足径 6、残高 3.9 厘米。（图 5-67：8；彩版 5-201：4）

　　TN11E01 ②：2，不可复原。方唇，直口，折肩，直腹，失下部。肩部置花边形沿，腹部呈瓜棱状。灰胎，胎质较细。青釉，有开片。口径 5、残高 2.4 厘米。（图 5-67：9；彩版 5-202：2）

　　TS02E01 ①：3，不可复原。仅余下腹部及底部。下腹斜曲，圈足。外腹满饰刻划蕉叶纹，下腹近底处凸棱纹双圈。灰胎，胎质较粗。青釉微泛黄。全器满施釉。足径 8、残高 6.2 厘米。（图 5-67：10；彩版 5-202：3）

　　TS02W01 ①：4，不可复原。失口部，下腹斜曲，平底微内凹。灰胎，胎质粗。青釉。全器满施釉。底径 4、残高 5.1 厘米。（图 5-67：11；彩版 5-203：1）

多角罐

TN11E01②：6，不可复原。仅余一角。灰胎，胎质较粗。青釉。高 3.7 厘米。（图 5-67：12；彩版 5-204：1）

权

TN07E02⑤：3，完整。中空。灰胎，胎质较细。青黄釉。底部露胎无釉。底部有支烧痕迹。下径 3.2、高 3 厘米。（图 5-67：13；彩版 5-204：2）

韩瓶

TN02E01②a：2，不可复原。胎质粗。底径 6.5、残高 5.2 厘米。（图 5-67：14；彩版 5-203：2）

器纽

TN10E01①：2，不可复原。灰胎，胎质较细。青黄釉。残高 3.5 厘米。（图 5-67：15；彩版 5-204：3）

碾臼

TN02E02⑨：1，可复原。敞口，平沿，斜直腹，平底。顶部中心为槽。灰胎，胎质粗。青釉泛灰。外底部露胎无釉。外底心有类似刻划文字，不清。残长 9.2、高 7.5 厘米。（图 5-68；彩版 5-205）

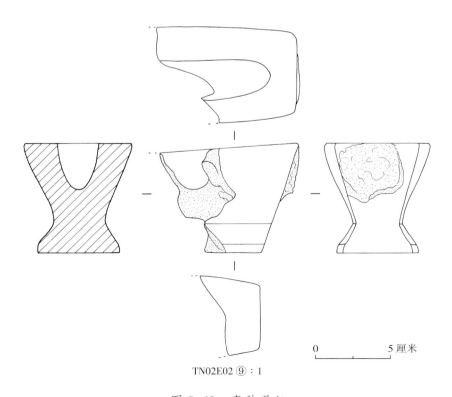

TN02E02⑨：1

图 5-68　青釉碾臼

碾轮

TN02E02 ⑧：1，可复原。整体呈圆形。中间厚，两端薄，中空。灰胎，胎质较粗。一侧有圆形支烧痕迹。直径 12.2、厚 2.6 厘米。（图 5-69：1；彩版 5-206：1）

TS02E01 ①：1，可复原。整体呈圆形。中间厚，两端薄，中心有一圆孔。灰胎，胎质较粗。直径 12.8、厚 2.85 厘米。（图 5-69：2；彩版 5-206：2）

擂钵

TN11E01 ④：5，不可复原。失口部，斜曲腹，圈足。内腹深刻交错直条纹。灰黄胎，胎质粗。青黄釉，布满开片。内腹露胎无釉。足端有叠烧痕迹。足径 6.6、残高 3.1 厘米。（图 5-69：3；彩版 5-207：1）

漏斗

TN11E01 ①：11，不可复原。失上部。灰胎，胎质较粗。青釉。底径 5.4、残高 5.5 厘米。（图 5-69：4；彩版 5-207：2）

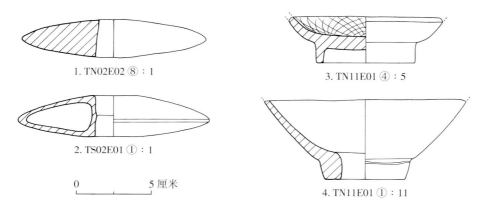

1. TN02E02 ⑧：1

3. TN11E01 ④：5

2. TS02E01 ①：1

0   5 厘米

4. TN11E01 ①：11

图 5-69　青釉碾轮、擂钵、漏斗
1、2. 碾轮　3. 擂钵　4. 漏斗

二　青白釉瓷器

碗

TN11E01 ②：37，不可复原。仅余腹部。灰白胎，胎质较粗。青白釉，有开片。外底部露胎无釉。残高 2.6 厘米。（图 5-70：1；彩版 5-208：1）

Y1 ②：2，不可复原。圆唇，唇口，敞口近直，斜曲腹，失足。灰白胎，胎质粗。青白釉，布满开片。全器满施釉。外底部露胎无釉。口径 15、残高 6.6 厘米。（图 5-70：2；彩版 5-208：2）

盘

TN03E01 ①b：8，不可复原。失口部，斜曲腹，圈足。内腹及内底刻划花卉纹。白胎，胎质较细。青白釉。全器满施釉，外底部露胎无釉。外底心有支烧痕迹。足径 6.4、残高 2.4 厘米。（图

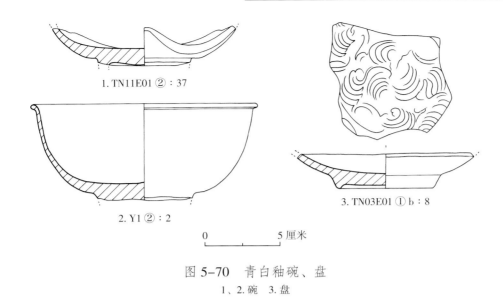

1. TN11E01②：37

2. Y1②：2

3. TN03E01①b：8

0　　　　　　5厘米

图5-70　青白釉碗、盘
1、2.碗　3.盘

5-70：3；彩版5-208：3）

三　窑具

匣钵

出土数量较多。依据器形特征的不同分为六型。

A型

M形。

TN02E02⑬：18，完整。胎质粗。上径12.8、下径12.1、高6.8厘米。（图5-71：1；彩版5-209：1）

TN02E02⑫：16，完整。胎质粗。顶部中心有支烧痕迹。上径17、下径16.6、高5.4厘米。（图5-71：2；彩版5-209：2）

TN02E02⑫：17，完整。胎质粗。顶部中心有支烧痕迹。上径19、下径17.4、高7.4厘米。（图5-71：3；彩版5-209：3）

TN02E02⑫：18，完整。胎质粗。顶部中心有支烧痕迹。上径14.6、下径14、高7.1厘米。（图5-71：4；彩版5-209：4）

TN02E02⑫：23，匣钵与垫圈粘连标本。不可复原。胎质粗。上径12、残高3.4厘米。（图5-71：5；彩版5-209：5）

TN02E02⑪：9，不可复原。胎质粗。顶部刻划交错纹样，疑似文字。残高3.3厘米。（图5-71：6；彩版5-209：6）

TN02E02⑦：89，完整。胎质粗。上径13.5、下径13、高6.3厘米。（图5-71：7；彩版5-209：7）

TN02E02⑥：3，完整。胎质粗。上径13、下径12.2、高7厘米。（图5-71：8；彩版5-209：8）

TN07E02④：1，匣钵与垫圈粘连标本。不可复原。胎质粗。上径20.6、下径20、高7.5厘米。（图5-71：9；彩版5-209：9）

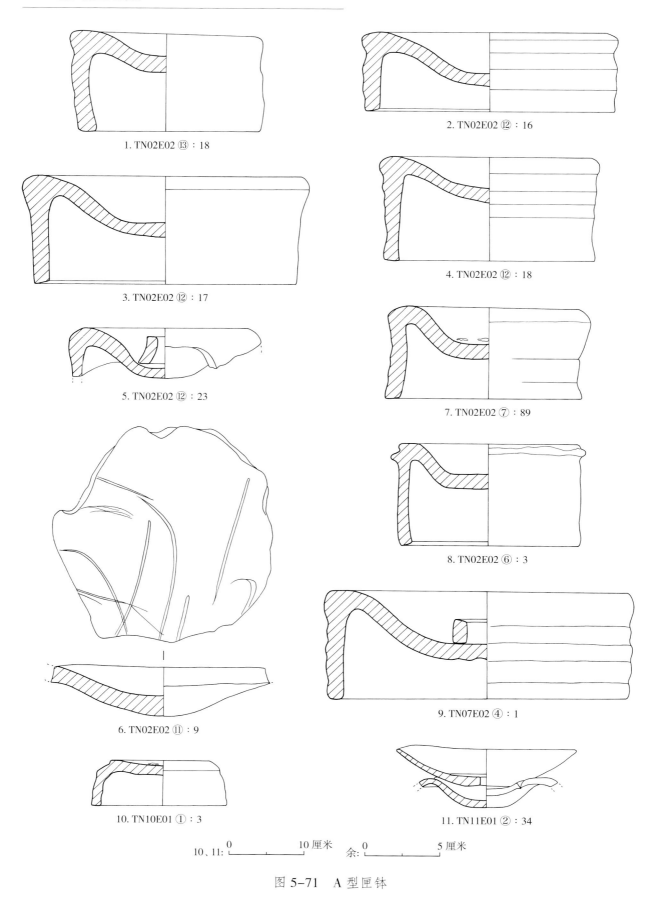

1. TN02E02 ⑬ : 18

2. TN02E02 ⑫ : 16

3. TN02E02 ⑫ : 17

4. TN02E02 ⑫ : 18

5. TN02E02 ⑫ : 23

7. TN02E02 ⑦ : 89

6. TN02E02 ⑪ : 9

8. TN02E02 ⑥ : 3

9. TN07E02 ④ : 1

10. TN10E01 ① : 3

11. TN11E01 ② : 34

10、11: 0 ____ 10 厘米   余: 0 ____ 5 厘米

图 5-71　A 型匣钵

　　TN10E01①：3，胎质粗。上径13、下径18、高6.2厘米。（图5–71：10；彩版5–210：1）

　　TN11E01②：34，匣钵与垫具粘连标本。不可复原。胎质粗。带垫具残高8厘米。（图5–71：11；彩版5–210：2）

　　B型

　　筒形。

　　TN02E02⑫：15，可复原。胎质粗。内底有五枚长条状支烧痕迹。口径25.2、底径15.6、高16厘米。（图5–72：1；彩版5–210：3）

　　TN02E02⑫：22，不可复原。胎质粗。内腹刻划"木"字。残高10.8厘米。（图5–72：2；彩版5–210：4）

　　TN02E02⑫：25，匣钵与垫柱粘连标本。可复原。胎质粗。口径18.4、带垫柱高25.8厘米。（图5–72：3；彩版5–210：5）

　　TN02E02⑩：43，可复原。胎质粗。口径12.8、底径7.9、高12.5厘米。（图5–72：4；彩版5–210：6）

　　TN02E02⑨：53，完整。胎质粗。口径17.7、底径12.2、高13厘米。（图5–72：5；彩版5–210：7）

　　TN02E02⑨：54，可复原。胎质粗。口径14.2、底径10.5、高11厘米。（图5–72：6）

　　TN02E02⑦：78，匣钵与垫柱粘连标本。可复原。胎质粗。口径19、底径14、带垫柱高21厘米。（图5–72：7；彩版5–210：8）

　　TN02E02①：2，完整。胎质粗。口径15.8、底径10.8、高11厘米。（图5–72：8）

　　TN02E02①：3，完整。胎质粗。口径13、底径9.8、高12.7厘米。（图5–73：1；彩版5–210：9）

　　TN02E02①：4，完整。胎质粗。口径10、底径6.7、高9.7厘米。（图5–73：2；彩版5–211：1）

　　TN09E01③：22，完整。胎质粗。口径12、底径9、高6.1厘米。（图5–73：3）

　　C型

　　钵形。

　　TN02E02⑩：40，可复原。胎质粗。口径23.6、底径11.6、高14.8厘米。（图5–73：4；彩版5–211：2）

　　TN02E02⑧：52，完整。胎质粗。口径11.5、底径7.7、高7.3厘米。（图5–73：5）

　　TN02E02⑦：87，完整。胎质粗。口径11.6、底径7、高8.6厘米。（图5–73：6；彩版5–211：3）

　　TN02E02⑦：88，完整。胎质粗。口径15、底径11、高12.4厘米。（图5–73：7；彩版5–211：4）

　　TN02E02①：6，可复原。胎质粗。口径12、底径7.1、高7厘米。（图5–73：8）

　　TN09E01③：21，完整。胎质粗。口径15、底径9.6、高5.3厘米。（图5–73：9）

　　TN11E01②：36，可复原。胎质较粗。口径25.2、底径14.8、高15厘米。（图5–73：10；

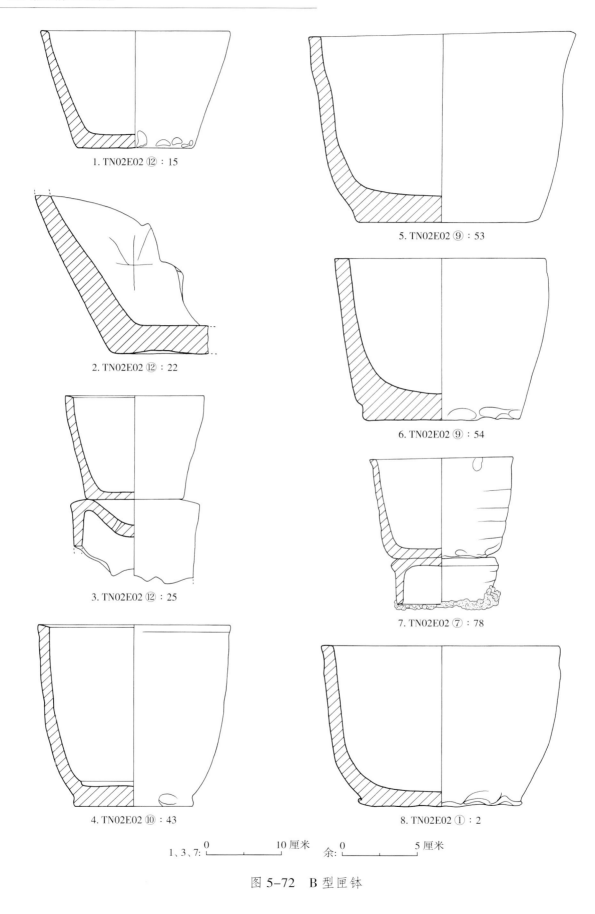

1. TN02E02 ⑫：15

2. TN02E02 ⑫：22

3. TN02E02 ⑫：25

4. TN02E02 ⑩：43

5. TN02E02 ⑨：53

6. TN02E02 ⑨：54

7. TN02E02 ⑦：78

8. TN02E02 ①：2

1、3、7：0————10厘米　余：0————5厘米

图 5-72　B 型匣钵

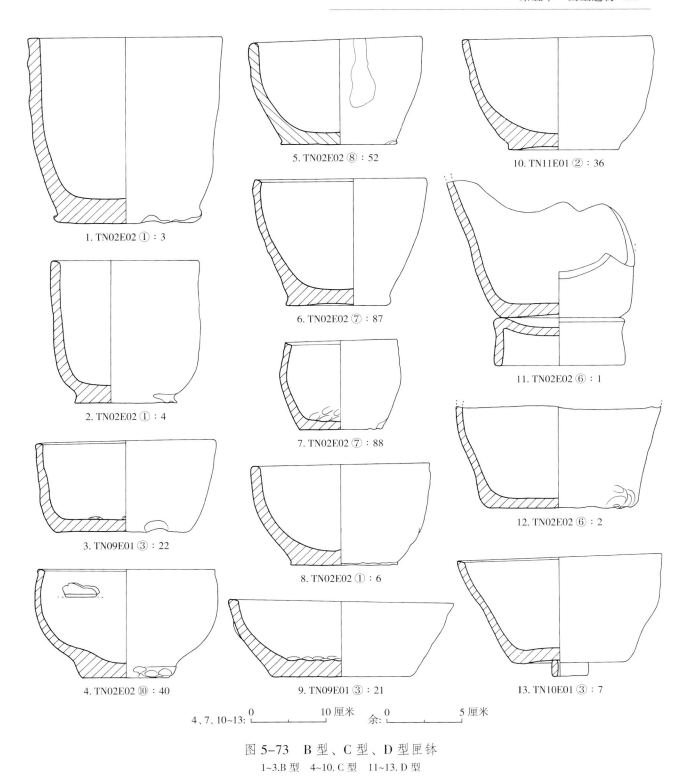

1. TN02E02①：3

2. TN02E02①：4

3. TN09E01③：22

4. TN02E02⑩：40

5. TN02E02⑧：52

6. TN02E02⑦：87

7. TN02E02⑦：88

8. TN02E02①：6

9. TN09E01③：21

10. TN11E01②：36

11. TN02E02⑥：1

12. TN02E02⑥：2

13. TN10E01③：7

4、7、10~13:　0　10 厘米　　余:　0　5 厘米

图 5-73　B 型、C 型、D 型匣钵

1~3.B 型　4~10.C 型　11~13.D 型

彩版 5-211：5）

D 型

椭圆形。

TN02E02⑥：1，匣钵与垫柱粘连标本。不可复原。胎质粗。下径 17.3、带垫柱残高 25.3 厘米。

（图 5-73：11；彩版 5-211：6）

TN02E02⑥：2，不可复原。敞口近直，斜曲腹，平底。胎质粗。下径22、残高14厘米。（图 5-73：12；彩版 5-211：7）

TN10E01③：7，匣钵与垫圈粘连标本。可复原。胎质粗。口径27.4、底径16、带垫圈高 16.6厘米。（图 5-73：13）

E 型

平顶直壁形。可作为匣钵盖使用。

TN02E02⑬：20，完整。胎质粗。中空。上有垫圈支烧痕迹。上径11.3、下径11.5、高4厘米。（图 5-74：1；彩版 5-211：8）

TN02E02⑫：21，完整。胎质粗。上径15.6、下径17.2、高9.4厘米。（图 5-74：2；彩版 5-211：9）

TN02E02⑦：90，完整。胎质粗。上径11.5、下径10.8、高4.5厘米。（图 5-74：3；彩版 5-212：1）

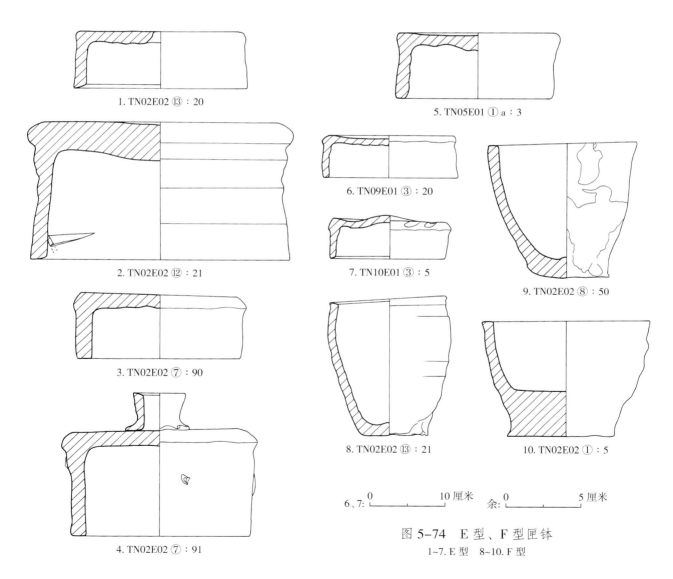

1. TN02E02⑬：20

5. TN05E01①a：3

6. TN09E01③：20

2. TN02E02⑫：21

7. TN10E01③：5

9. TN02E02⑧：50

3. TN02E02⑦：90

8. TN02E02⑬：21

10. TN02E02①：5

4. TN02E02⑦：91

6、7：　0　　　　　10厘米　　　余　0　　　　　5厘米

图 5-74　E 型、F 型匣钵
1~7. E 型　8~10. F 型

TN02E02 ⑦：91，匣钵与垫圈粘连标本。完整。胎质较粗。上径 11.3、下径 11.8、带垫圈高 9.8 厘米。（图 5-74：4；彩版 5-212：2）

TN05E01 ① a：3，完整。胎质粗。上径 11、下径 10.3、高 4.5 厘米。（图 5-74：5；彩版 5-212：3）

TN09E01 ③：20，完整。上有垫圈支烧痕迹。胎质粗。上径 17.8、下径 18、高 5.9 厘米。（图 5-74：6；彩版 5-212：4）

TN10E01 ③：5，完整。顶部中心凸起。胎质粗。上径 15.2、下径 15.4、高 6 厘米。（图 5-74：7；彩版 5-212：5）

F 型

杯形。

TN02E02 ⑬：21，完整。胎质粗。口径 7.8、底径 4.3、高 9.6 厘米。（图 5-74：8）

TN02E02 ⑧：50，可复原。胎质粗。口径 9.8、底径 5.4、高 9.3 厘米。（图 5-74：9）

TN02E02 ①：5，完整。胎质粗。口径 11.2、底径 7.1、高 7.8 厘米。（图 5-74：10；彩版 5-212：6）

垫圈

根据形状不同，分为两型。

A 型

喇叭形。

TN02E02 ⑬：24，完整。胎质较细。上径 4.5、下径 7.5、高 4 厘米。（图 5-75：1；彩版 5-213：1）

TN02E02 ⑬：25，完整。胎质较细。上径 4.8、下径 6.6、高 3 厘米。（图 5-75：2；彩版 5-213：2）

TN02E02 ⑬：26，完整。胎质较细。上径 4、下径 7.1、高 4 厘米。（图 5-75：3；彩版 5-213：3）

TN02E02 ⑬：27，完整。胎质较细。上径 4、下径 5.9、高 1.9 厘米。（图 5-75：4；彩版 5-213：4）

TN02E02 ⑬：28，完整。胎质较细。上径 2.4、下径 3.4、高 1.4 厘米。（图 5-75：5；彩版 5-213：5）

TN02E02 ⑫：30，完整。胎质较细。上径 2.4、下径 2.6、高 1.9 厘米。（图 5-75：6；彩版 5-213：6）

TN02E02 ⑩：47，完整。顶部有支烧痕迹。上径 5、下径 8.3、高 3.9 厘米。（图 5-75：7）

TN02E02 ⑩：48，完整。胎质较细。上径 3.7、下径 5.2、高 3.2 厘米。（图 5-75：8；彩版 5-213：7）

TN02E02 ⑨：59，完整。胎质较细。上径 4、下径 6.8、高 2.8 厘米。（图 5-75：9；彩版 5-213：8）

TN02E02 ⑧：53，完整。胎质较细。上径 4.5、下径 6.1、通高 3.8 厘米。（图 5-75：10；彩版

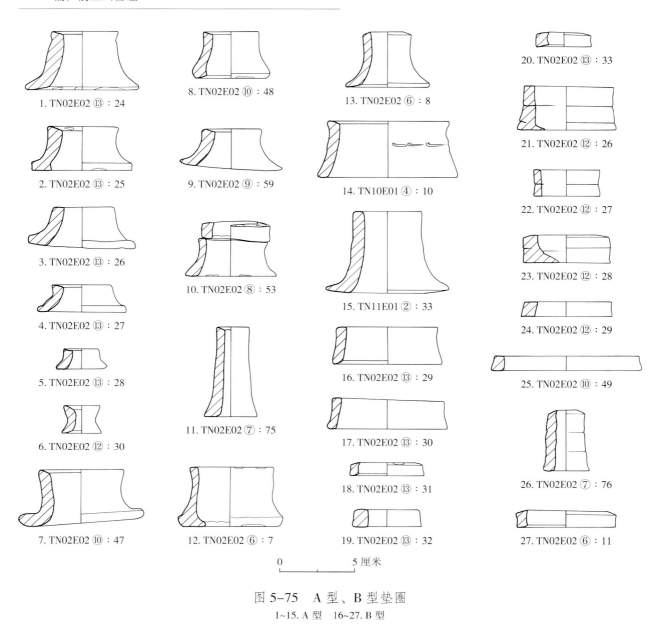

1. TN02E02 ⑬：24
2. TN02E02 ⑬：25
3. TN02E02 ⑬：26
4. TN02E02 ⑬：27
5. TN02E02 ⑬：28
6. TN02E02 ⑫：30
7. TN02E02 ⑩：47
8. TN02E02 ⑩：48
9. TN02E02 ⑨：59
10. TN02E02 ⑧：53
11. TN02E02 ⑦：75
12. TN02E02 ⑥：7
13. TN02E02 ⑥：8
14. TN10E01 ④：10
15. TN11E01②：33
16. TN02E02 ⑬：29
17. TN02E02 ⑬：30
18. TN02E02 ⑬：31
19. TN02E02 ⑬：32
20. TN02E02 ⑬：33
21. TN02E02 ⑫：26
22. TN02E02 ⑫：27
23. TN02E02 ⑫：28
24. TN02E02 ⑫：29
25. TN02E02 ⑩：49
26. TN02E02 ⑦：76
27. TN02E02 ⑥：11

0　　　　　5 厘米

图 5-75　A 型、B 型垫圈

1~15. A 型　16~27. B 型

5-213：9）

TN02E02 ⑦：75，完整。器形高。胎质较细。上径 2.2、下径 3.5、高 6.1 厘米。（图 5-75：11；彩版 5-214：1）

TN02E02 ⑥：7，完整。胎质较细。上径 5.6、下径 7、高 4.1 厘米。（图 5-75：12；彩版 5-214：2）

TN02E02 ⑥：8，完整。胎质较细。上径 3.2、下径 5.6、高 3.8 厘米。（图 5-75：13；彩版 5-214：3）

TN10E01 ④：10，完整。上有刻痕。胎质较细。上径 8.1、下径 9.4、高 3.8 厘米。（图 5-75：14；彩版 5-214：4）

TN11E01②：33，完整。胎质较细。上径 4.6、下径 8.2、高 5.6 厘米。（图 5-75：15；彩版

5-214：5）

　　B 型

　　圆形。

　　TN02E02 ⑬：29，完整。胎质较细。上径 6.8、下径 7.3、高 2.5 厘米。（图 5-75：16；彩版 5-214：6）

　　TN02E02 ⑬：30，完整。胎质较细。上径 7.4、下径 8、高 2.2 厘米。（图 5-75：17；彩版 5-214：7）

　　TN02E02 ⑬：31，完整。胎质较细。上径 4.8、下径 5、高 0.9 厘米。（图 5-75：18；彩版 5-214：8）

　　TN02E02 ⑬：32，完整。胎质较细。上径 4.4、下径 4.6、高 1.2 厘米。（图 5-75：19；彩版 5-214：9）

　　TN02E02 ⑬：33，完整。胎质较细。上径 3.6、下径 3.7、高 1 厘米。（图 5-75：20；彩版 5-215：1）

　　TN02E02 ⑫：26，完整。胎质较细。上径 5.9、下径 6.6、高 3 厘米。（图 5-75：21；彩版 5-215：2）

　　TN02E02 ⑫：27，完整。胎质较细。上径 4.4、下径 4.4、高 1.8 厘米。（图 5-75：22；彩版 5-215：3）

　　TN02E02 ⑫：28，完整。胎质较细。有支烧痕迹。上径 5.8、下径 5.8、高 1.9 厘米。（图 5-75：23；彩版 5-215：4）

　　TN02E02 ⑫：29，完整。胎质较细。直径 6、高 1 厘米。（图 5-75：24；彩版 5-215：5）

　　TN02E02 ⑩：49，不可复原。胎质较细。直径 10、高 1 厘米。（图 5-75：25；彩版 5-215：6）

　　TN02E02 ⑦：76，完整。胎质较细。上径 2.5、下径 3.1、高 4.2 厘米。（图 5-75：26；彩版 5-215：7）

　　TN02E02 ⑥：11，完整。胎质较细。直径 6.7、高 1.2 厘米。（图 5-75：27；彩版 5-215：8）

间隔具

　　根据形状不同，分为七型。

　　A 型

　　T 形。

　　TN02E02 ⑬：34，完整。胎质较细。上径 7.8、下径 6、高 3.1 厘米。（图 5-76：1；彩版 5-216：1）

　　TN02E02 ⑫：31，不可复原。胎质较细。上径 10.2、下径 8.6、高 3.4 厘米。（图 5-76：2；彩版 5-216：2）

　　TN02E02 ⑪：10，完整。胎质较粗。上径 7.8、下径 5.6、高 3.3 厘米。（图 5-76：3；彩版 5-216：3）

　　TN02E02 ⑩：45，完整。顶部有四枚椭圆形支烧痕迹。上径 8.5、下径 6、高 4.4 厘米。（图

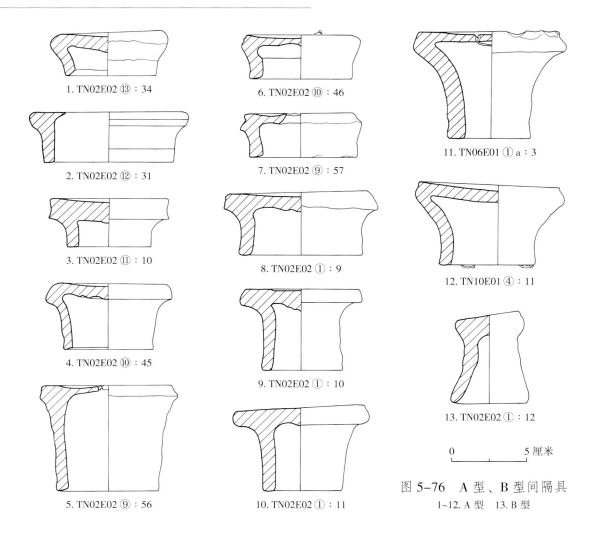

1. TN02E02 ⑬：34

6. TN02E02 ⑩：46

11. TN06E01 ①a：3

2. TN02E02 ⑫：31

7. TN02E02 ⑨：57

3. TN02E02 ⑪：10

8. TN02E02 ①：9

12. TN10E01 ④：11

4. TN02E02 ⑩：45

9. TN02E02 ①：10

13. TN02E02 ①：12

5. TN02E02 ⑨：56

10. TN02E02 ①：11

0   5厘米

图 5-76　A 型、B 型间隔具
1~12. A 型　13. B 型

5-76：4；彩版 5-216：4）

　　TN02E02 ⑩：46，完整。顶部有支烧痕迹。上径 7.9、下径 6.8、高 3 厘米。（图 5-76：6；彩版 5-216：5）

　　TN02E02 ⑨：56，完整。胎质较细。上径 9.2、下径 6.8、高 7.2 厘米。（图 5-76：5；彩版 5-216：6）

　　TN02E02 ⑨：57，完整。胎质较细。上径 8.1、下径 7.2、高 3 厘米。（图 5-76：7；彩版 5-216：7）

　　TN02E02 ①：9，完整。胎质粗。上径 10.3、下径 8.2、高 4.4 厘米。（图 5-76：8；彩版 5-216：8）

　　TN02E02 ①：10，完整。胎质粗。上径 8.2、下径 5.4、高 5.5 厘米。（图 5-76：9；彩版 5-216：9）

　　TN02E02 ①：11，完整。胎质粗。上径 9.1、下径 5.3、高 5.9 厘米。（图 5-76：10；彩版 5-217：1）

　　TN06E01 ①a：3，完整。胎质较细。上径 10.2、下径 5.5、高 7.3 厘米。（图 5-76：11；彩版 5-217：2）

TN10E01 ④：11，完整。胎质较粗。上径9.4、下径6.4、高5.9厘米。（图5-76：12；彩版5-217：3）

B型

束腰形。

TN02E02 ①：12，完整。束腰形。胎质粗。上径4.4、下径5.2、高6.3厘米。（图5-76：13；彩版5-217：4）

C型

盘形。

TN02E02 ⑩：44，可复原。胎质粗。口径12.8、底径7.2、高4厘米。（图5-77：1；彩版5-217：5）

TN02E02 ⑨：60，完整。胎质粗。口径11.8、底径7.6、高3.1厘米。（图5-77：2；彩版5-217：6）

TN02E02 ⑨：61，可复原。胎质较细。口径9.5、底径4.8、高2.9厘米。（图5-77：3；彩版5-217：7）

TN02E02 ⑦：73，完整。胎质较细。口径10.25、底径4.9、高3.4厘米。（图5-77：4；彩版5-217：8）

TN02E02 ⑥：5，完整。胎质较细。口径11.2、底径6.4、高3.9厘米。（图5-77：5；彩版5-217：9）

TN02E02 ⑥：6，可复原。胎质较细。口径10.4、底径6.6、高3.2厘米。（图5-77：6；彩版5-218：1）

TN02E02 ②：21，完整。胎质粗。口径9.4、底径6、高2.7厘米。（图5-77：7；彩版5-218：2）

TN02E01 ②b：2，完整。胎质较粗。上径10.2、下径5.6、高2.7厘米。（图5-77：8）

TN10E01 ③：4，可复原。胎质较细。口径9、底径3.2、高3.2厘米。（图5-77：9；彩版5-218：3）

D型

钵形。

TN02E02 ⑦：72，可复原。胎质较细。口径11.5、底径6.4、高4.8厘米。（图5-77：10；彩版5-218：4）

TN10E01 ④：16，胎质较粗。口径9.7、底径4、高4厘米。（图5-77：11；彩版5-218：5）

E型

喇叭形。

标本 TN02E02 ⑦：74，完整。胎质较粗。上径10、下径6.5、高2.9厘米。（图5-77：12；彩版5-218：6）

F型

复合型。

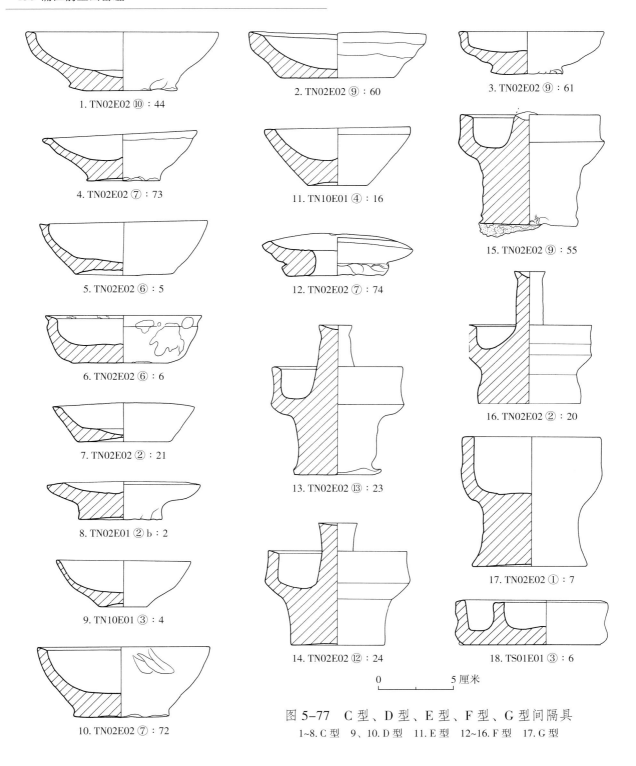

1. TN02E02 ⑩：44

2. TN02E02 ⑨：60

3. TN02E02 ⑨：61

4. TN02E02 ⑦：73

11. TN10E01 ④：16

5. TN02E02 ⑥：5

12. TN02E02 ⑦：74

15. TN02E02 ⑨：55

6. TN02E02 ⑥：6

7. TN02E02 ②：21

13. TN02E02 ⑬：23

16. TN02E02 ②：20

8. TN02E01 ②b：2

17. TN02E02 ①：7

9. TN10E01 ③：4

14. TN02E02 ⑫：24

18. TS01E01 ③：6

10. TN02E02 ⑦：72

0   5 厘米

图 5-77　C 型、D 型、E 型、F 型、G 型间隔具
1~8. C 型　9、10. D 型　11. E 型　12~16. F 型　17. G 型

TN02E02 ⑬：23，可复原。胎质较粗。上径 2.2、高 10.2 厘米。（图 5-77：13；彩版 5-219：1）

TN02E02 ⑫：24，完整。胎质粗。上径 2.6、高 8.4 厘米。（图 5-77：14；彩版 5-219：2）

TN02E02 ⑨：55，不可复原。胎质粗。带窑渣残高 8.5 厘米。（图 5-77：15；彩版 5-219：3）

TN02E02 ②：20，完整。胎质粗。上径 2、高 9 厘米。（图 5-77：16；彩版 5-219：4）

TN02E02 ①：7，不可复原。胎质粗。残高 8.9 厘米。（图 5-77：17；彩版 5-219：5）

G 型

异形。

TS01E01 ③：6，完整。胎质较细。上径 10.2、下径 9.2、高 3.1 厘米。（图 5-77：18；彩版 5-219：6）

垫饼

根据形状不同，分为四型。

A 型

圆形，矮直壁。

TN02E02 ⑬：35，完整。胎质较粗。上径 3.9、下径 4.2、高 1.7 厘米。（图 5-78：1；彩版 5-220：1）

TN02E02 ⑬：37，完整。胎质较粗。直径 4.6、高 0.7 厘米。（图 5-78：3；彩版 5-220：2）

TN02E02 ⑨：62，完整。胎质较细。直径 8、高 1.4 厘米。（图 5-78：4；彩版 5-220：3）

TN02E02 ⑧：54，完整。顶部有支烧痕迹。胎质较细。上径 7.5、下径 6.1、高 2.2 厘米。（图 5-78：2；彩版 5-220：4）

TN02E02 ⑥：9，完整。胎质较细。上径 5.7、下径 6.4、通高 2.9 厘米。（图 5-78：5；彩版 5-220：5）

TN02E02 ⑥：10，完整。胎质较细。直径 5.1、高 1.6 厘米。（图 5-78：6；彩版 5-220：6）

TN07E02 ②：16，完整。胎质粗。上径 6.5、下径 5.4、高 2 厘米。（图 5-78：7；彩版 5-220：7）

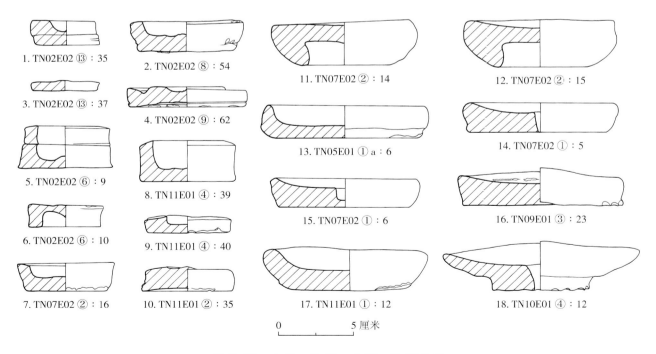

1. TN02E02 ⑬：35
2. TN02E02 ⑧：54
3. TN02E02 ⑬：37
4. TN02E02 ⑨：62
5. TN02E02 ⑥：9
6. TN02E02 ⑥：10
7. TN07E02 ②：16
8. TN11E01 ④：39
9. TN11E01 ④：40
10. TN11E01 ②：35
11. TN07E02 ②：14
12. TN07E02 ②：15
13. TN05E01 ① a：6
14. TN07E02 ①：5
15. TN07E02 ①：6
16. TN09E01 ③：23
17. TN11E01 ①：12
18. TN10E01 ④：12

0   5 厘米

图 5-78　A 型、B 型、C 型、D 型垫饼

1~10. A 型　11、12. B 型　13~17. C 型　18. D 型

TN11E01 ④：39，完整。胎质细。直径 6.4、高 2.8 厘米。（图 5-78：8；彩版 5-220：8）

TN11E01 ④：40，完整。胎质较细。直径 5.8、高 1.2 厘米。（图 5-78：9；彩版 5-220：9）

TN11E01 ②：35，完整。胎质较细。直径 6.2、高 1.7 厘米。（图 5-78：10；彩版 5-221：1）

B 型

圆形，顶面平，下部斜收。

TN07E02 ②：14，完整。胎质粗。上径 9.2、下径 6、高 3.1 厘米。（图 5-78：11；彩版 5-221：2）

TN07E02 ②：15，完整。胎质粗。上径 10、下径 6.2、高 3.2 厘米。（图 5-78：12；彩版 5-221：3）

C 型

圆饼状。

TN05E01 ①a：6，完整。胎质粗。上径 10.4、下径 10、高 2.3 厘米。（图 5-78：13；彩版 5-221：4）

TN07E02 ①：5，完整。中心有一小洞。胎质粗。直径 10.4、高 2.1 厘米。（图 5-78：14；彩版 5-221：5）

TN07E02 ①：6，完整。中心有一小洞。胎质粗。直径 10、高 2 厘米。（图 5-78：15；彩版 5-221：6）

TN09E01 ③：23，完整。胎质粗。直径 11.1、高 2.6 厘米。（图 5-78：16；彩版 5-221：7）

TN11E01 ①：12，完整。胎质粗。顶面有支烧痕迹。上径 11、下径 8、高 3 厘米。（图 5-78：17；彩版 5-221：8）

D 型

圆饼状，下置一圆饼状台。

TN10E01 ④：12，可复原。胎质较粗。上径 13.1、下径 6.5、高 3.4 厘米。（图 5-78：18；彩版 5-221：9）

垫柱

根据器形不同，可分为六型。

A 型

M 形。

TN10E01 ③：6，完整。胎质较粗。下粘连大量窑渣。上径 13.2、下径 10.5、高 5.6 厘米。（图 5-79：1；彩版 5-222：1）

B 型

平顶直壁形。

TN02E02 ⑩：42，完整。胎质较粗。下粘连大量窑渣。上径 8.7、下径 9.7、带窑渣高 5.7 厘米。（图 5-79：2；彩版 5-222：2）

TN02E02 ⑨：58，可复原。胎质粗。上径 7.2、下径 6.2、高 4.7 厘米。（图 5-79：3；彩版

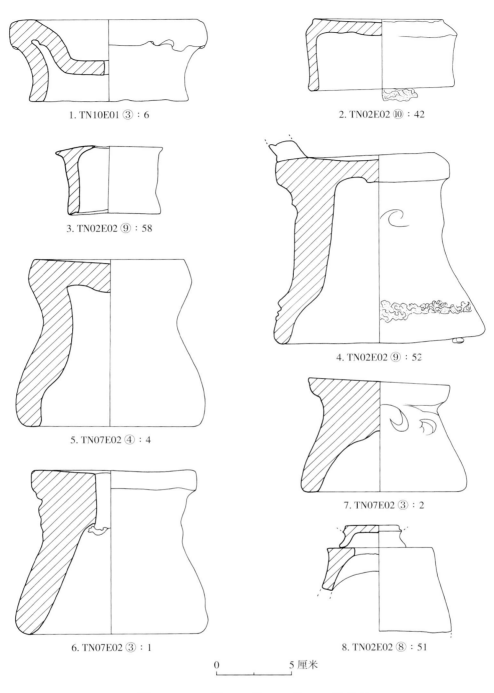

1. TN10E01 ③∶6

2. TN02E02 ⑩∶42

3. TN02E02 ⑨∶58

4. TN02E02 ⑨∶52

5. TN07E02 ④∶4

6. TN07E02 ③∶1

7. TN07E02 ③∶2

8. TN02E02 ⑧∶51

0　　　　　　5厘米

图 5-79　A 型、B 型、C 型、D 型垫柱
1. A 型　2、3. B 型　4~7. C 型　8. D 型

5-222∶3）

C 型

束腰形。

TN02E02 ⑨∶52，完整。胎质粗。底部粘连大量窑渣。上径 11.4、下径 14、高 13.8 厘米。（图 5-79∶4；彩版 5-222∶4）

TN07E02 ④∶4，可复原。胎质粗。上径 10、下径 12.6、高 11.4 厘米。（图 5-79∶5；彩版

5–222：5）

TN07E02③：1，完整。顶部有一圆孔，中空。胎质粗。上径11、下径12.8、高11.2厘米。（图5–79：6；彩版5–222：6）

TN07E02③：2，可复原。中空。胎质粗。上径9.4、下径11、高7.8厘米。（图5–79：7；彩版5–222：7）

D 型

喇叭形。

TN02E02⑧：51，可复原。器形较小。斜直腹。胎质粗。上粘连一盏底。带盏残高7.2厘米。（图5–79：8；彩版5–222：8）

E 型

僧帽形。

TN02E02⑬：19，可复原。胎质粗。上径19.4、下径16、高7.5厘米。（图5–80：1；彩版5–222：9）

TN02E02⑫：19，可复原。胎质粗。顶部中心有支烧痕迹。上径14.6、下径13.8、带窑渣高7.5

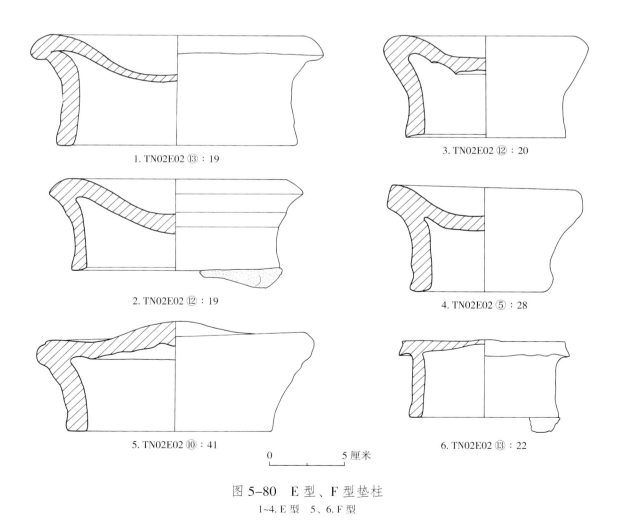

1. TN02E02⑬：19

3. TN02E02⑫：20

2. TN02E02⑫：19

4. TN02E02⑤：28

5. TN02E02⑩：41

6. TN02E02⑬：22

0　　　　　5 厘米

图 5–80　E 型、F 型垫柱

1~4. E 型　　5、6. F 型

厘米。（图 5-80：2；彩版 5-223：1）

TN02E02 ⑫：20，完整。胎质粗。顶部中心有支烧痕迹。上径 12、下径 10.6、高 6.9 厘米。（图 5-80：3；彩版 5-223：2）

TN02E02 ⑤：28，完整。胎质粗。上径 13、下径 9.5、高 7.3 厘米。（图 5-80：4；彩版 5-223：3）

F 型

T 形。

TN02E02 ⑬：22，可复原。胎质较粗。上径 10.8、下径 10、带窑渣高 6.3 厘米。（图 5-80：6；彩版 5-223：4）

TN02E02 ⑩：41，可复原。顶部中心凸起。胎质粗。上径 18.4、下径 13.5、高 7.5 厘米。（图 5-80：5；彩版 5-223：5）

填料

TN01E01 ②b：1，不可复原。胎质细。残长 15.5 厘米。（图 5-81：1；彩版 5-223：6）

TN02E02 ⑧：56，不可复原。胎质粗。残长 8.3 厘米。（图 5-81：2；彩版 5-223：7）

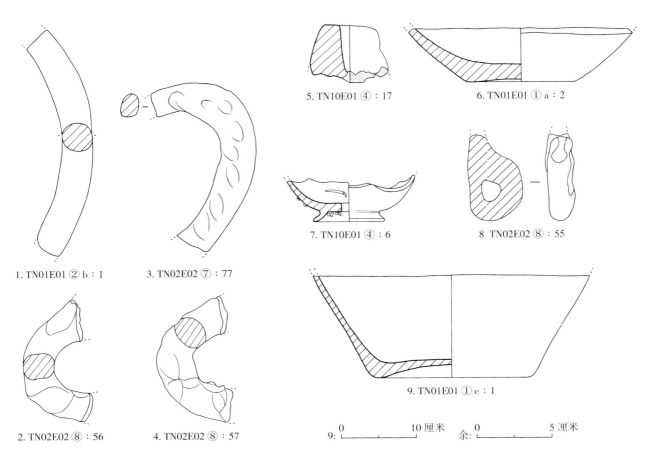

1. TN01E01 ②b：1　　3. TN02E02 ⑦：77
2. TN02E02 ⑧：56　　4. TN02E02 ⑧：57
5. TN10E01 ④：17　　6. TN01E01 ①a：2
7. TN10E01 ④：6　　8 TN02E02 ⑧：55
9. TN01E01 ①c：1

图 5-81　填料、不明窑具、火照、陶拍、陶缸
1~5. 填料　6. 不明窑具　7. 火照　8. 陶拍　9. 陶缸

TN02E02⑧：57，不可复原。胎质粗。残长8.6厘米。（图5-81：4；彩版5-223：8）

TN02E02⑦：77，不可复原。胎质粗。残长11.6厘米。（图5-81：3；彩版5-223：9）

TN10E01④：17，不可复原。胎质细。残长4厘米。（图5-81：5）

不明窑具

TN01E01①a：2，不可复原。胎质细。底径7.3、残高3.7厘米。（图5-81：6；彩版5-224：1）

火照

TN10E01④：6，完整。以小盏为之，中心置一孔。足径4.8、残高3.1厘米。（图5-81：7；彩版5-224：2）

陶拍

TN02E02⑧：55，完整。灰黄胎。胎质较细。残高5.8厘米。（图5-81：8；彩版5-224：3）

陶缸

TN01E01①c：1，不可复原。砖红色胎，胎质粗。底径22、残高13.8厘米。（图5-81：9；彩版5-224：4）

四 装烧标本

（一）单烧标本

1. 敞口碗

TN02E02⑩：31，单烧敞口碗与M形匣钵粘连标本。圆唇，敞口，斜曲腹，圈足。灰白胎，胎质较粗。青釉微泛黄。全器满施釉。通高17厘米。（图5-82：1；彩版5-225：1）

TN02E02⑨：38，单烧敞口碗与M形匣钵粘连标本。圆唇，敞口，斜直腹，圈足。灰胎。青釉，有开片。全器满施釉。外底心粘连一垫圈。通高7.7厘米。（图5-82：2；彩版5-225：2）

TN02E02⑨：39，单烧敞口碗与M形匣钵粘连标本。圆唇，敞口，斜直腹，圈足。灰胎，胎质较细。青釉微泛黄，有开片。全器满施釉。外底心粘连一垫圈。通高6.4厘米。（图5-82：3；彩版5-225：3）

TN02E02⑧：48，单烧敞口碗与M形匣钵粘连标本。碗呈斗笠状。圆唇，敞口，斜直腹微曲，圈足。灰胎，胎质较粗。青釉，布满小开片。全器满施釉。外底心有支烧痕迹。通高6.8厘米。（图5-82：4；彩版5-225：4）

TN02E02⑧：49，单烧敞口碗与M形匣钵粘连标本。碗呈斗笠状。圆唇，敞口，斜直腹微曲，圈足。灰胎，胎质较粗。青釉微泛黄，布满小开片。全器满施釉。外底心有支烧痕迹。通高7.7厘米。（图5-82：5；彩版5-225：5）

TN02E02⑦：79，单烧敞口碗与M形匣钵粘连标本。圆唇，敞口，斜曲腹，圈足。通高13厘米。（图5-82：6；彩版5-225：6）

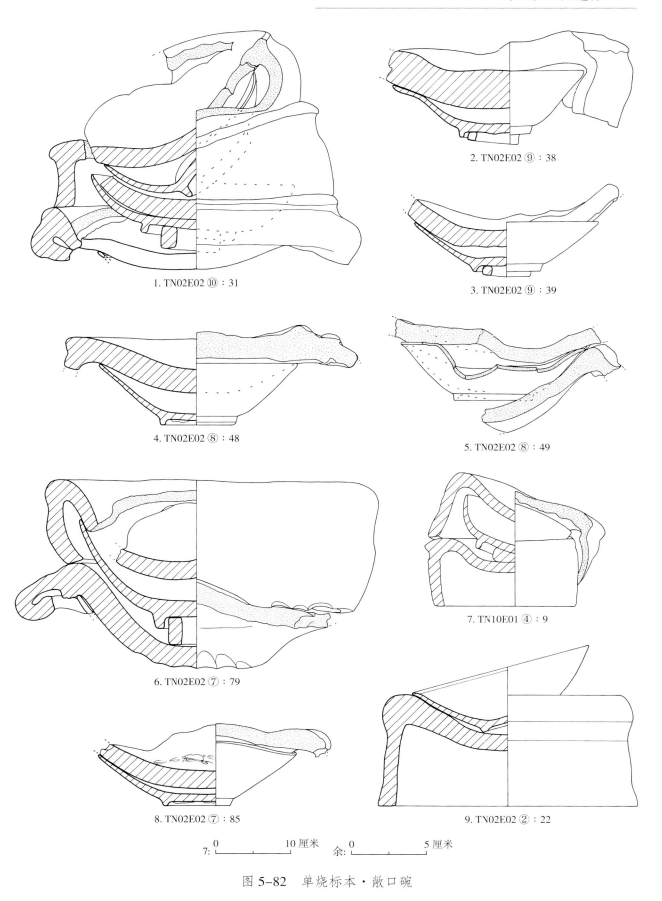

1. TN02E02 ⑩ ：31

2. TN02E02 ⑨ ：38

3. TN02E02 ⑨ ：39

4. TN02E02 ⑧ ：48

5. TN02E02 ⑧ ：49

6. TN02E02 ⑦ ：79

7. TN10E01 ④ ：9

8. TN02E02 ⑦ ：85

9. TN02E02 ② ：22

7: 0 ——————— 10厘米 余: 0 ——————— 5厘米

图 5-82 单烧标本・敞口碗

TN02E02⑦：85，单烧敞口碗与 M 形匣钵粘连标本。碗呈斗笠状。圆唇，敞口，斜直腹微曲，圈足。内口沿下凹弦纹一圈，内底凹弦纹一圈。灰胎，胎质较粗。青釉泛黄，布满开片。全器满施釉。外底心有支烧痕迹。通高 5.6 厘米。（图 5-82：8；彩版 5-225：7）

TN02E02②：22，单烧敞口碗与 M 形匣钵粘连标本。碗呈斗笠状。圆唇，敞口，斜直腹，圈足。外口沿下凹弦纹一圈，内口沿下凹弦纹一圈，内底凹弦纹一圈。灰胎，胎质较粗。青釉微泛黄，局部开片。全器满施釉。外底心有支烧痕迹。通高 11 厘米。（图 5-82：9；彩版 5-225：8）

TN10E01④：9，单烧敞口碗与 M 形匣钵粘连标本。圆唇，敞口，斜曲腹，圈足。灰胎，胎质较粗。青釉。全器满施釉。外底心粘连一垫圈。通高 18.2 厘米。（图 5-82：7；彩版 5-225：9）

2. 侈口碗

TN02E02⑩：37，单烧侈口碗与 M 形匣钵粘连标本。圆唇，侈口，花口，斜曲腹，圈足。外口沿下凹弦纹一圈，外腹对应花口处有凹陷纹。灰胎，胎质较粗。青釉微泛黄。全器满施釉。外底心粘连一垫圈。通高 10.4 厘米。（图 5-83：1；彩版 5-226：1）

3. 敞口盘

TN02E02⑩：39，单烧敞口盘与 M 形匣钵粘连标本。敞口，斜曲腹，圈足。灰白胎，胎质较粗。青釉微泛黄，布满小开片。全器满施釉。外底心有长条形支烧痕迹。通高 5.3 厘米。（图 5-83：2；彩版 5-226：2）

TN02E02⑨：49，单烧敞口盘与 M 形匣钵粘连标本。圆唇，敞口，斜曲腹，圈足外撇。灰胎，胎质较粗。青釉。全器满施釉。外底心有支烧痕迹。通高 4.6 厘米。（图 5-83：3；彩版 5-226：3）

TN02E02⑧：44，单烧敞口盘与 M 形匣钵粘连标本。圆唇，敞口，斜曲腹，圈足外撇。内底凹弦纹一圈。灰胎，胎质较粗。青釉微泛黄。全器满施釉。外底心粘连垫圈。通高 12 厘米。（图 5-83：4；彩版 5-226：4）

TN02E02⑦：81，单烧敞口盘与 M 形匣钵粘连标本。圆唇，敞口，斜曲腹，圈足外撇。全器满施釉。外底心有支烧痕迹。通高 13 厘米。（图 5-83：5；彩版 5-226：5）

4. 侈口盘

TN02E02⑩：32，单烧侈口盘与 M 形匣钵粘连标本。圆唇，侈口，斜曲腹，圈足外撇。灰胎，胎质较粗。青釉。全器满施釉。外底心有支烧痕迹。通高 15.2 厘米。（图 5-83：6；彩版 5-226：6）

TN02E02⑨：47，单烧侈口盘与 M 形匣钵粘连标本。圆唇，侈口，斜曲腹，圈足外撇。灰胎，胎质较粗。青釉微泛黄，布满小开片。全器满施釉。外底心有支烧痕迹。通高 6.5 厘米。（图 5-83：7；彩版 5-226：7）

TN02E02⑧：47，单烧侈口盘与 M 形匣钵粘连标本。圆唇，侈口，斜曲腹，圈足外撇。灰胎，胎质较粗。青黄釉，布满小开片。全器满施釉。外底心有支烧痕迹。通高 6.3 厘米。（图 5-83：8；彩版 5-226：8）

5. 敞口盏

TN02E02⑨：48，单烧敞口盏与 M 形匣钵粘连标本。圆唇，敞口，斜曲腹，圈足外撇。灰胎，

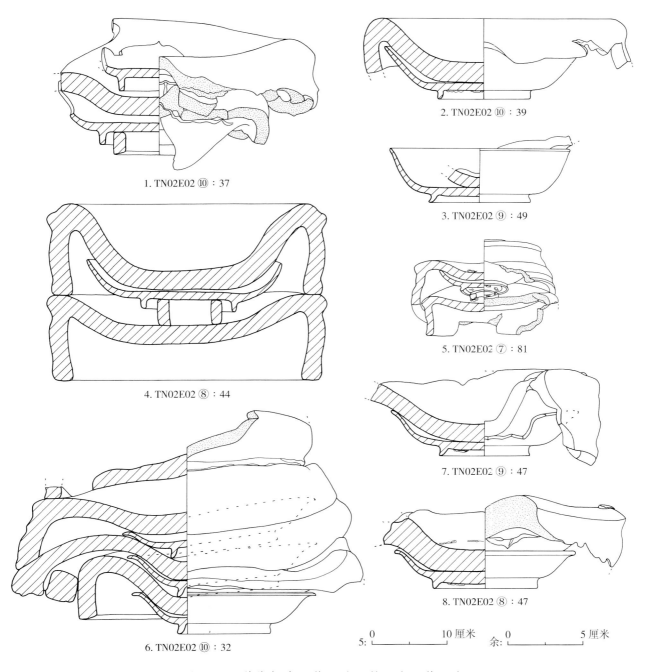

图 5-83 单烧标本·侈口碗、敞口盘、侈口盘
1. 侈口碗 2~5. 敞口盘 6~8. 侈口盘

胎质较粗。青釉，有开片。全器满施釉。外底心有支烧痕迹。通高 9 厘米。（图 5-84：1；彩版 5-226：9）

TN08E01③：4，单烧敞口盏与 M 形匣钵粘连。圆唇，敞口，花口，斜曲腹，圈足外撇。外腹对应花口处有凹陷纹。灰胎，胎质较粗。青釉微泛黄，较多开片。全器满施釉。外底心有支烧痕迹。通高 14 厘米。（图 5-84：2；彩版 5-227：1）

TN09E01③：1，敞口盏与 M 形匣钵粘连标本。敞口，斜曲腹，圈足外撇。外腹凹弦纹多圈。灰胎，

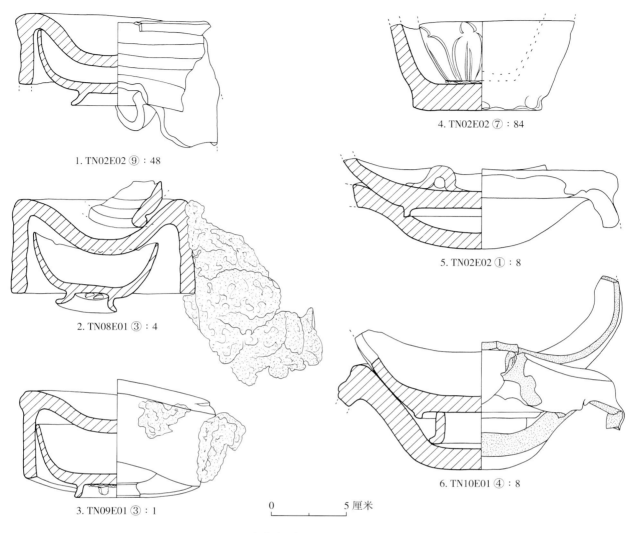

1. TN02E02 ⑨：48

2. TN08E01 ③：4

3. TN09E01 ③：1

4. TN02E02 ⑦：84

5. TN02E02 ①：8

6. TN10E01 ④：8

0   5厘米

图5-84 单烧标本·敞口盏、瓶、灯盏、钵
1~3.敞口盏 4.瓶 5.灯盏 6.钵

胎质较粗。青釉。全器满施釉。外底心有支烧痕迹。通高8厘米。（图5-84：3；彩版5-227：2）

6. 瓶

TN02E02 ⑦：84，单烧瓶与筒形匣钵粘连标本。失口部，下腹斜收，圈足。外腹满饰刻划花卉纹。灰胎，胎质较粗。青釉。内腹露胎无釉。底径8.6、通高6厘米。（图5-84：4；彩版5-227：3）

7. 灯盏

TN02E02 ①：8，单烧灯盏与M形匣钵粘连标本。仅余底部，中心置一圆纽。灰胎，胎质较细。青釉，布满小开片。通高6.2厘米。（图5-84：5；彩版5-227：4）

8. 钵

TN10E01 ④：8，单烧钵与M形匣钵粘连。大钵。失口部，上腹斜直，下腹斜收，隐圈足。灰黄胎，胎质较粗。青釉泛黄，布满小开片。全器满施釉。外底心粘连一喇叭形垫圈。通高13.2厘米。（图5-84：6；彩版5-227：5）

（二）叠烧标本

1. 敞口碗

TN02E02 ⑬：1，叠烧敞口碗与 M 形匣钵粘连标本。六件相同的碗。圆唇，敞口，斜曲腹，圈足。灰白胎，胎质较粗。青釉，布满小开片。外施釉至足端，外底部露胎无釉。足径 6.3、通高 15.4 厘米。（图 5–85：1；彩版 5–228：1）

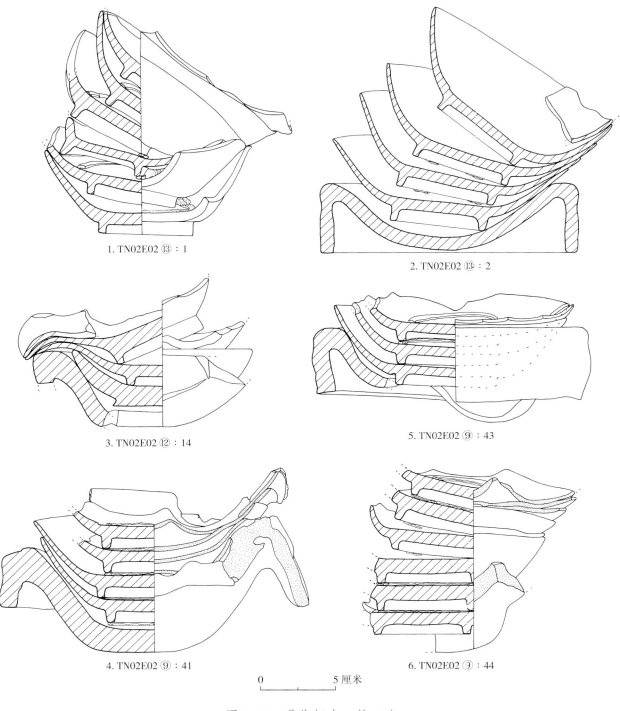

1. TN02E02 ⑬：1

2. TN02E02 ⑬：2

3. TN02E02 ⑫：14

5. TN02E02 ⑨：43

4. TN02E02 ⑨：41

6. TN02E02 ③：44

0　　　　　5厘米

图 5–85　叠烧标本·敞口碗

TN02E02⑬：2，叠烧敞口碗与M形匣钵粘连标本。五件相同的碗。圆唇，敞口，斜曲腹，圈足。灰白胎，胎质较粗。青釉，布满小开片。外施釉至足端，外底部露胎无釉。足径6.5、通高16.9厘米。（图5-85：2；彩版5-228：2）

TN02E02⑫：14，叠烧敞口碗、盘形垫具与M形匣钵粘连标本。三件碗。圆唇，敞口，斜曲腹，圈足。灰黄胎，胎质粗。青釉泛黄，布满开片。外施釉至足端，外底部露胎无釉。足端及内底有叠烧痕迹。通高10.1厘米。（图5-85：3；彩版5-228：3）

TN02E02⑨：41，叠烧敞口碗与M形匣钵粘连标本。六件碗。圆唇，敞口，斜曲腹，圈足。灰胎，胎质粗。青釉微泛黄，布满小开片。外施釉至足端，外底部露胎无釉。足端及内底有叠烧痕迹。通高12.3厘米。（图5-85：4；彩版5-228：4）

TN02E02⑨：43，叠烧敞口碗与M形匣钵粘连标本。三件碗。圆唇，敞口，斜曲腹，圈足。灰胎，胎质粗。青釉，布满小开片。外施釉至下腹，外底部露胎无釉。足端及内底有叠烧痕迹。通高8.9厘米。（图5-85：5；彩版5-228：5）

TN02E02⑨：44，叠烧敞口碗与M形匣钵粘连标本。六件碗。圆唇，敞口，斜曲腹，圈足。灰胎，胎质粗。青釉微泛黄，布满小开片。外施釉至足端，外底部露胎无釉。足端及内底有叠烧痕迹。通高12.3厘米。（图5-85：6；彩版5-228：6）

TN02E02⑨：45，叠烧敞口碗与M形匣钵粘连标本。三件碗。圆唇，敞口，斜曲腹，圈足。灰胎，胎质粗。青釉微泛黄，布满小开片。外施釉至足端，外底部露胎无釉。足端及内底有叠烧痕迹。通高15.1厘米。（图5-86：1；彩版5-228：7）

TN02E02⑦：82，叠烧敞口碗与M形匣钵粘连标本。两件碗。圆唇，敞口，斜曲腹，圈足。灰胎，胎质较粗。青黄釉，布满小开片。外施釉至下腹，外底部露胎无釉。足端及内底有叠烧痕迹。通高9.4厘米。（图5-86：2；彩版5-228：8）

TN04E01①a：4，敞口碗叠烧标本。两件碗。其一：圆唇，敞口，斜曲腹，圈足。灰黄胎，胎质粗。青黄釉，布满开片。外施釉至足端，外底部露胎无釉。足端有叠烧痕迹。其二：圆唇，敞口，斜曲腹，圈足。外腹满饰深刻直条状纹样，内底凹弦纹一圈。灰白胎，胎质粗。青黄釉，布满开片。全器满施釉。口径15.9、足径6.5、通高7.1厘米。（图5-86：3；彩版5-228：9）

2. 侈口碗

TN02E02⑩：34，叠烧侈口碗与M形匣钵粘连标本。圆唇，侈口，斜曲腹，圈足。灰白胎，胎质粗。青釉，局部有小开片。通高9厘米。（图5-86：5；彩版5-229：1）

TN07E02③：3，叠烧侈口碗与M形匣钵粘连标本。三件碗。圆唇，侈口，斜曲腹，圈足。灰胎，胎质较粗。青黄釉，有开片。外施釉至下腹，外底部露胎无釉。足端有叠烧痕迹。匣钵顶部粘连一喇叭形垫圈。通高12厘米。（图5-86：4；彩版5-229：2）

3. 未分型碗

TN02E02⑨：42，叠烧碗与M形匣钵粘连标本。失口部，斜曲腹，圈足。灰胎，胎质粗。青釉泛黄，布满小开片。内底有支烧痕迹。通高13.5厘米。（图5-87：1；彩版5-229：3）

4. 敞口盘

TN02E02⑨：46，叠烧敞口盘与M形匣钵粘连标本。五件盘。圆唇，敞口，斜曲腹，圈足。

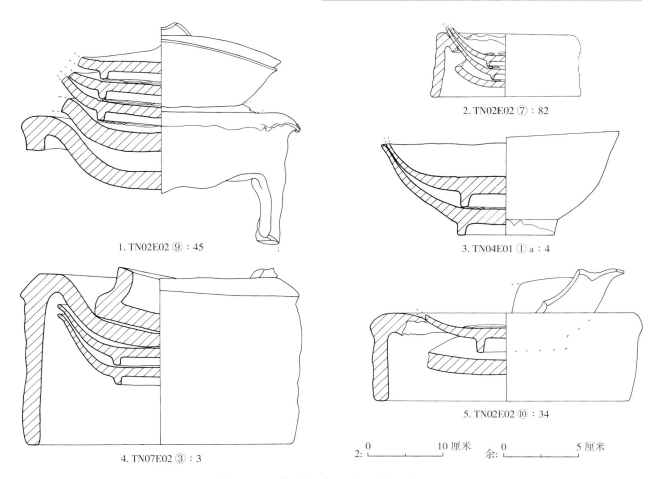

图 5-86 叠烧标本·敞口碗、侈口碗
1~3.敞口碗 4、5.侈口碗

内底凹弦纹一圈。灰胎，胎质粗。青釉微泛黄，布满小开片。外施釉至足端，外底部露胎无釉。足端及内底有叠烧痕迹。通高 14.8 厘米。（图 5-87：2；彩版 5-229：4）

TN02E02⑥：4，叠烧敞口盘与 M 形匣钵粘连标本。圆唇，敞口，斜曲腹，圈足。内底凹弦纹一圈。灰胎，胎质较粗。青釉泛黄，布满开片。全器满施釉。足端及内底有叠烧痕迹。通高 14.5 厘米。（图 5-87：3；彩版 5-229：5）

TN02E02①：1，叠烧敞口盘与 M 形匣钵粘连标本。六件盘。圆唇，敞口，斜曲腹，圈足。灰胎，胎质较粗。青釉。外施釉至下腹，外底部露胎无釉。足端及内底有叠烧痕迹。通高 15 厘米。（图 5-87：4；彩版 5-229：6）

5. 炉

TN02E02⑩：38，叠烧炉与筒形匣钵粘连标本。整体可分为三部分：底部以 M 形匣钵为垫柱，下粘连大量窑渣；上置一筒形匣钵；筒形匣钵内为粘连的叠烧的炉。通高 20.2 厘米。（图 5-87：5；彩版 5-229：7）

TN07E02⑥：4，炉叠烧标本。仅余腹部。外上腹刻划蕉叶纹，上下腹相交处凸棱纹一圈。灰胎，胎质较粗。青釉，局部开片。通高 8.1 厘米。（图 5-87：6；彩版 5-229：8）

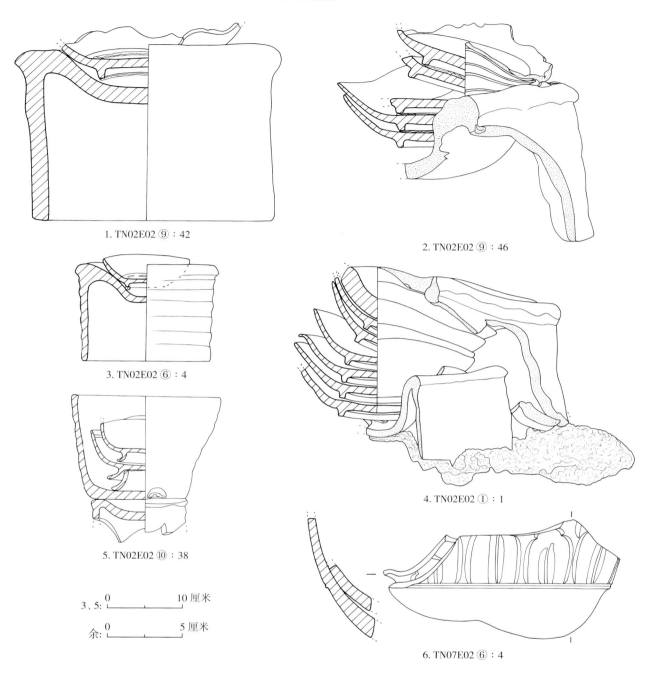

1. TN02E02 ⑨：42

2. TN02E02 ⑨：46

3. TN02E02 ⑥：4

4. TN02E02 ①：1

5. TN02E02 ⑩：38

3、5: 0 —— 10 厘米

余: 0 —— 5 厘米

6. TN07E02 ⑥：4

图 5-87　叠烧标本·未分型碗、敞口盘、炉
1. 未分型碗　2~4. 敞口盘　5、6. 炉

（三）混合装烧标本

1. 碗与碗

TN02E02 ⑩：35，单烧敞口（斗笠）碗、叠烧敞口（斗笠）碗与 M 形匣钵粘连标本。单烧敞口（斗笠）碗：圆唇，敞口，斜直腹，圈足。灰胎，胎质较粗。青釉微泛黄。外底心有支烧痕迹。叠烧敞口（斗笠）碗 2 件：敞口，斜曲腹，圈足。灰胎，胎质较粗。青釉微泛黄。内底有叠烧痕迹。通高 7.9 厘米。（图 5-88：1；彩版 5-230：1）

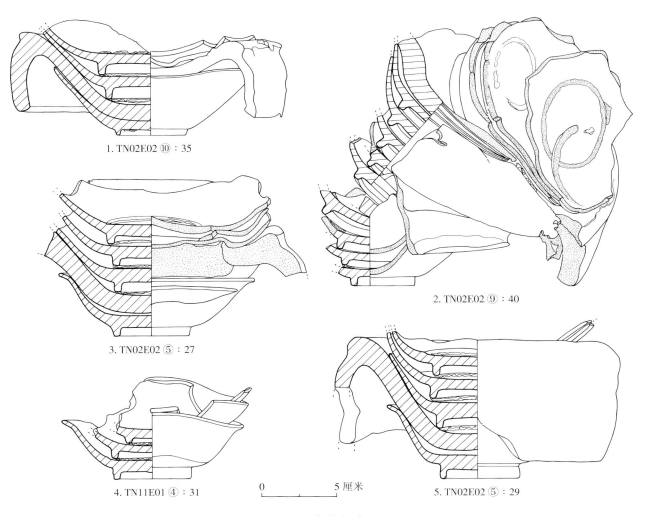

1. TN02E02 ⑩：35

2. TN02E02 ⑨：40

3. TN02E02 ⑤：27

4. TN11E01 ④：31

0　　　　　5 厘米

5. TN02E02 ⑤：29

图 5-88　混合装烧标本·碗与碗

TN02E02 ⑨：40，叠烧敞口碗、叠烧敞口（斗笠）碗与 M 形匣钵粘连标本。敞口碗 3 件：圆唇，敞口，斜曲腹，圈足。灰胎，胎质粗。青釉微泛黄，布满小开片。外施釉至足端，外底部露胎无釉。足端及内底有叠烧痕迹。敞口（斗笠）碗 9 件：圆唇，敞口，斜直腹，圈足。灰胎，胎质粗。青黄釉，有开片。外施釉至足端，外底部露胎无釉。足端及内底有叠烧痕迹。通高 18.2 厘米。（图 5-88：2；彩版 5-230：2）

TN02E02 ⑤：27，叠烧敞口碗、叠烧侈口碗与 M 形匣钵粘连标本。敞口碗 3 件：圆唇，敞口，斜曲腹，圈足。灰胎，胎质较粗。青釉泛黄，布满小开片。外施釉至足端，外底部露胎无釉。内底有叠烧痕迹。侈口碗 2 件：圆唇，侈口，斜曲腹，圈足。灰黄胎，胎质较粗。青釉泛黄，有开片。外施釉至足端，外底部露胎无釉。足端有叠烧痕迹。通高 11 厘米。（图 5-88：3；彩版 5-230：3）

TN02E02 ⑤：29，叠烧敞口碗、单烧侈口碗与 M 形匣钵粘连标本。敞口碗 2 件：圆唇，敞口，斜曲腹，圈足。灰胎，胎质较粗。青釉泛黄，布满小开片。外施釉至足端，外底部露胎无釉。内底有叠烧痕迹。侈口碗：圆唇，侈口，斜曲腹，圈足。灰黄胎，胎质较粗。青釉泛黄，有开片。

全器满施釉。外底心有支烧痕迹。通高 10.8 厘米。（图 5-88：5；彩版 5-230：4）

TN11E01 ④：31，侈口碗与敞口碗叠烧标本。侈口碗：圆唇，侈口，斜曲腹，圈足。内底凹弦纹一圈。灰黄胎，胎质较粗。青黄釉，局部开片。外施釉至下腹，外底部露胎无釉。足端及内底有叠烧痕迹。敞口碗 2 件：圆唇，敞口，斜直腹微曲，圈足。灰黄胎，胎质较粗。青釉，局部开片。外施釉至下腹，外底部露胎无釉。足端及内底有叠烧痕迹。通高 7 厘米。（图 5-88：4；彩版 5-231：1）

2. 碗与盘

TN02E02 ⑩：33，叠烧敞口碗、单烧敞口盘与 M 形匣钵粘连标本。敞口碗 4 件：敞口，斜曲腹，圈足。灰胎，胎质较粗。青釉。内底有叠烧痕迹。敞口盘：圆唇，敞口，斜曲腹，圈足外撇。灰胎，胎质较粗。青釉。全器满施釉。外底心有支烧痕迹。通高 11.5 厘米。（图 5-89：1；彩版 5-231：2）

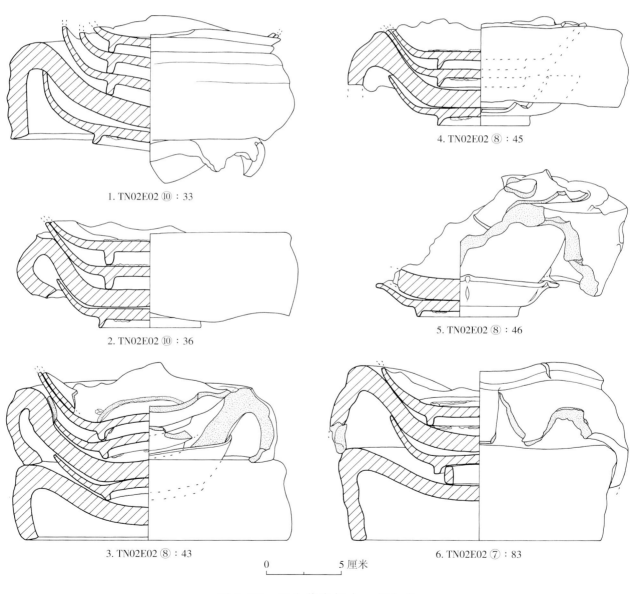

1. TN02E02 ⑩：33

2. TN02E02 ⑩：36

3. TN02E02 ⑧：43

4. TN02E02 ⑧：45

5. TN02E02 ⑧：46

6. TN02E02 ⑦：83

0   5 厘米

图 5-89　混合装烧标本·碗与盘

TN02E02⑩：36，叠烧敞口碗、单烧敞口盘与M形匣钵粘连标本。敞口碗2件：敞口，斜曲腹，圈足。灰胎，胎质较粗。青釉。内底有叠烧痕迹。敞口盘：圆唇，敞口，斜曲腹，圈足外撇。灰胎，胎质较粗。青釉。全器满施釉。外底心有支烧痕迹。通高7.3厘米。（图5-89：2；彩版5-231：3）

TN02E02⑧：43，叠烧碗、单烧敞口盘与M形匣钵粘连标本。碗2件：失口部，斜曲腹，圈足。灰胎，胎质较粗。青釉微泛黄，较多开片。外施釉至下腹，外底部露胎无釉。足端及内底有支烧痕迹。敞口盘：圆唇，敞口，斜曲腹，圈足外撇。通高12厘米。（图5-89：3；彩版5-231：4）

TN02E02⑧：45，叠烧碗、单烧敞口盘与M形匣钵粘连标本。碗2件：失口部，斜曲腹，圈足。灰胎，胎质较粗。青釉微泛黄，较多开片。外施釉至下腹，外底部露胎无釉。足端及内底有支烧痕迹。敞口盘：圆唇，敞口，斜曲腹，圈足外撇。全器满施釉。外底心有支烧痕迹。通高7.4厘米。（图5-89：4；彩版5-231：5）

TN02E02⑧：46，叠烧敞口碗、单烧侈口盘与M形匣钵粘连标本。敞口碗2件：敞口，斜曲腹，失下部。灰胎，胎质较粗。青釉微泛黄，较多开片。侈口盘：侈口，斜曲腹，圈足。灰胎，青釉。通体施釉。外底心有支烧痕迹。通高10.1厘米。（图5-89：5；彩版5-232：1）

TN02E02⑦：80，叠烧敞口碗、叠烧侈口碗、单烧敞口盘与M形匣钵粘连标本。敞口碗5件：自下而上器形渐小。圆唇，敞口，斜曲腹，圈足。灰胎，胎质较粗。青黄釉，布满小开片。外施釉至下腹，外底部露胎无釉。足端及内底有叠烧痕迹。侈口碗：圆唇，侈口，斜曲腹，圈足。灰胎，胎质较粗。青黄釉，布满小开片。外施釉至下腹，外底部露胎无釉。足端及内底有叠烧痕迹。敞口盘：圆唇，敞口，斜曲腹，圈足外撇。全器满施釉。外底心有支烧痕迹。通高20.8厘米。（图5-90：1；彩版5-232：2）

TN02E02⑦：83，叠烧敞口碗、单烧敞口盘与M形匣钵粘连标本。敞口碗：失口部，斜曲腹，圈足。灰胎，胎质较粗。青黄釉，布满小开片。外施釉至下腹，外底部露胎无釉。敞口盘：圆唇，敞口，斜曲腹，圈足外撇。全器满施釉。外底心有支烧痕迹，内底有叠烧痕迹。通高12.1厘米。（图5-89：6；彩版5-232：3）

TN02E02⑦：86，叠烧敞口碗、叠烧侈口碗粘连标本。敞口碗3件：圆唇，敞口，斜曲腹，圈足。灰胎，胎质较粗。青黄釉，布满小开片。外施釉至下腹，外底部露胎无釉。侈口碗：圆唇，侈口，斜曲腹，圈足。灰胎，胎质较粗。青黄釉。通高13厘米。（图5-90：2；彩版5-232：4）

TN06E01①a：2，侈口盘与碗叠烧标本。侈口盘：圆唇，侈口，花口，斜曲腹，圈足外撇。外腹对应花口处有凹陷纹。灰白胎，胎质较细。青釉微泛黄，布满开片。全器满施釉。外底心有支烧痕迹。碗：失口部，斜直腹，圈足。灰胎，胎质较粗。青釉，布满开片。外施釉至足端，外底部露胎无釉。足端及内底有叠烧痕迹。通高5厘米。（图5-90：3；彩版5-232：5）

3. 盒与碗

TN07E02⑥：2，盒与侈口碗叠烧标本。盒：失盖。子母口。盒身直口，斜曲腹，隐圈足。灰胎，胎质较粗。青黄釉，布满开片。全器满施釉。口沿及外底心有支烧痕迹。侈口碗：圆唇，侈口，斜曲腹，圈足。外腹凹弦纹多圈。外施釉至足端，外底部露胎无釉。足端及内底露胎无釉。足径5、通高5.5厘米。（图5-90：4；彩版5-232：6）

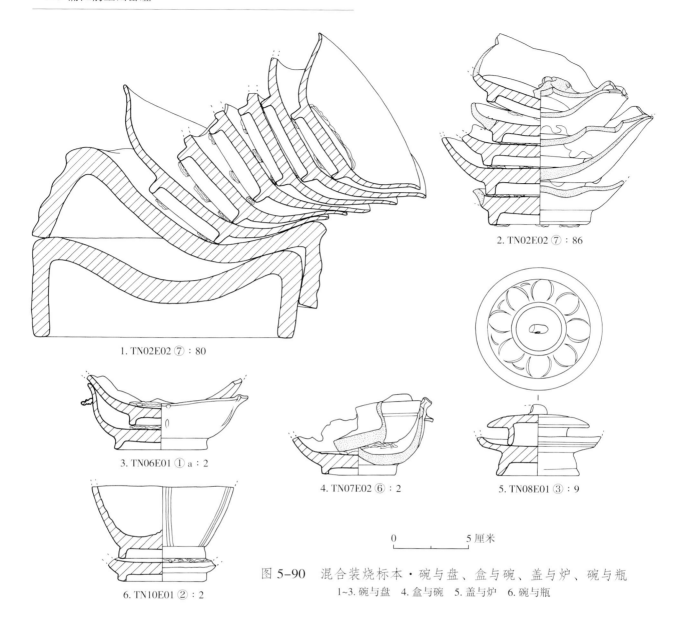

1. TN02E02 ⑦：80

2. TN02E02 ⑦：86

3. TN06E01 ①a：2

4. TN07E02 ⑥：2

5. TN08E01 ③：9

6. TN10E01 ②：2

0　　　　　　　5厘米

图 5-90　混合装烧标本·碗与盘、盒与碗、盖与炉、碗与瓶
1~3.碗与盘　4.盒与碗　5.盖与炉　6.碗与瓶

4. 盖与炉

TN08E01 ③：9，盖与小炉叠烧标本。盖：方唇，直口，平沿，盖面鼓。盖面中心凹弦纹双圈，内置一纽，以纽为中心刻划覆莲瓣纹一圈。灰黄胎，胎质较粗。青釉。炉：失口部，折腹，上腹斜直，下腹平收，圈足外撇。上下腹相交处凹弦纹双圈。灰黄胎，胎质较粗。青釉。全器满施釉。外底心有支烧痕迹。通高 4.9 厘米。（图 5-90：5；彩版 5-232：7）

5. 碗与瓶

TN10E01 ②：2，碗与瓶叠烧标本。瓶：失口部，斜直腹，圈足。灰胎，胎质较粗。青黄釉，局部开片。全器满施釉。内腹有明显拉坯痕迹。碗：仅余底。灰胎，胎质粗。青黄釉。外施釉至下腹，外底部露胎无釉。足端有叠烧痕迹。足径 5.9、通高 6.6 厘米。（图 5-90：6；彩版 5-232：8）

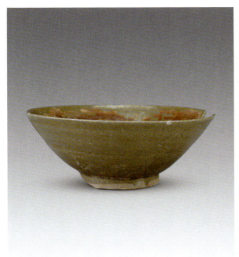

1. TN02E02⑬：3

2. TN02E02⑫：1

3. TN02E02⑫：2

彩版5-1　Aa型青釉碗

1. TN02E02⑪：2

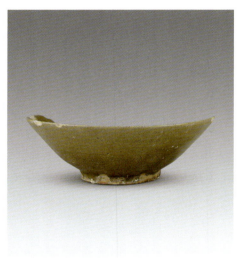

2. TN02E02⑩：6

3. TN02E02⑨：2

彩版5-2　Aa型青釉碗

1. TN02E02⑨：50

2. TN02E02⑨：51

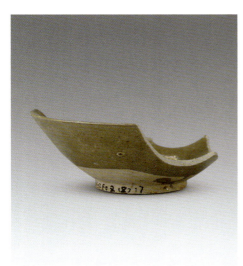

3. TN02E02⑧：7

彩版5-3　Aa型青釉碗

1. TN02E02⑧：8

2. TN02E02⑧：9

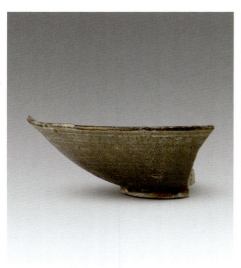

3. TN02E02⑧：10

彩版5-4　Aa型青釉碗

1. TN02E02⑦：23

2. TN02E02⑦：24

3. TN02E02⑦：25

彩版5-5　Aa型青釉碗

1. TN02E02⑦：26

2. TN02E02⑦：32

3. TN02E02⑦：33

彩版5-6　Aa型青釉碗

1. TN02E02⑦：34

2. TN02E02⑦：41

3. TN02E02⑦：48

彩版5-7 Aa型青釉碗

1. TN02E02⑥：13

2. TN02E02⑥：14

3. TN02E02⑤：24

彩版5-8　Aa型青釉碗

1. TN02E02⑤：25

2. TN02E02④：3

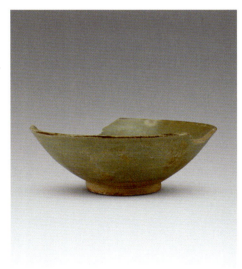

3. TN02E02②：2

彩版5-9　Aa型青釉碗

1. TN02E02②：4

2. TN07E02④：5

3. TN07E02④：6

彩版5-10　Aa型青釉碗

1. TN07E02④：7

2. TN07E02④：10

3. TN07E02③：5

彩版5-11　Aa型青釉碗

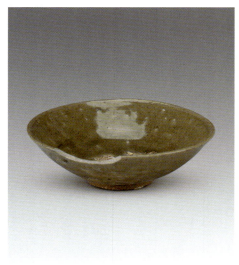

1. TN07E02②：2

2. TN07E02②：3

3. TN07E02②：4

彩版5-12　Aa型青釉碗

1. TN07E02②：5

2. TN07E02②：9

3. TN07E02②：10

彩版5-13　Aa型青釉碗

1. TN08E01①：3

2. TN09E01③：5

3. TN09E01③：6

彩版5-14　Aa型青釉碗

1. TN09E01③：7

2. TN09E01③：9

3. TN10E01④：13

彩版5-15　Aa型青釉碗

1. TN11E01⑤：1

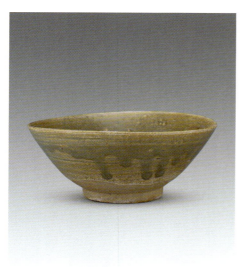

2. TN11E01④：4

3. TN11E01④：14

彩版5-16　Aa型青釉碗

1. TN11E01④：26

2. TN11E01②：3

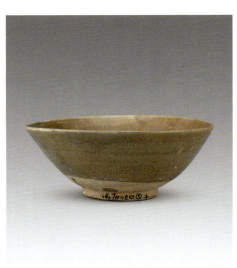

3. TN11E01②：4

彩版5-17　Aa型青釉碗

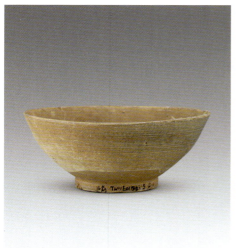

1. TN11E01②：5

2. TN11E01②：12

3. TN11E01②：13

彩版5-18　Aa型青釉碗

1. TN11E01②：14

2. TN11E01②：16

3. TN11E01②：17

彩版5-19　Aa型青釉碗

1. TN11E01②：18

2. TN11E01②：31

3. TN11E01②：38

彩版5-20　Aa型青釉碗

1. TN02E02⑦：37

2. TN02E02⑦：38

3. TN02E02⑦：39

彩版5-21　Ab型青釉碗

1. TN02E02⑦：43

2. TN02E02⑦：44

3. TN02E02⑦：47

彩版5-22 Ab型青釉碗

1. TN02E02⑥：15

2. TN02E02⑥：16

3. TN02E02⑥：17

彩版5-23　Ab型青釉碗

1. TN02E02⑥：23

2. TN02E02⑤：2

3. TN02E02⑤：18

彩版5-24　Ab型青釉碗

1. TN02E02④：2

2. TN02E02②：5

3. TN02E02②：6

彩版5-25 Ab型青釉碗

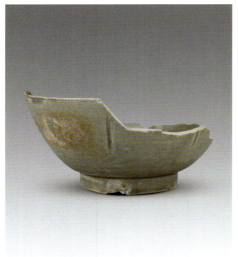

1. TN07E02⑥：10

2. TN07E02④：8

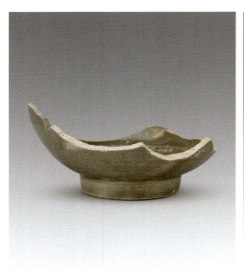

3. TN07E02④：9

彩版5-26　Ab型青釉碗

1. TN07E02③：4

2. TN07E02①：2

3. TN11E01④：15

彩版5-27　Ab型青釉碗

1. TN11E01④：16   2. TN11E01①：1

彩版5-28　Ab型青釉碗

1. TN11E01⑤：3

2. TN11E01⑤：4

彩版5-29　Ac型青釉碗

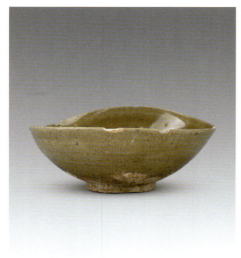

1. TN02E02⑬：5

2. TN02E02⑬：6

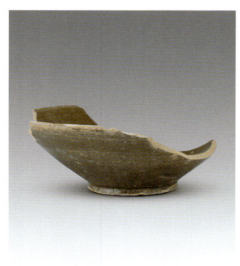

3. TN02E02⑬：7

彩版5-30　Ad型青釉碗

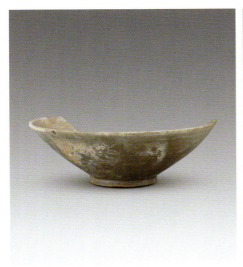

1. TN02E02⑪：4

2. TN02E02⑩：10

3. TN02E02⑩：11

彩版5-31　Ad型青釉碗

1. TN02E02⑩：12

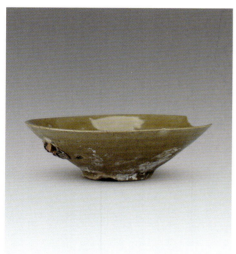

2. TN02E02⑨：5

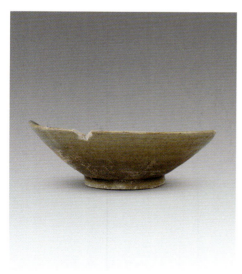

3. TN02E02⑨：6

彩版5-32　Ad型青釉碗

1. TN02E02⑨：7

2. TN02E02⑧：11

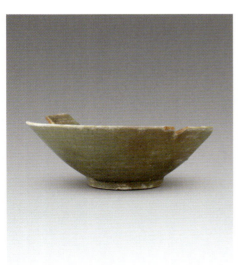

3. TN02E02⑧：12

彩版5-33 Ad型青釉碗

1. TN02E02⑧：24

2. TN02E02⑦：49

3. TN02E02⑦：50

彩版5-34　Ad型青釉碗

1. TN02E02⑦：51

2. TN02E02⑦：52

3. TN02E02⑦：53

彩版5-35　Ad型青釉碗

1. TN02E02⑥：29

2. TN02E02⑤：19

3. TN02E02②：8

彩版5-36　Ad型青釉碗

1. TN02E01②b：1

2. TN07E02④：13

彩版5-37　Ad型青釉碗

1. TN03E01①a：3

2. TN07E02②：6

彩版5-38　Ad型青釉碗

1. TN07E02②：7

2. TN09E01③：3

3. TN09E01③：12

彩版5-39 Ad型青釉碗

1. TN11E01④：27

2. TN11E01①：4

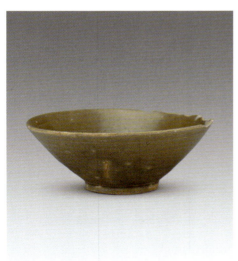

3. TS02W01①：6

彩版5-40　Ad型青釉碗

1. TN02E02⑥：12

2. TN02E02⑥：30

3. TN02E02①：17

彩版5-41　Ae型青釉碗

1. TN02E02⑫：3

2. TN02E02⑫：4

3. TN02E02⑫：5

彩版5-42　Ba型青釉碗

1. TN02E02⑪:3

2. TN02E02⑩:8

3. TN02E02⑩:9

彩版5-43　Ba型青釉碗

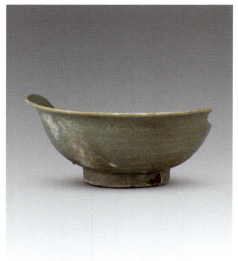

1. TN02E02⑩：25

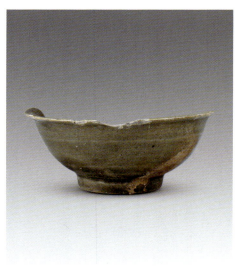

2. TN02E02⑨：3

3. TN02E02⑨：4

彩版5-44　Ba型青釉碗

1. TN02E02⑨：8

2. TN02E02⑧：2

3. TN02E02⑧：3

彩版5-45　Ba型青釉碗

1. TN02E02⑧：4

2. TN02E02⑧：5

3. TN02E02⑧：6

彩版5-46　Ba型青釉碗

1. TN02E02⑦：28

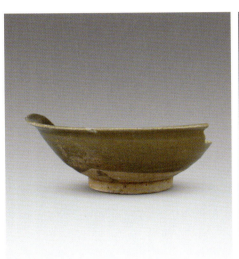

2. TN02E02⑦：29

3. TN02E02⑦：30

彩版5-47　Ba型青釉碗

1. TN02E02⑦：31

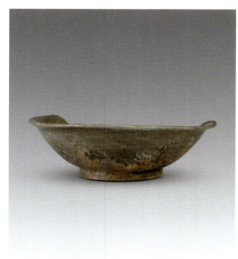  

2. TN02E02④：6

3. TN02E02②：1

彩版5-48　Ba型青釉碗

1. TN02E02①：14

2. TN07E02⑥：9

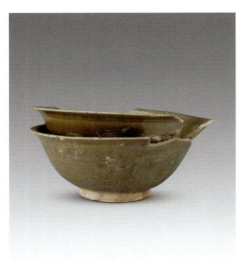

3. TN07E01③：1

彩版5-49　Ba型青釉碗

1. TN09E01③：4

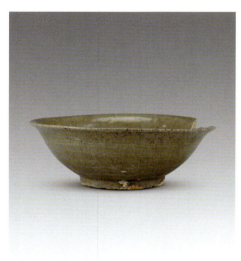

2. TN09E01①：2

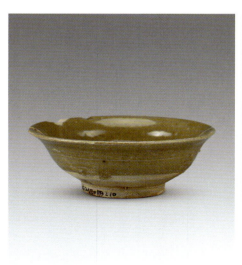

3. TN11E01④：10

彩版5-50　Ba型青釉碗

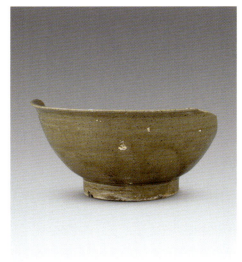

1. TN11E01④：13

2. TN11E01④：17

3. TN11E01④：20

彩版5-51　Ba型青釉碗

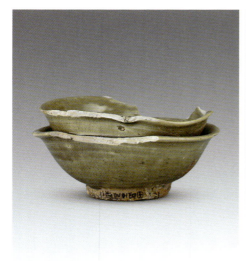  

1. TN11E01④：21

2. TN11E01④：22

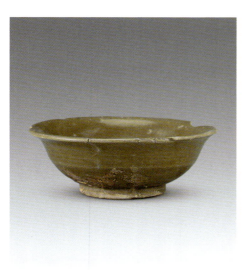  

3. TN11E01④：23

彩版5-52　Ba型青釉碗

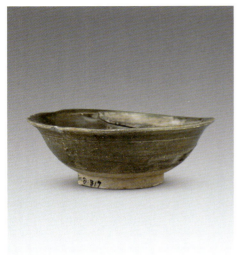

1. TN11E01② : 19

2. TN11E01② : 20

3. TN11E01① : 6

彩版5-53　Ba型青釉碗

1. TN02E02⑬：4

2. TN02E02⑫：6

3. TN02E02⑩：7

彩版5-54　Bb型青釉碗

1. TN02E02⑩：24

2. TN02E02⑦：40

3. TN02E02⑦：45

彩版5-55　Bb型青釉碗

1. TN02E02⑦：46

2. TN02E02⑥：22

3. TN02E02⑤：26

彩版5-56　Bb型青釉碗

1. TN02E02④：1

2. TN02E02②：3

3. TN02E01②b：3

彩版5-57　Bb型青釉碗

1. TN03E01②a：3

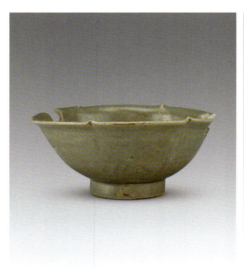

2. TN04E02⑤：3

3. TN07E02⑥：11

彩版5-58　Bb型青釉碗

1. TN07E02⑥：12

2. TN10E01④：4

3. TN10E01④：14

彩版5-59 Bb型青釉碗

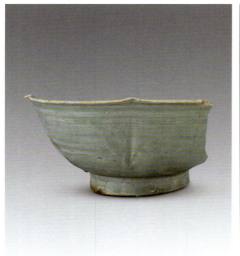

1. TN11E01④：11

2. TN11E01④：18

3. TN11E01④：19

彩版5-60　Bb型青釉碗

1. TN11E01①：2（Bb型）

2. H1：1（Bb型）

3. TN02E02⑦：42（Ca型）

彩版5-61 Bb型、Ca型青釉碗

1. TN08E01③：3

2. TN09E01③：16

彩版5-62　Cb型青釉碗

1. TN09E01①：1（Cb型）　　　　　　　　　　　　　　2. TN02E02⑬：17（D型）

3. TN02E02⑫：11（未分型）

彩版5-63　Cb型、D型及未分型青釉碗

1. TN02E02⑩：4

2. TN02E02⑩：5

3. TN02E02⑦：27

彩版5-64　未分型青釉碗

1. TN02E02⑤：30

2. TN02E02④：9

3. TN02E02④：11

彩版5-65　未分型青釉碗

1. TN02E01②a：4

2. TN02E01②a：5

3. TN03E01①a：1

彩版5-66　未分型青釉碗

1. TN05E01①b：1

2. TN06E01①b：1

3. TN06E01①b：2

彩版5-67 未分型青釉碗

1. TN07E02⑥：13

2. TN07E02④：11

3. TN08E01③：7

彩版5-68　未分型青釉碗

1. TN09E01③：10

2. TN09E01③：11

3. TN10E01②：3

彩版5-69　未分型青釉碗

1. TN11E01⑤：2

2. TN11E01④：24

3. TN11E01④：25

彩版5-70　未分型青釉碗

1. TN02E02⑨：37　　　　　　　　　2. TN02E02③：5

3. TS01E01③：2

彩版5-71　A型青釉夹层碗

1. TN02E02⑦:7

2. TN02E02⑦:8

彩版5-72　B型青釉夹层碗

1. TN02E02⑤：5

2. TN03E01①a：2

3. TS02W01①：12

彩版5-73　B型青釉夹层碗

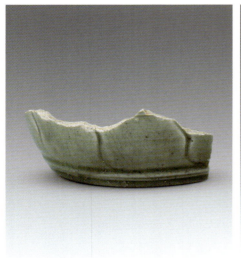  

1. TN02E02⑧：40

2. TN02E02⑦：11

3. TN02E02④：12

彩版5-74　未分型青釉夹层碗

1. TN02E02⑦：9　　　　　　　　　　2. TS02E01①：4

彩版5-75　未分型青釉夹层碗

1. TN02E02⑪：1

2. TN02E02①：31

3. TN07E02⑤：7

彩版5-76　A型青釉钵

1. TN11E01②：27

2. TN11E01①：7

3. H2：1

彩版5-77　A型青釉钵

1. Y1②：3（A型）

2. TN02E02⑩：2（B型）

3. TN11E01④：3（B型）

彩版5-78　A型、B型青釉钵

1. TN02E02⑦：18

2. TN04E01①a：3

3. TN07E02⑥：14

彩版5-79　C型青釉钵

1. TN09E01③：18

2. TN10E01③：3

3. TN11E01②：11

彩版5-80　C型青釉钵

1. TN02E02⑧：31

2. TN02E02⑧：32

3. TN02E02⑧：33

彩版5-81　未分型青釉钵

1. TN02E02⑦：19

2. TN07E02⑥：3

3. TN07E02③：6

彩版5-82　未分型青釉钵

1. TN07E02①：1

2. TN10E01④：7

3. TN10E01②：1

彩版5-83　未分型青釉钵

1. TN11E01④：34

2. TN11E01④：35

3. TN11E01④：36

彩版5-84　未分型青釉钵

1. TN11E01④：37

2. TN11E01④：38

3. TN11E01③：1

彩版5-85　未分型青釉钵

1. TN11E01②：9

2. TN11E01②：10

3. TN11E01②：28

彩版5-86　未分型青釉钵

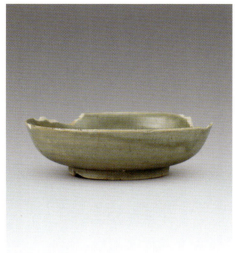

1. TN02E02⑬：8

2. TN02E02⑬：9

3. TN02E02⑬：13

彩版5-87　Aa型青釉盘

1. TN02E02⑫：7

2. TN02E02⑫：8

3. TN02E02⑪：5

彩版5-88　Aa型青釉盘

1. TN02E02⑪：6

2. TN02E02⑩：22

3. TN02E02⑩：23

彩版5-89　Aa型青釉盘

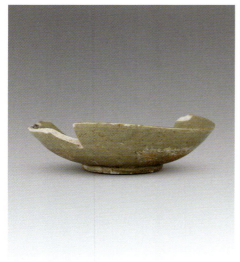

1. TN02E02⑨：9

2. TN02E02⑨：10

3. TN02E02⑨：12

彩版5-90　Aa型青釉盘

1. TN02E02⑧：16

2. TN02E02⑧：19

3. TN02E02⑧：21

彩版5-91　Aa型青釉盘

1. TN02E02⑦：35

2. TN02E02⑦：36

3. TN02E02⑦：54

彩版5-92　Aa型青釉盘

1. TN02E02⑦：55

2. TN02E02⑦：56

3. TN02E02⑥：24

彩版5-93　Aa型青釉盘

1. TN02E02⑥：25

2. TN02E02⑥：33

3. TN02E02⑤：23

彩版5-94　Aa型青釉盘

1. TN02E02④：5

2. TN02E02②：7

3. TN05E01①a：1

彩版5-95　Aa型青釉盘

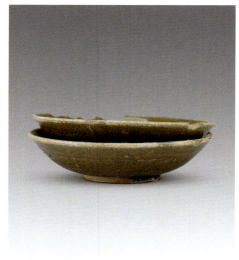

1. TN06E01①a：1

2. TN07E02②：8

3. TN09E01③：15

彩版5-96　Aa型青釉盘

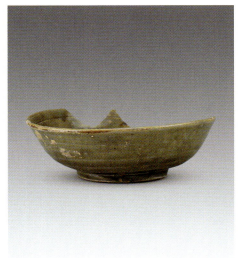

1. TN11E01④：32

2. TN11E01②：1

3. TN11E01①：5

彩版5-97 Aa型青釉盘

1. TN02E02⑫：9

2. TN02E02⑫：10

3. TN02E02⑩：19

彩版5-98　Ab型青釉盘

1. TN02E02⑩：20

2. TN02E02⑩：21

3. TN02E02⑨：14

彩版5-99　Ab型青釉盘

1. TN02E02⑧：17

2. TN02E02⑧：23

3. TN02E02⑦：61

彩版5-100　Ab型青釉盘

1. TN02E02⑦：62

2. TN02E02⑦：69

3. TN02E02⑦：70

彩版5-101　Ab型青釉盘

1. TN02E02⑥：27

2. TN02E02⑤：22

3. TN02E02④：10

彩版5-102　Ab型青釉盘

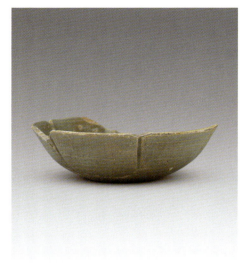

1. TN02E02②：9（Ab型）

2. TN10E01④：5（Ab型）

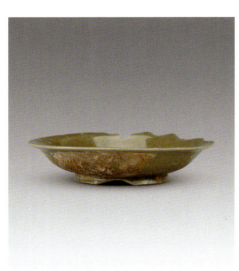

3. TN02E02⑬：10（Ba型）

彩版5-103　Ab型、Ba型青釉盘

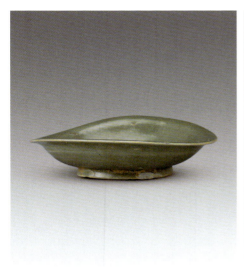

1. TN02E02⑬：11

2. TN02E02⑬：12

3. TN02E02⑩：13

彩版5-104　Ba型青釉盘

1. TN02E02⑩：15

2. TN02E02⑩：16

3. TN02E02⑧：14

彩版5-105　Ba型青釉盘

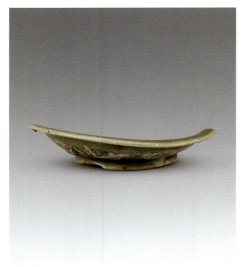

1. TN02E02⑧：15

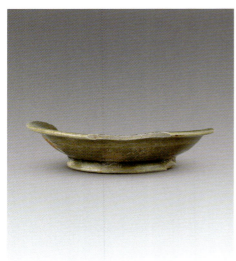

2. TN02E02⑧：18

3. TN02E02⑧：20

彩版5-106　Ba型青釉盘

1. TN02E02⑧：58

2. TN02E02⑦：60

3. TN02E02⑤：20

彩版5-107　Ba型青釉盘

1. TN02E02④：7

2. TN02E02③：3

3. TN02E02①：16

彩版5-108　Ba型青釉盘

1. TN05E01③a：1（Ba型）　　　　　　　　　　　　2. TN02E02⑩：17（Bb型）

彩版5-109　Ba型、Bb型青釉盘

1. TN02E02⑩：18

2. TN02E02⑨：11

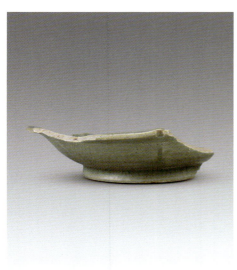

3. TN02E02⑨：13

彩版5-110　Bb型青釉盘

1. TN02E02⑧：13

2. TN02E02⑧：22

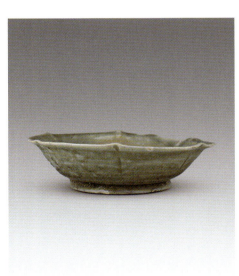

3. TN02E02⑦：57

彩版5-111 Bb型青釉盘

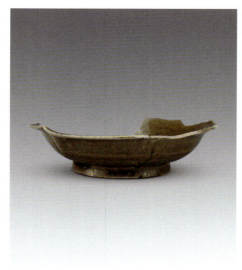

1. TN02E02⑦：58

2. TN02E02⑦：59

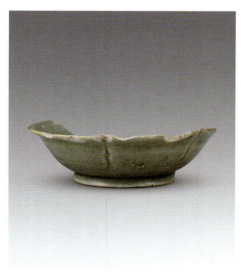

3. TN02E02⑥：26

彩版5-112　Bb型青釉盘

1. TN02E02⑤：21

2. TN11E01④：33

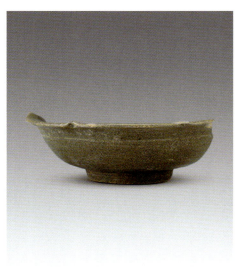

3. TS02W01①：7

彩版5-113　Bb型青釉盘

1. TN01E01①c：3

2. TN02E02⑪：7

3. TN02E02⑩：14

彩版5-114　未分型青釉盘

1. TN02E02⑧：37

2. TN02E02⑧：38

3. TN02E02⑥：28

彩版5-115　未分型青釉盘

1. TN02E02⑤：31

2. TN02E02④：8

3. TN02E02②：10

彩版5-116　未分型青釉盘

1. TN02E02②：17

2. TN02E02②：18

3. TN05E01①a：5

彩版5-117　未分型青釉盘

1. TN08E01①：1

2. TN11E01③：2

3. TS01E01③：5

彩版5-118　未分型青釉盘

1. TN02E02⑩：27

2. TN02E02⑨：15

3. TN02E02⑨：16

彩版5-119　Aa型青釉盏

1. TN02E02⑨：17

2. TN02E02⑦：63

3. TN02E02⑤：16

彩版5-120　Aa型青釉盏

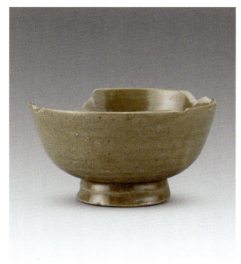

1. TN09E01③：13

2. TN10E01④：3

3. TN11E01④：28

彩版5-121　Aa型青釉盏

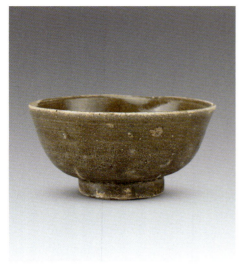

1. TS02W01①：2（Aa型）

2. TN02E02⑪：8（Ab型）

3. TN02E02⑩：26（Ab型）

彩版5-122　Aa型、Ab型青釉盏

1. TN02E02⑨：19

2. TN02E02⑧：25

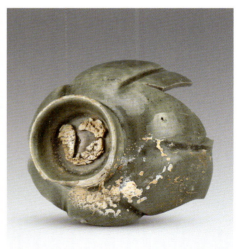

3. TN02E02⑧：26

彩版5-123　Ab型青釉盏

1. TN02E02⑧：28

2. TN02E02⑦：64

3. TN02E02⑦：65

彩版5-124　Ab型青釉盏

1. TN02E02⑤：1

2. TN02E02⑤：17

3. TN02E02④：4

彩版5-125　Ab型青釉盏

1. TN02E02②：14

2. TN02E02②：15

3. TN02E02①：22

彩版5-126　Ab型青釉盏

1. TN05E01①a：2

2. TN05E01①a：4

3. TN09E01③：14

彩版5-127　Ab型青釉盏

1. TN10E01④：1

2. TN11E01④：29

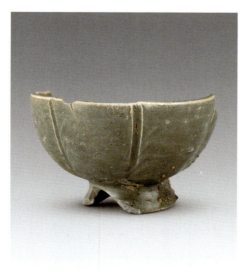

3. TN11E01②：8

彩版5-128　Ab型青釉盏

1. TN07E02①：3（B型）

2. TN02E02⑨：18（未分型）

3. TN02E02⑧：27（未分型）

彩版5-129　B型及未分型青釉盏

1. TN02E02⑧：29

2. TN02E02⑦：66

3. TN02E02⑥：31

彩版5-130　未分型青釉盏

1. TN02E02⑥：32

2. TN02E02①：23

3. TN02E02①：24

彩版5-131　未分型青釉盏

1. TN02E02①：25

2. TN02E02①：26

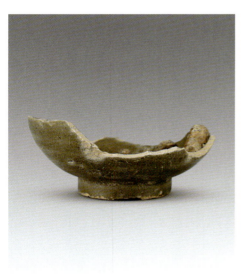  

3. TN07E02④：12

彩版5-132　未分型青釉盏

1. TN09E01③：24

2. TN10E01④：2

3. TN11E01④：30

彩版5-133　未分型青釉盏

1. TN11E01②：23

2. TN11E01②：24

3. TN11E01②：25

彩版5-134　未分型青釉盏

1. TN02E02⑩：1

2. TN02E02⑧：30

彩版5-135　A型青釉执壶

1. TN02E02⑥：18

2. TN02E02①：18

彩版5-136　A型青釉执壶

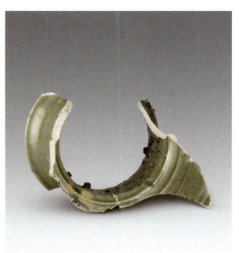

1. TN07E02⑥：6

2. TN07E02⑤：1

彩版5-137　A型青釉执壶

TN07E02④：3

彩版5-138　A型青釉执壶

1. TN07E02②：1

2. TN11E01②：30

3. TN11E01①：8

彩版5-139　A型青釉执壶

1. TN11E01④：1（B型）

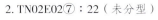

2. TN02E02⑦：22（未分型）　　　　3. TN02E02⑤：12（未分型）　　　　4. TN02E02⑤：13（未分型）

彩版5-140　B型及未分型青釉执壶

1. TN02E02⑤：14　　　　　2. TN02E02⑤：15　　　　　3. TN03E01②a：1

4. TN02E02③：4

彩版5-141　未分型青釉执壶

1. TN03E01①a：4

2. TN04E01①a：2

3. TN07E02⑥：7

彩版5-142　未分型青釉执壶

1. TN07E02⑤：4

2. TN07E02⑤：5

彩版5-143 未分型青釉执壶

1. TN07E02④：2

2. TN08E01③：2

彩版5-144　未分型青釉执壶

1. TN09E01③：17

2. TN10E01①：4

3. TN11E01④：6

彩版5-145　未分型青釉执壶

1. TN11E01②：32

2. TS01E01③：1

彩版5-146　未分型青釉执壶

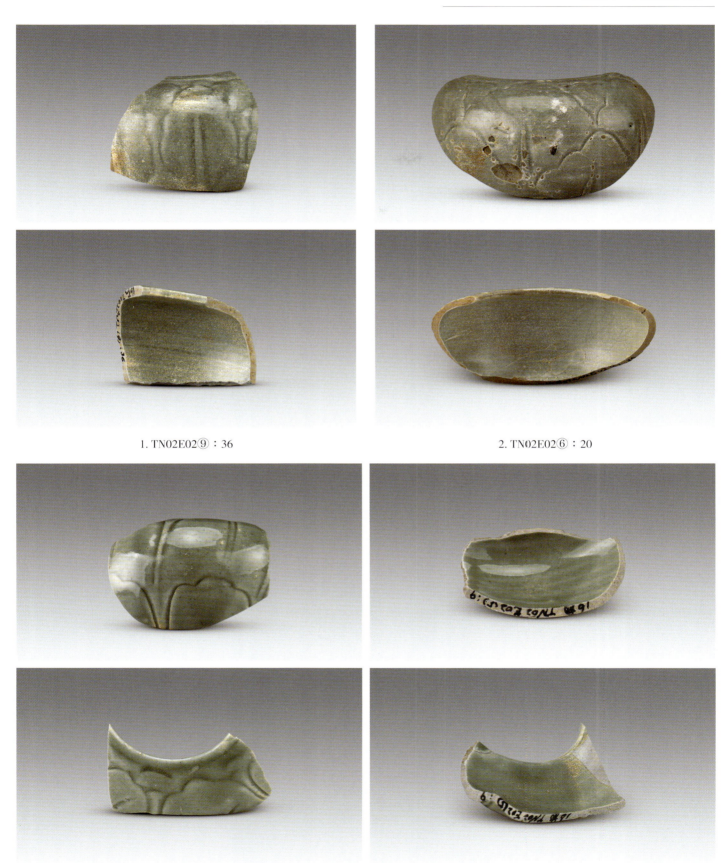

1. TN02E02⑨：36　　　　　　　　2. TN02E02⑥：20

3. TN02E02⑤：9

彩版5-147　A型青釉水盂

1. TN02E02②：12

2. TN02E02②：13

3. TS01E01③：4

彩版5-148　A型青釉水盂

1. TN02E02⑨：34

2. TN02E02⑦：67

彩版5-149　未分型青釉水盂

1. TN02E02⑨：35

2. TN02E02②：11

彩版5-150　未分型青釉水盂

1. TN03E01②a：2

2. TN03E01①b：6

3. TN11E01②：29

彩版5-151　未分型青釉水盂

1. TN01E01①c：4

2. TN02E02⑫：13　　　　　3. TN02E02⑩：29　　　　　4. TN02E02⑩：30

彩版5-152　Aa型青釉炉

1. TN02E02⑨：20

2. TN02E02⑦：2

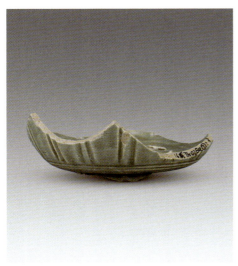

3. TN02E02⑦：3

彩版5-153　Aa型青釉炉

1. TN02E02⑨：25

2. TN02E02⑦：6

3. TN02E02⑦：13

4. TN02E02⑤：10

彩版5-154　Aa型青釉炉

1. TN02E02⑤：6

2. TN02E02②：23

3. TN02E02①：13

彩版5-155　Aa型青釉炉

1. TN02E02③：7

2. TN02E02①：28

3. TN10E01②：4

4. TN11E01④：9

彩版5-156　Aa型青釉炉

1. TN08E01③：5（Aa型）

2. TN02E02⑦：5（Ab型）

3. TN02E02⑦：12（Ab型）

彩版5-157　Aa型、Ab型青釉炉

1. TN02E02⑫：12

2. TN02E02⑩：28

3. TN02E02⑨：21

彩版5-158　A型未分亚型青釉炉

1. TN02E02⑨：22

2. TN02E02⑨：23

3. TN02E02⑧：39

彩版5-159 A型未分亚型青釉炉

1. TN02E02⑨：24

2. TN02E02⑦：4

3. TN02E02⑦：71

彩版5-160　A型未分亚型青釉炉

1. TN02E02⑦：10

2. TN02E02③：1

3. TN02E02③：2

彩版5-161　A型未分亚型青釉炉

1. TN02E02③：6

2. TN02E02②：19

3. TN02E02①：27

彩版5-162　A型未分亚型青釉炉

1. TN03E01①a：5

2. TN03E01①b：3

3. TN04E01①a：1

彩版5-163　A型未分亚型青釉炉

1. TN06E01①a：4

2. TN07E02①：4

3. TN09E01③：8

彩版5-164　A型未分亚型青釉炉

1. TN09E01②b：1

2. TN09E01①：3

3. TN09E01①：4

彩版5-165　A型未分亚型青釉炉

1. TN10E01③：2

2. TN11E01②：15

3. TN11E01②：21

彩版5-166　A型未分亚型青釉炉

1. TN11E01②：22

2. TN11E01①：10

彩版5-167　A型未分亚型青釉炉

1. TN02E02⑦：68

2. TN02E02⑤：3

3. TN07E02⑥：8

彩版5-168　B型青釉炉

1. TN09E01③：19

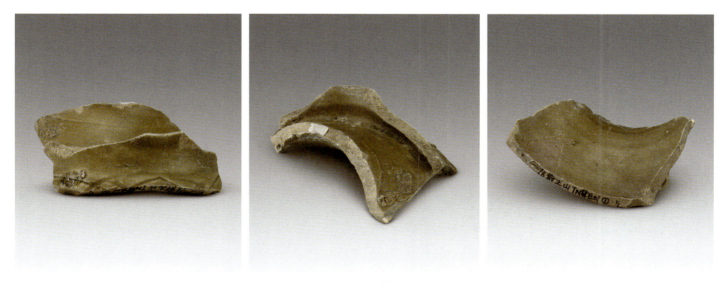

2. TN09E01①：5

彩版5-169 B型青釉炉

1. TN10E01①：1

2. TS02W01①：11

彩版5-170　B型青釉炉

1. TN02E02⑬：16

2. TN02E02⑨：27

3. TN02E02①：21

彩版5-171　Aa型青釉盒

1. TN03E01①b：2

2. TN10E01④：15

3. TN11E01④：12

彩版5-172　Aa型青釉盒

1. TS02W01①：1（Aa型）

2. TS02W01①：8（Aa型）

3. TN02E02⑬：14（Ab型）

彩版5-173　Aa型、Ab型青釉盒

1. TN02E02⑨：26

2. TN07E02②：12

3. TN11E01②：26

彩版5-174　Ab型青釉盒

1. TN02E02⑬：15

2. TN02E02⑧：35

3. TN08E01③：1

彩版5-175　B型青釉盒

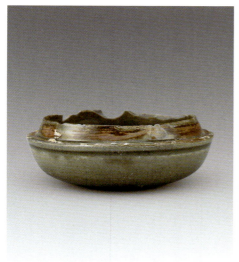

1. TN07E02⑥：1

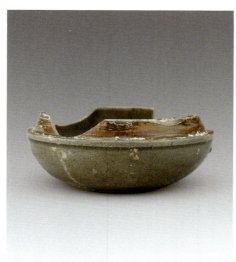

2. TN07E02⑤：6

3. TS02W01①：5

彩版5-176　B型青釉盒

1. TN02E02⑨：28

2. TN02E02⑧：34

3. TN02E02⑤：7

彩版5-177　A型青釉器盖

1. TN02E02⑦∶17

2. TN02E01②a∶3

彩版5-178　A型青釉器盖

1. TN03E01②b：1

2. TN10E01②：5

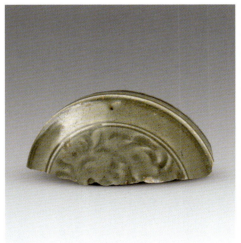

3. H1：2

彩版5-179　A型青釉器盖

1. TN11E01④：8（B型）

2. TN02E02⑨：31（C型）

3. TN02E02⑨：33（C型）

彩版5-180　B型、C型青釉器盖

1. TN02E02⑦：14

2. TN02E02⑤：8

3. TN02E02②：16

彩版5-181　C型青釉器盖

1. TN02E02①：20

2. TN04E02①：1

3. TN04E02①：2

彩版5-182　C型青釉器盖

1. TN07E01③：2

2. TN08E01③：8

3. TN11E01④：7

彩版5-183　C型青釉器盖

1. TS02W01①：9（C型）

2. Y1②：1（C型）

3. TN02E02⑧：36（D型）

彩版5-184　C型、D型青釉器盖

1. TN02E02⑦：16

2. TN02E02①：19

3. TN04E02⑤：2

彩版5-185　D型青釉器盖

1. TN02E02⑨：29

2. TN02E01②a：1

3. TN03E01①b：5

彩版5-186　Ea型青釉器盖

1. TN02E02⑨：32

2. TN02E02⑦：15

3. TN02E01②b：4

彩版5-187　Eb型青釉器盖

1. TN04E02⑤：1（Eb型）

2. TS02E01①：2（Eb型）

3. TN05E01①a：7（F型）

彩版5-188　Eb型、F型青釉器盖

1. TN02E02⑨：30　　　　　　　　　　2. TN02E02⑤：4

彩版5-189　青釉盏托

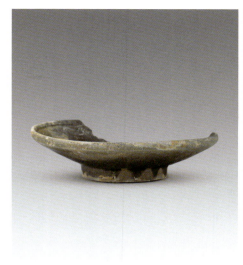

1. TN10E01③：1

2. TN11E01②：7

3. TS02W01①：3

彩版5-190　青釉盏托

1. TN02E02⑦：1（A型）

2. TN02E02⑩：3（B型）

彩版5-191　A型、B型青釉瓶

1. TN02E02②：24

2. TN07E02⑤：2

3. TS02W01①：10

彩版5-192　C型青釉瓶

1. TN02E02①：30（D型）

2. TN01E01①a：1（未分型）

3. TN01E01①c：2（未分型）

彩版5-193　D型及未分型青釉瓶

1. TN02E02⑦：20

2. TN02E02⑦：21

3. TN02E02⑥：21

彩版5-194　未分型青釉瓶

1. TN02E02④：13

2. TN07E02⑥：5

3. TN03E01②b：2

彩版5-195　未分型青釉瓶

1. TN09E01③：2   2. TN11E01①：9

彩版5-196 未分型青釉瓶

1. TN02E02⑧：41（盆）　　　　2. TN02E02①：15（盆）

3. TN02E02⑨：63（枕）　　　　4. TN11E01④：2（枕）

彩版5-197　青釉盆、枕

1. TN02E02⑧：42   2. TN02E02⑥：19

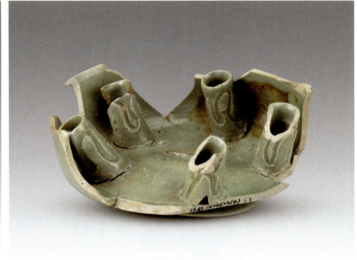

3. TN04E02④：1

彩版5-198　青釉多管灯

1. TN04E01①a：5

2. TS01E01③：3

彩版5-199 青釉多管灯

1. TN03E01①b：4

2. Y1②：4

3. Y1①：1

彩版5-200　青釉灯盏

1. TN02E02⑤：11　　　2. TN02E02①：29　　　3. TN03E01①b：1

4. TN08E01③：6

彩版5-201　青釉罐

1. TN03E01①b：7

2. TN11E01②：2

3. TS02E01①：3

彩版5-202　青釉罐

1. TS02W01①：4（罐）　　　　　　　　　　2. TN02E01②a：2（韩瓶）

彩版5-203　青釉罐、韩瓶

1. TN11E01②：6（多角罐）

2. TN07E02⑤：3（权）

3. TN10E01①：2（器纽）

彩版5-204　青釉多角罐、权、器纽

TN02E02⑨：1

彩版5-205　青釉碾臼

1. TN02E02⑧：1

2. TS02E01①：1

彩版5-206　青釉碾轮

1. TN11E01④：5（擂钵）　　　　　　2. TN11E01①：11（漏斗）

彩版5-207　青釉擂钵、漏斗

1. TN11E01②：37（碗）

2. Y1②：2（碗）

3. TN03E01①b：8（盘）

彩版5-208　青白釉碗、盘

1. TN02E02⑬：18　　　　　2. TN02E02⑫：16　　　　　3. TN02E02⑫：17

4. TN02E02⑫：18　　　　　5. TN02E02⑫：23　　　　　6. TN02E02⑪：9

7. TN02E02⑦：89　　　　　8. TN02E02⑥：3　　　　　9. TN07E02④：1

彩版5-209　　A型匣钵

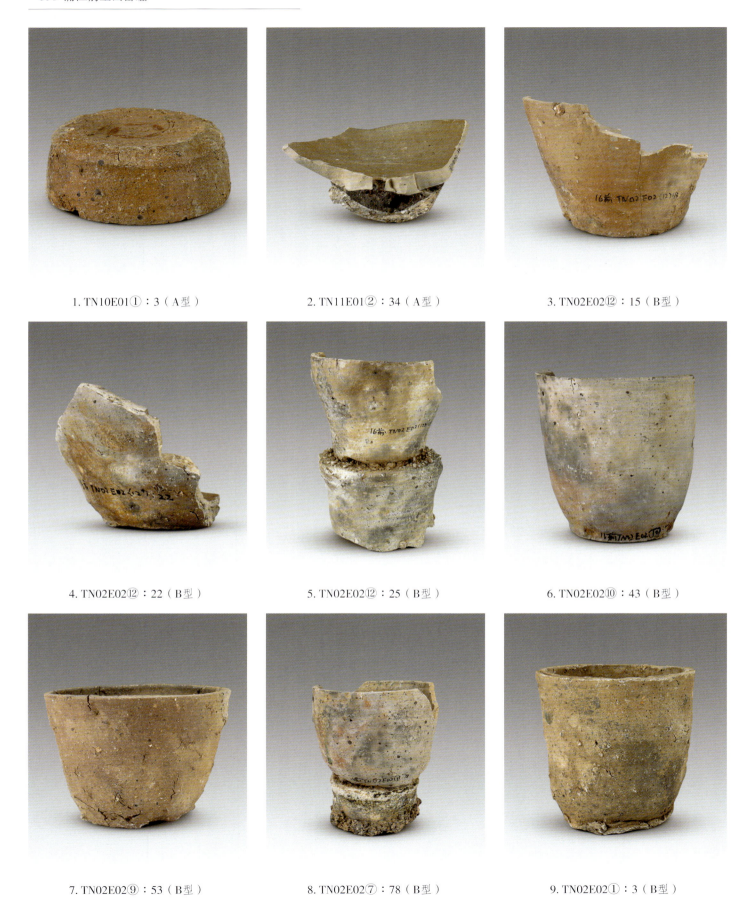

1. TN10E01①：3（A型）　　　2. TN11E01②：34（A型）　　　3. TN02E02⑫：15（B型）

4. TN02E02⑫：22（B型）　　　5. TN02E02⑫：25（B型）　　　6. TN02E02⑩：43（B型）

7. TN02E02⑨：53（B型）　　　8. TN02E02⑦：78（B型）　　　9. TN02E02①：3（B型）

彩版5-210　A型、B型匣钵

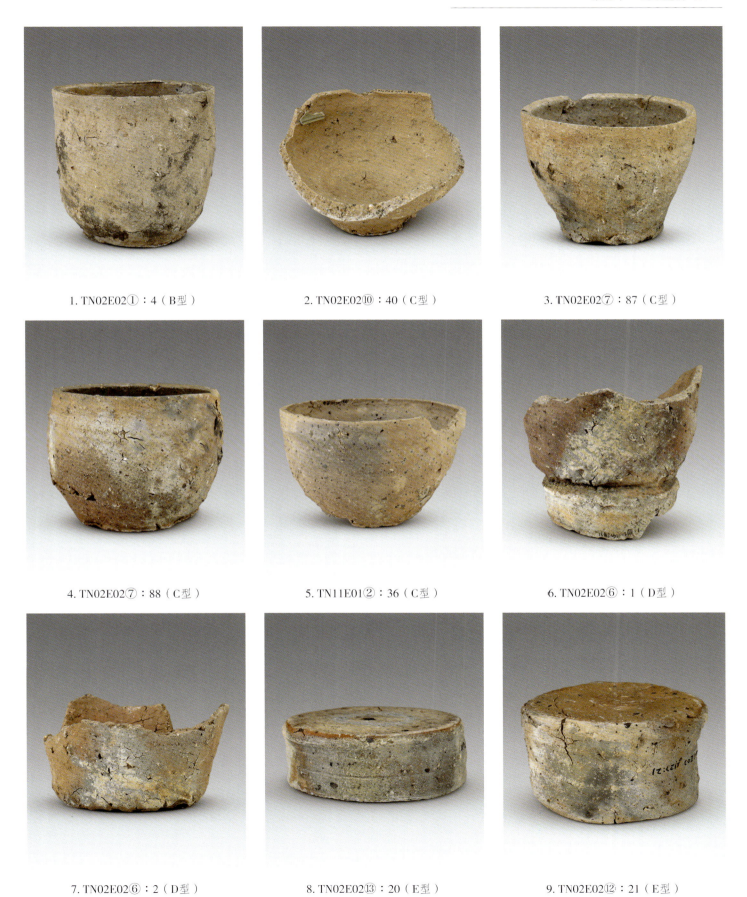

1. TN02E02①：4（B型）　　　2. TN02E02⑩：40（C型）　　　3. TN02E02⑦：87（C型）

4. TN02E02⑦：88（C型）　　　5. TN11E01②：36（C型）　　　6. TN02E02⑥：1（D型）

7. TN02E02⑥：2（D型）　　　8. TN02E02⑬：20（E型）　　　9. TN02E02⑫：21（E型）

彩版5-211　B型、C型、D型、E型匣钵

1. TN02E02⑦：90（E型）　　2. TN02E02⑦：91（E型）　　3. TN05E01①a：3（E型）

4. TN09E01③：20（E型）　　　　　　5. TN10E01③：5（E型）

6. TN02E02①：5（F型）

彩版5-212　E型、F型匣钵

1. TN02E02⑬：24　　　　2. TN02E02⑬：25　　　　3. TN02E02⑬：26

4. TN02E02⑬：27　　　　5. TN02E02⑬：28　　　　6. TN02E02⑫：30

7. TN02E02⑩：48　　　　8. TN02E02⑨：59　　　　9. TN02E02⑧：53

彩版5-213　A型垫圈

1. TN02E02⑦：75（A型）　　　2. TN02E02⑥：7（A型）　　　3. TN02E02⑥：8（A型）

4. TN10E01④：10（A型）　　　5. TN11E01②：33（A型）　　　6. TN02E02⑬：29（B型）

7. TN02E02⑬：30（B型）　　　8. TN02E02⑬：31（B型）　　　9. TN02E02⑬：32（B型）

彩版5-214　A型、B型垫圈

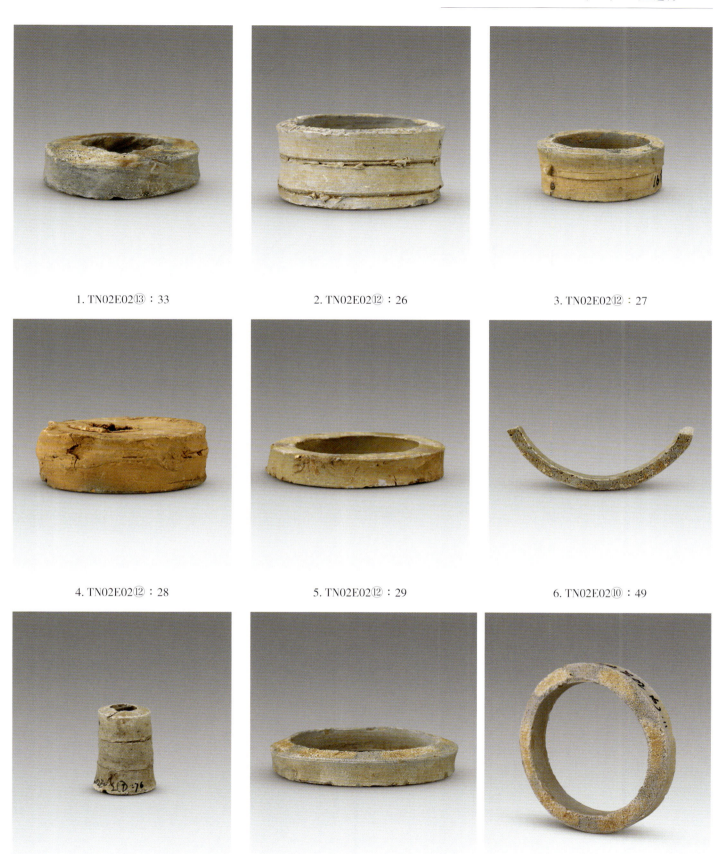

1. TN02E02⑬：33

2. TN02E02⑫：26

3. TN02E02⑫：27

4. TN02E02⑫：28

5. TN02E02⑫：29

6. TN02E02⑩：49

7. TN02E02⑦：76

8. TN02E02⑥：11

彩版5-215　B型垫圈

1. TN02E02⑬：34

2. TN02E02⑫：31

3. TN02E02⑪：10

4. TN02E02⑩：45

5. TN02E02⑩：46

6. TN02E02⑨：56

7. TN02E02⑨：57

8. TN02E02①：9

9. TN02E02①：10

彩版5-216　A型间隔具

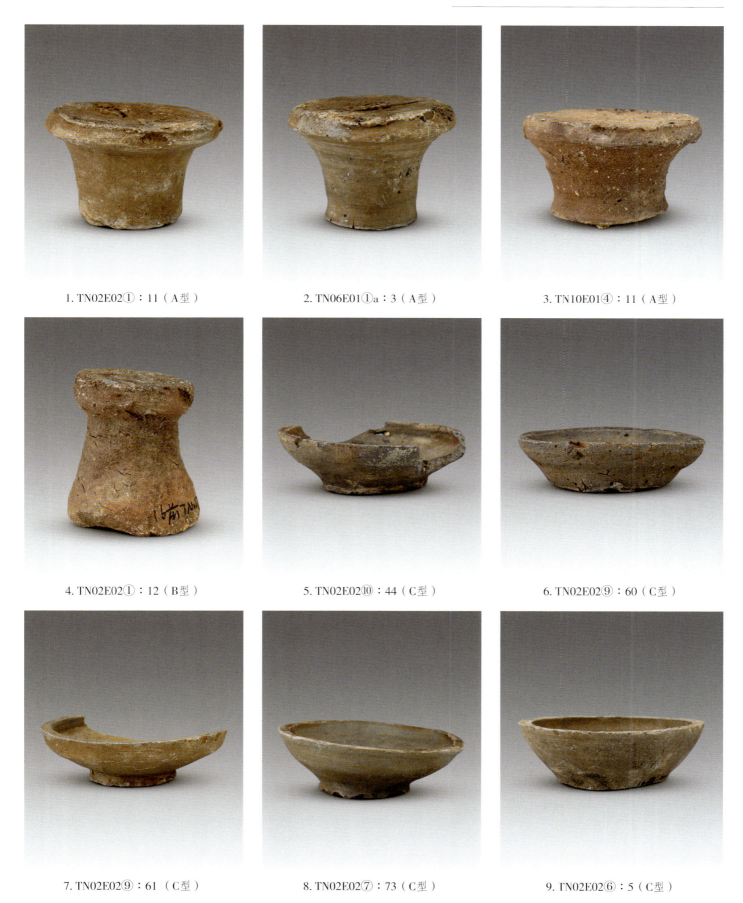

1. TN02E02①：11（A型）　　2. TN06E01①a：3（A型）　　3. TN10E01④：11（A型）

4. TN02E02①：12（B型）　　5. TN02E02⑩：44（C型）　　6. TN02E02⑨：60（C型）

7. TN02E02⑨：61（C型）　　8. TN02E02⑦：73（C型）　　9. TN02E02⑥：5（C型）

彩版5-217　A型、B型、C型间隔具

1. TN02E02⑥：6（C型）　　　　　　　　　　　4. TN02E02⑦：72（D型）

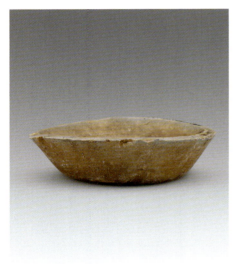

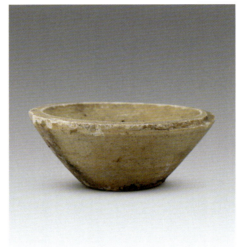

2. TN02E02②：21（C型）　　　　　　　　　　5. TN10E01④：16（D型）

3. TN10E01③：4（C型）　　　　　　　　　　6. TN02E02⑦：74（E型）

彩版5-218　C型、D型、E型间隔具

1. TN02E02⑬：23（F型）

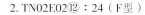

2. TN02E02⑫：24（F型）

3. TN02E02⑨：55（F型）

4. TN02E02②：20（F型）

5. TN02E02①：7（F型）

6. TS01E01③：6（G型）

彩版5-219　F型、G型间隔具

1. TN02E02⑬:35　　　　2. TN02E02⑬:37　　　　3. TN02E02⑨:62

4. TN02E02⑧:54　　　　5. TN02E02⑥:9　　　　6. TN02E02⑥:10

7. TN07E02②:16　　　　8. TN11E01④:39　　　　9. TN11E01④:40

彩版5-220　A型垫饼

1. TN11E01②：35（A型）　　2. TN07E02②：14（B型）　　3. TN07E02②：15（B型）

4. TN05E01①a：6（C型）　　5. TN07E02①：5（C型）　　6. TN07E02①：6（C型）

7. TN09E01③：23（C型）　　8. TN11E01①：12（C型）　　9. TN10E01④：12（D型）

彩版5-221　A型、B型、C型、D型垫饼

1. TN10E01③：6（A型）　　2. TN02E02⑩：42（B型）　　3. TN02E02⑨：58（B型）

4. TN02E02⑨：52（C型）　　5. TN07E02④：4（C型）　　6. TN07E02③：1（C型）

7. TN07E02③：2（C型）　　8. TN02E02⑧：51（D型）　　9. TN02E02⑬：19（E型）

彩版5-222　A型、B型、C型、D型、E型垫柱

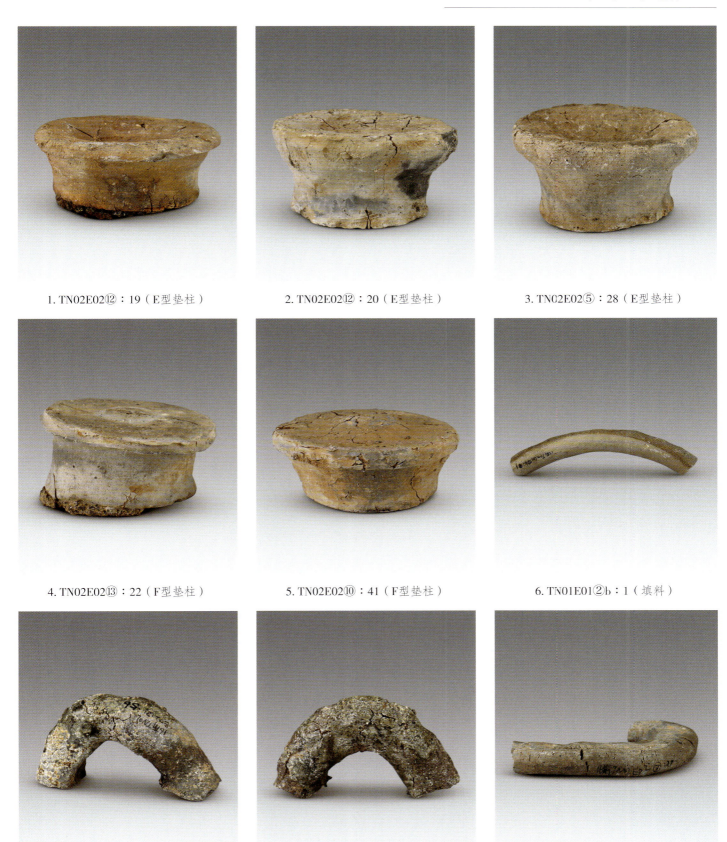

1. TN02E02⑫：19（E型垫柱）　　2. TN02E02⑫：20（E型垫柱）　　3. TN02E02⑤：28（E型垫柱）

4. TN02E02⑬：22（F型垫柱）　　5. TN02E02⑩：41（F型垫柱）　　6. TN01E01②b：1（填料）

7. TN02E02⑧：56（填料）　　8. TN02E02⑧：57（填料）　　9. TN02E02⑦：77（填料）

彩版5-223　E型、F型垫柱，填料

1. TN01E01①a：2（不明窑具）

2. TN10E01④：6（火照）

3. TN02E02⑧：55（陶拍）　　　　　　4. TN01E01①c：1（陶缸）

彩版5-224　不明窑具、火照、陶拍、陶缸

1. TN02E02⑩：31　　　　　　2. TN02E02⑨：38　　　　　　3. TN02E02⑨：39

4. TN02E02⑧：48　　　　　　5. TN02E02⑧：49　　　　　　6. TN02E02⑦：79

7. TN02E02⑦：85　　　　　　8. TN02E02②：22　　　　　　9. TN10E01④：9

彩版5-225　单烧标本·敞口碗

1. TN02E02⑩：37（侈口碗）　　2. TN02E02⑩：39（敞口盘）　　3. TN02E02⑨：49（敞口盘）

4. TN02E02⑧：44（敞口盘）　　5. TN02E02⑦：81（敞口盘）　　6. TN02E02⑩：32（侈口盘）

7. TN02E02⑨：47（侈口盘）　　8. TN02E02⑧：47（侈口盘）　　9. TN02E02⑨：48（敞口盏）

彩版5-226　单烧标本·侈口碗、敞口盘、侈口盘、敞口盏

1. TN08E01③：4（敞口盏）　　　2. TN09E01③：1（敞口盏）　　　3. TN02E02⑦：84（瓶）

4. TN02E02①：8（灯盏）

5. TN10E01④：8（钵）

彩版5-227　单烧标本·敞口盏、瓶、灯盏、钵

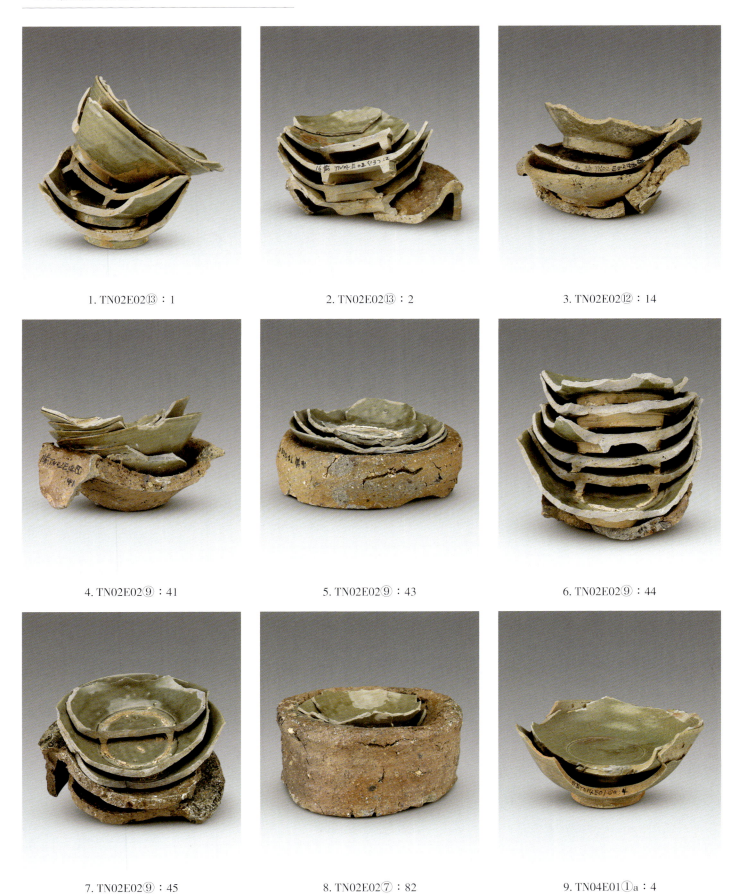

1. TN02E02⑬：1　　　　　2. TN02E02⑬：2　　　　　3. TN02E02⑫：14

4. TN02E02⑨：41　　　　5. TN02E02⑨：43　　　　6. TN02E02⑨：44

7. TN02E02⑨：45　　　　8. TN02E02⑦：82　　　　9. TN04E01①a：4

彩版5-228　叠烧标本·敞口碗

1. TN02E02⑩：34（侈口碗）

4. TN02E02⑨：46（敞口盘）

7. TN02E02⑩：38（炉）

2. TN07E02③：3（侈口碗）

5. TN02E02⑥：4（敞口盘）

3. TN02E02⑨：42（未分型碗）

6. TN02E02①：1（敞口盘）

8. TN07E02⑥：4（炉）

彩版5-229　叠烧标本·侈口碗、未分型碗、敞口盘、炉

1. TN02E02⑩：35   2. TN02E02⑨：40   3. TN02E02⑤：27

4. TN02E02⑤：29

彩版5-230　混合装烧标本·碗与碗

1. TN11E01④：31（碗与碗）

3. TN02E02⑩：36（碗与盘）

4. TN02E02⑧：43（碗与盘）

2. TN02E02⑩：33（碗与盘）

5. TN02E02⑧：45（碗与盘）

彩版5-231 混合装烧标本·碗与碗、碗与盘

1. TN02E02⑧：46（碗与盘）   3. TN02E02⑦：83（碗与盘）

2. TN02E02⑦：80（碗与盘）   4. TN02E02⑦：86（碗与盘）   5. TN06E01①a：2（碗与盘）

6. TN07E02⑥：2（盒与碗）   7. TN08E01③：9（盖与炉）   8. TN10E01②：2（碗与瓶）

彩版5-232   混合装烧标本·碗与盘、盒与碗、盖与炉、碗与瓶

第六章　年　代

通过对出土资料的系统整理，不同探方内各地层出土遗物无论是器类、器形，还是装饰技法、装烧工艺等均差别不大，特征一致，可归为一期。其中多数出土遗物与慈溪上林湖寺龙口窑址第四期产品特征相似，发掘者将寺龙口窑址第四期年代定为北宋中期[1]。地层中出土的水盂（TN02E02⑨：35）与福建建瓯北宋墓出土的酱褐釉盖罐纹样装饰相似，后者器盖内壁外缘处有"庆历三年"（1043年）墨书题记[2]。

此外，当地文物工作者在对前王山窑址进行调查时曾采集到一件青釉花口碗（图6-1），现藏于浦江博物馆，该件碗外腹有"康定元年"（1040年）款识[3]。

故而前王山窑址的年代应为北宋中期。

图6-1　前王山采集青釉花口碗（浦江博物馆藏）

---

[1]浙江省文物考古研究所、北京大学考古文博学院、慈溪市文物管理委员会：《寺龙口越窑址》，文物出版社，2002年。
[2]建瓯市博物馆：《福建建瓯市迪口北宋纪年墓》，《考古》1997年第4期。
[3]贡昌：《五代北宋婺州窑的探讨》，《景德镇陶瓷》总第26期，1984年。

第七章　结　语

　　由于地处古婺州地区，前王山窑址在发现之后被归为婺州窑窑址。而通过本次系统的考古发掘工作，发现其出土瓷器产品无论造型、装饰还是装烧工艺，都与同时期以上林湖为中心的越窑核心区产品相似，具有窑业技术的一致性，因而将其归为越窑系窑址。

　　在对前王山窑址进行考古发掘的同时，我们还对周边地区的窑址及窑业资源情况进行了主动性调查。调查结果显示，在前王山窑址周围一个较小的地理单元内存在一批时代较为集中的北宋中期越窑系窑址，如白泥岭窑址、徐家岭窑址、徐家窑址等，窑址分布区域有充足的原料、燃料、水源等自然条件和古道等社会经济条件。基于上述因素，北宋中期越窑制瓷技术得以传入。

　　北宋中期，以慈溪上林湖为中心的包括白洋湖、里杜湖、古银锭湖在内的越窑核心区制瓷业开始走向衰落，窑址数量减少，窑业生产规模缩小[1]。而在核心区以外，这一时期的越窑（系）窑址呈现出不断增加乃至激增的态势。以慈溪上林湖为中心，其外围如鄞州东钱湖[2]、上虞地区[3]、绍兴地区[4]、宁海地区[5]、临海地区、黄岩地区[6]都有这一时期的越窑系窑址存在。浙西地区传统意义上的婺州窑分布区也涌现出一大批越窑系窑址，如东阳葛府窑址、象塘窑址[7]、浦江前王山窑址群、兰溪嵩山窑址[8]、武义蜈蚣形山窑址[9]及建德大慈岩脚窑址[10]等。在浙南龙泉金村地区也存在这一类型的窑址[11]。对北宋中期越窑系窑址的综合分析，可为越窑瓷业技术传播诸问题的研究开辟新的思路[12]。

---

［1］慈溪市博物馆：《上林湖越窑》，科学出版社，2002 年。

［2］林士民：《青瓷与越窑》，上海古籍出版社，1999 年；罗鹏：《浙江宁波东钱湖上水岙窑址考古发掘概况》，《陶瓷考古通讯》2016 年第 1 期。

［3］章金焕：《瓷之源——上虞越窑》，浙江大学出版社，2007 年。

［4］绍兴市文物管理委员会：《绍兴上灶官山越窑调查》，《文物》1981 年第 10 期；沈作霖：《绍兴上灶官山越窑》，《东南文化》1989 年第 6 期。

［5］宁波市文物考古研究所、宁海县文管会办公室：《浙江宁海县岔路宋代窑址》，《考古》2003 年第 9 期。

［6］浙江省文物管理委员会：《浙江黄岩古代青瓷窑址调查记》，《考古》1958 年第 8 期；宋梁：《黄岩宋代青瓷窑址调查》，载浙江省博物馆编《东方博物（第四十二辑）》，浙江大学出版社，2012 年。

［7］赵一新、叶赏致、王卫明：《解读葛府窑》，载罗宏杰、郑欣淼主编《'09 古陶瓷科学技术 7 国际讨论会论文集》，上海科学技术文献出版社，2009 年；朱伯谦：《浙江东阳象塘窑址调查记》，《考古》1964 年第 4 期。

［8］周菊青、吴建新：《兰溪嵩山窑器物》，载浙江省博物馆编《东方博物（第五十三辑）》，中国书店，2014 年。

［9］浙江省文物考古研究所：《武义陈大塘坑婺州窑址》，文物出版社，2014 年。

［10］建德市第三次全国文物普查办公室：《建德古窑址》，西泠印社出版社，2012 年。

［11］谢西营：《龙泉窑早期淡青釉瓷器初步研究》，载北京艺术博物馆编《中国龙泉窑》，中国华侨出版社，2015 年。

［12］谢西营：《北宋中期越窑瓷业技术传播及相关问题研究——兼论核心区越窑瓷业衰落原因》，《东南文化》2018 年第 6 期。

附录一　浦江地区窑址调查

壹　徐家岭窑址

（一）窑址概况

徐家岭窑址位于前吴乡民生村徐家岭，为浦江县县级文物保护单位。窑址位于低山丘陵处，周边瓷土资源丰富。窑址局部因早年梯田建设被破坏，地面散落大量窑具及青瓷残片。（图 1.1~1.5）

（二）采集器物

1. 青釉瓷器

执壶

徐家岭采：1，失口部，下腹斜收，圈足。外腹以瓜棱纹分为若干个等大的区域。灰胎，胎质粗。青釉。全器满施釉。内腹有明显拉坯痕迹。足端有支烧痕迹。足径 7.6、残高 10.2 厘米。（图 1.6、1.7）

徐家岭采：2，圆唇，侈口，束颈，失下部。灰胎，胎质粗。青黄釉，剥釉现象严重。口径 11.2、残高 6.9 厘米。（图 1.6、1.7）

徐家岭采：3，颈部与肩部残片。肩部置柄。灰黄胎，胎质较粗。青黄釉，釉面粗糙，布满开片。残高 7 厘米。（图 1.6、1.7）

徐家岭采：28，失口部，下腹斜收，圈足。外腹以瓜棱纹分为若干个等大的区域。灰胎，胎质较粗。青釉。全器满施釉。内腹有明显拉坯痕迹。足端有支烧痕迹。足径 8.4、残高 5.6 厘米。

图 1.1　徐家岭窑址自然环境

图 1.2　徐家岭窑址窑业堆积

图 1.3　徐家岭窑址地面遗物

图 1.4　徐家岭窑址地面遗物

图 1.5　徐家岭窑址地面遗物

（图 1.6、1.8）

碗

徐家岭采：4，圆唇，敞口，斜曲腹，圈足。内底凹弦纹一圈。灰胎，胎质较粗。青釉微泛黄。施半釉，外施釉至下腹。外底及内底有叠烧痕迹。口径 15.4、足径 5.6、高 5.3 厘米。（图 1.6、1.8）

徐家岭采：5，圆唇，敞口，斜曲腹，圈足。内底凹弦纹一圈。灰胎，胎质较粗。青釉微泛黄。全器满施釉。足端及内底有叠烧痕迹。口径 14.2、足径 6.4、高 6.5 厘米。（图 1.6、1.8）

徐家岭采：6，圆唇，敞口，花口，斜曲腹，圈足。内底凹弦纹一圈。灰胎，胎质较粗。青釉微泛黄。施半釉，外底部露胎无釉。外底及内底有叠烧痕迹。口径 15.2、足径 6.2、高 6.6 厘米。（图 1.6、1.9）

徐家岭采：7，小碗。圆唇，侈口，斜曲腹，圈足。内底凹弦纹一圈。灰胎，胎质较粗。青釉微泛黄。施半釉，外施釉至下腹。外底及内底有叠烧痕迹。口径 11.4、足径 5、高 3.8 厘米。（图 1.6、1.9）

徐家岭采：8，圆唇，侈口，斜曲腹，圈足。内底凹弦纹一圈。灰胎，胎质较粗。青黄釉。全器满施釉。足端有叠烧痕迹。口径 12.8、足径 5.2、高 5.1 厘米。（图 1.6、1.9）

徐家岭采：9，圆唇，侈口，斜曲腹，圈足。内底凹弦纹一圈。灰胎，胎质较粗。青黄釉。施半釉，外施釉至下腹。外底及内底有叠烧痕迹。口径 14.6、足径 6、高 5.7 厘米。（图 1.6、1.10）

徐家岭采：10，圆唇，敞口，花口，斜曲腹，圈足。内底凹弦纹一圈。灰胎，胎质较粗。青黄釉。全器满施釉。外底及内底有叠烧痕迹。口径 14.8、足径 6.4、高 6.2 厘米。（图 1.6、1.10）

徐家岭采：11，斗笠碗。圆唇，敞口，斜腹，圈足。内口沿下凹弦纹一圈，内底凹弦纹一圈。

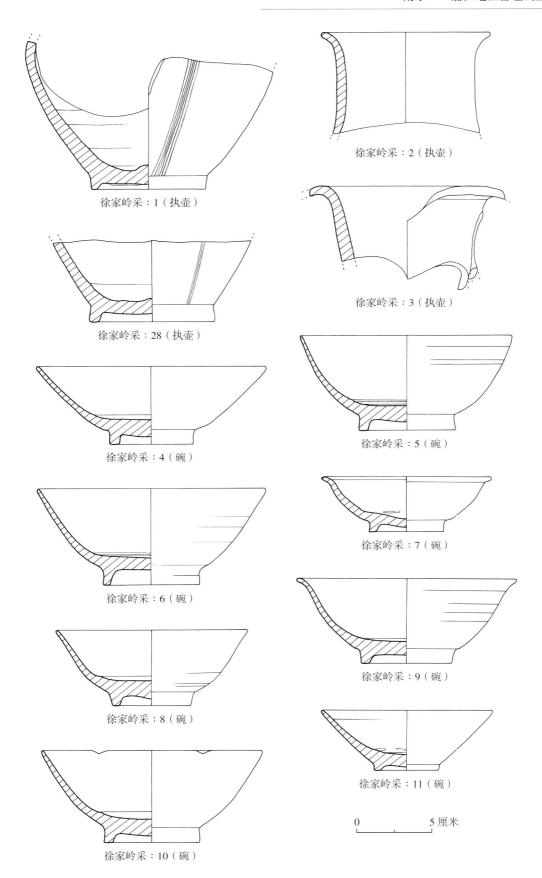

徐家岭采：1（执壶）

徐家岭采：2（执壶）

徐家岭采：3（执壶）

徐家岭采：28（执壶）

徐家岭采：4（碗）

徐家岭采：5（碗）

徐家岭采：6（碗）

徐家岭采：7（碗）

徐家岭采：8（碗）

徐家岭采：9（碗）

徐家岭采：10（碗）

徐家岭采：11（碗）

0　　　　　5厘米

图 1.6　徐家岭窑址采集青釉瓷器

徐家岭采：2（执壶）

徐家岭采：1（执壶）　　　　　　　　　　徐家岭采：3（执壶）

图 1.7　徐家岭窑址采集青釉瓷器

徐家岭采：28（执壶）

徐家岭采：4（碗）

徐家岭采：5（碗）

图 1.8　徐家岭窑址采集青釉瓷器

徐家岭采：6（碗）

徐家岭采：7（碗）

徐家岭采：8（碗）

图 1.9　徐家岭窑址采集青釉瓷器

徐家岭采：9（碗）

徐家岭采：10（碗）

徐家岭采：11（碗）

图 1.10　徐家岭窑址采集青釉瓷器

灰胎，胎质较粗。青釉。全器满施釉。足端及内底有叠烧痕迹。口径11.4、足径4.2、高4.1厘米。
（图1.6、1.10）

　　徐家岭采：12，斗笠碗叠烧标本。两件碗。圆唇，敞口，斜腹，圈足。内底凹弦纹一圈。灰胎，
胎质较粗。青釉泛黄，布满小开片。全器满施釉。足端及内底有叠烧痕迹。口径10.6、足径4.6、
通高5.4厘米。（图1.11、1.12）

　　徐家岭采：13，碗叠烧标本。两件碗。圆唇，敞口，斜曲腹，圈足。内底凹弦纹一圈。灰胎，

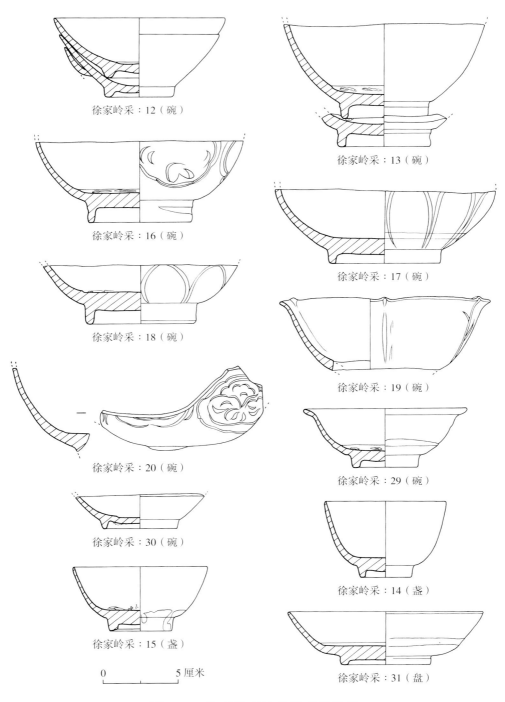

徐家岭采：12（碗）

徐家岭采：13（碗）

徐家岭采：16（碗）

徐家岭采：17（碗）

徐家岭采：18（碗）

徐家岭采：19（碗）

徐家岭采：20（碗）

徐家岭采：29（碗）

徐家岭采：30（碗）

徐家岭采：14（盏）

0　　　　　　5厘米

徐家岭采：15（盏）

徐家岭采：31（盘）

图1.11　徐家岭窑址采集青釉瓷器

胎质较粗。青黄釉。全器满施釉。足端及内底有叠烧痕迹。足径 6.2、通高 8.4 厘米。（图 1.11、1.12）

徐家岭采：16，失口部，斜曲腹，圈足。外腹饰开光构图的刻划花，内底凹弦纹一圈。灰胎，胎质较粗。青釉。全器满施釉，有积釉现象。足端及内底有叠烧痕迹。足径 7、残高 5.5 厘米。（图 1.11、1.12）

徐家岭采：17，失口部，斜曲腹，圈足。外腹刻划花卉纹，内底凹弦纹一圈。灰胎，胎质较粗。青黄釉。全器满施釉，有积釉现象。足端及内底有叠烧痕迹。足径 7.4、残高 5 厘米。（图 1.11、1.13）

徐家岭采：18，失口部，斜曲腹，圈足。外腹刻划莲瓣纹，内底凹弦纹一圈。灰黄胎，胎质较粗。青黄釉。全器满施釉。足端及内底有叠烧痕迹。足径 7.4、残高 4 厘米。（图 1.11、1.13）

徐家岭采：19，圆唇，侈口，花口，斜曲腹，失下部。外腹对应花口处有凹陷纹，内底凹弦纹一圈。灰胎，胎质粗。青釉微泛黄。口径 14、残高 5 厘米。（图 1.11、1.13）

徐家岭采：20，失口部，斜曲腹，圈足。外腹饰开光构图的刻划花，内底凹弦纹一圈。灰胎，胎质较粗。青釉。残高 5.8 厘米。（图 1.11、1.14）

徐家岭采：29，小碗。圆唇，侈口，斜曲腹，圈足。内底凹弦纹一圈。灰胎，胎质较粗。青釉微泛黄。施半釉，外施釉至下腹。外底及内底有叠烧痕迹。口径 10.9、足径 4.4、高 4 厘米。（图 1.11、1.14）

徐家岭采：30，斗笠碗。失上部，斜腹，圈足。内底凹弦纹一圈。灰胎，胎质较粗。青釉。全器满施釉。外底心有支烧痕迹。足径 5、残高 2.3 厘米。（图 1.11、1.14）

盏

徐家岭采：14，圆唇，敞口，斜曲腹，圈足。灰胎，胎质较粗。青釉，釉层较薄。外施釉至足端，外底部露胎无釉。足端有叠烧痕迹。口径 8.2、足径 3.5、高 5.1 厘米。（图 1.11、1.15）

徐家岭采：15，圆唇，敞口，斜曲腹，圈足。灰胎，胎质较粗。青黄釉，釉层较薄。外施釉至下腹，外底部露胎无釉。足端及内底有叠烧痕迹。口径 9、足径 4.2、高 4.4 厘米。（图 1.11、1.15）

盘

徐家岭采：31，圆唇，敞口，斜曲腹，圈足。内底凹弦纹一圈。灰胎，胎质较粗。青釉。全器满施釉。足端及内底有叠烧痕迹。口径 13、足径 6、高 3.6 厘米。（图 1.11、1.15）

2. 窑具

匣钵

徐家岭采：23，M 形。上径 17.8、下径 15.7、高 9.4 厘米。（图 1.16、1.17）

徐家岭采：24，M 形。上径 13.5、下径 12.8、高 7.3 厘米。（图 1.16、1.17）

垫柱

徐家岭采：26，束腰形。上径 12、下径 10.6、高 16 厘米。（图 1.16、1.17）

垫具

徐家岭采：25，M 形。上径 13.7、下径 11.6、高 6 厘米。（图 1.16、1.17）

徐家岭采：27，垫圈。圆形。直径 4、高 1.35 厘米。（图 1.16、1.17）

徐家岭采：12（碗）

徐家岭采：13（碗）

徐家岭采：16（碗）

图 1.12　徐家岭窑址采集青釉瓷器

徐家岭采：17（碗）

徐家岭采：18（碗）

徐家岭采：19（碗）

图 1.13　徐家岭窑址采集青釉瓷器

徐家岭采：20（碗）

徐家岭采：29（碗）

徐家岭采：30（碗）

图 1.14　徐家岭窑址采集青釉瓷器

徐家岭采：14（盏）

徐家岭采：15（盏）

徐家岭采：31（盘）

图 1.15　徐家岭窑址采集青釉瓷器

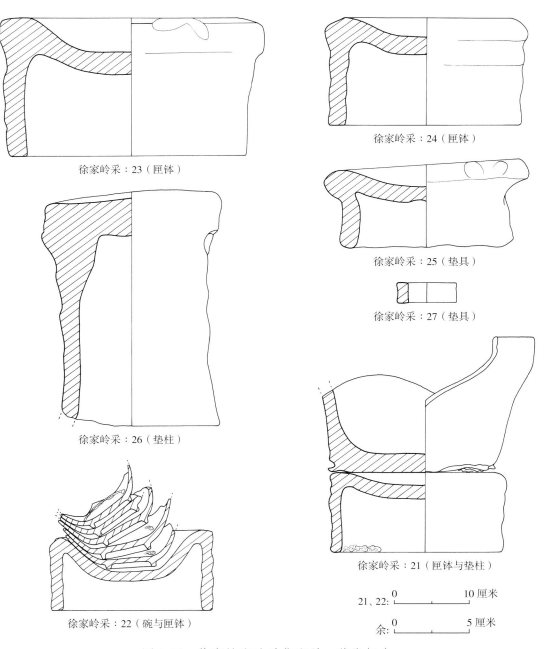

徐家岭采：23（匣钵）

徐家岭采：24（匣钵）

徐家岭采：25（垫具）

徐家岭采：27（垫具）

徐家岭采：26（垫柱）

徐家岭采：22（碗与匣钵）

徐家岭采：21（匣钵与垫柱）

21、22： 0 ———— 10 厘米

余： 0 ———— 5 厘米

图 1.16　徐家岭窑址采集窑具、装烧标本

3. 装烧标本

徐家岭采：21，匣钵与垫柱粘连标本。匣钵：筒形，上大下小。垫柱：以 M 形匣钵充当垫柱。通高 29.4 厘米。（图 1.16、1.17）

徐家岭采：22，叠烧碗与匣钵粘连标本。碗 5 件：圆唇，敞口，斜曲腹，圈足。灰胎，胎质粗。青黄釉。匣钵：M 形。通高 20 厘米。（图 1.16、1.17）

（三）窑址年代

徐家岭窑址的年代应为北宋中期。

徐家岭采：23（匣钵）　　　　　　　　　　　　　　　　徐家岭采：24（匣钵）

徐家岭采：26（垫柱）　　　　　徐家岭采：25（垫具）　　　　　徐家岭采：27（垫具）

徐家岭采：21（匣钵与垫柱）　　　　　　　　　　　徐家岭采：22（碗与匣钵）

图 1.17　徐家岭窑址采集窑具、装烧标本

贰 徐家窑址

（一）窑址概况

徐家窑址位于浦江县前吴乡民生村徐家。窑址在早年间建房和修路过程中遭到严重破坏，窑炉及废品堆积均不存。调查资料显示，地面局部散落有少量窑具和青釉瓷片。（图 2.1~2.3）

图 2.1 徐家窑址自然环境

图 2.2 徐家窑址地面遗物

图 2.3 徐家窑址采集遗物

（二）采集器物

1. 青釉瓷器

执壶

徐家采：1，仅余颈肩部。肩腹相交处凹弦纹双圈，腹部以瓜棱纹分为若干个等大的区域。灰白胎，胎质较细。青釉。残高 8.2 厘米。（图 2.4、2.5）

徐家采：16，仅余腹部。外腹刻划花卉纹。灰白胎，胎质较细。青釉微泛黄。残高 8.9 厘米。（图 2.4、2.5）

碗

徐家采：2，圆唇，敞口，斜曲腹，圈足。内底凹弦纹一圈。灰胎，胎质粗。青釉，有较多开片，施釉不均。全器满施釉。足端及内底有叠烧痕迹。口径 15.8、足径 7.2、高 5.3 厘米。（图 2.4、2.5）

徐家采：3，碗叠烧标本。六件碗。失口部，斜曲腹，圈足。灰胎，胎质粗。青釉泛黄，布满开片。全器满施釉。足端及内底有叠烧痕迹。足径 7.2、通高 9.8 厘米。（图 2.4、2.6）

徐家采：4，圆唇，敞口，斜曲腹，圈足。内底凹弦纹一圈。灰胎，胎质粗。青釉泛黄，有较多开片。全器满施釉。足端及内底有叠烧痕迹。口径 16.6、足径 7.4、高 5.3 厘米。（图 2.4、2.6）

徐家采：5，失口部，下腹斜曲，

圈足。外腹刻划莲瓣纹，内底凹弦纹一圈。灰胎，胎质较粗。青釉，布满小开片。全器满施釉。外底心有支烧痕迹。足径6.6、残高3.2厘米。（图2.4、2.6）

　　徐家采：7，失口部，下腹斜曲，圈足。内底凹弦纹一圈。灰胎，胎质较粗。青灰釉，布满小开片。全器满施釉。外底心有支烧痕迹。足径6.6、残高3.3厘米。（图2.4、2.7）

　　徐家采：9，斗笠碗。失口部，斜直腹，圈足。外腹有刻划痕，内底凹弦纹一圈。灰胎，胎质较粗。青釉，布满小开片。全器满施釉。外底心有支烧痕迹。足径5、残高3.5厘米。（图2.4、2.7）

　　徐家采：10，失口部，斜曲腹，圈足。灰胎，胎质粗。青釉泛黄，布满开片。全器满施釉。足端及内底有叠烧痕迹。足径6.5、残高3厘米。（图2.4、2.7）

　　徐家采：11，斗笠碗叠烧标本。四件碗。圆唇，敞口，斜直腹，圈足。灰胎，胎质较粗。青釉泛黄，布满小开片。全器满施釉。足端及内底有叠烧痕迹。通高6.1厘米。（图2.4、2.8）

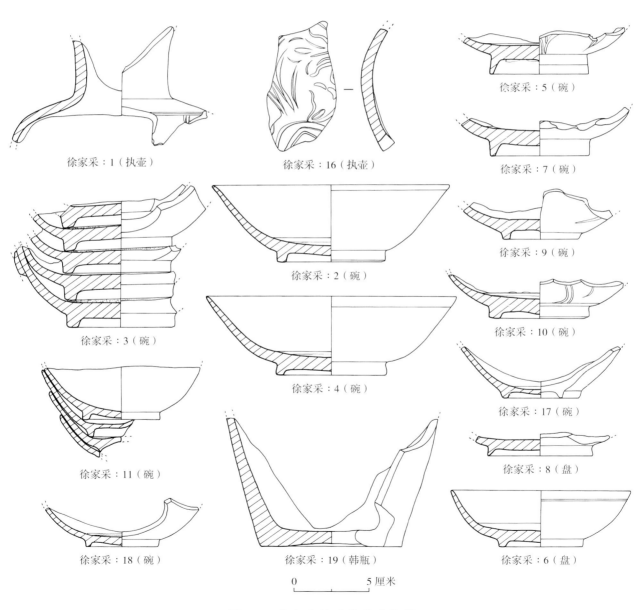

徐家采：1（执壶）　　徐家采：16（执壶）　　徐家采：5（碗）

徐家采：7（碗）

徐家采：3（碗）　　徐家采：2（碗）　　徐家采：9（碗）

徐家采：4（碗）　　徐家采：10（碗）

徐家采：11（碗）　　徐家采：17（碗）

徐家采：8（盘）

徐家采：18（碗）　　徐家采：19（韩瓶）　　徐家采：6（盘）

0　　　　　5厘米

图2.4　徐家窑址采集青釉瓷器

徐家采：1（执壶）

徐家采：16（执壶）

徐家采：2（碗）

图 2.5　徐家窑址采集青釉瓷器

徐家采：3（碗）

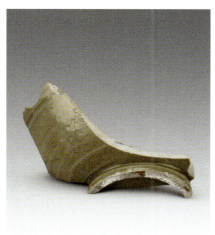

徐家采：4（碗）

徐家采：5（碗）

图 2.6　徐家窑址采集青釉瓷器

徐家采：7（碗）

徐家采：9（碗）

徐家采：10（碗）

图 2.7 徐家窑址采集青釉瓷器

徐家采：11（碗）

徐家采：17（碗）

徐家采：18（碗）

图 2.8　徐家窑址采集青釉瓷器

徐家采：6（盘）

徐家采：8（盘）

徐家采：19（韩瓶）

图 2.9　徐家窑址采集青釉瓷器

徐家采：17，斗笠碗。失口部，斜直腹，圈足。内底凹弦纹一圈。灰胎，胎质较粗。青黄釉，布满小开片。全器满施釉。外底心有支烧痕迹。足径 5、残高 3.5 厘米。（图 2.4、2.8）

徐家采：18，斗笠碗。圆唇，敞口，斜直腹，圈足。灰胎，胎质较粗。青釉泛黄，布满小开片。全器满施釉。足端及内底有叠烧痕迹。足径 4.8、残高 3.3 厘米。（图 2.4、2.8）

盘

徐家采：6，圆唇，敞口，斜曲腹，圈足。灰胎，胎质较粗。青灰釉，布满小开片。全器满施釉。足端及内底有支烧痕迹。口径 12、足径 5.6、高 3.8 厘米。（图 2.4、2.9）

徐家采：8，仅余底部。圈足外撇。灰胎，胎质较粗。青灰釉，布满小开片。全器满施釉。外底心有支烧痕迹。足径 7、残高 1.6 厘米。（图 2.4、2.9）

韩瓶

徐家采：19，失口部，斜腹，平底微内凹。灰红胎，胎质粗。底径 9.4、残高 8.6 厘米。（图 2.4、2.9）

2. 窑具

匣钵

徐家采：15，M 形。上径 18、下径 16.4、高 6.5 厘米。（图 2.10、2.11）

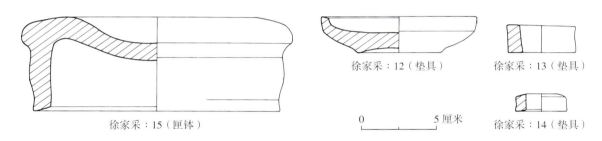

徐家采：15（匣钵）

0   5 厘米

徐家采：12（垫具）   徐家采：13（垫具）

徐家采：14（垫具）

图 2.10　徐家窑址采集窑具

徐家采：15（匣钵）

图 2.11　徐家窑址采集窑具

徐家采：12（垫具）

徐家采：13（垫具）　　　　　　　　　　　　　徐家采：14（垫具）

图 2.12　徐家窑址采集窑具

垫具

徐家采：12，盘形。口径 10.4、底径 5.4、高 2.5 厘米。（图 2.10、2.12）

徐家采：13，垫圈。圆形。直径 4.5、高 1.9 厘米。（图 2.10、2.12）

徐家采：14，垫圈。圆形。直径 3.4、高 1.2 厘米。（图 2.10、2.12）

（三）窑址年代

徐家窑址的年代应为北宋中期。

叁　白泥岭窑址

（一）窑址概况

白泥岭窑址位于浦江县前吴乡民生村，为浦江县县级文物保护单位。窑址三面环山，地处低山丘陵地带，前有溪流，周围有大量白色瓷土矿，故名白泥岭窑址。调查资料显示，该窑址窑炉保存状况较好，为龙窑形制，窑炉两侧有大量窑业废品堆积，包含瓷片和窑具。窑床及废品堆积层局部因早年修水库取土遭到破坏。瓷器产品种类较多，以青釉瓷为主，有黑釉瓷。（图 3.1~3.5）

（二）采集器物

1. 青釉瓷器

第一组

碗

白泥岭采：1，圆唇，敞口，斜曲腹，圈足。内底凹弦纹一圈。灰黄胎，胎质粗。青黄釉。外施釉至下腹，外底部露胎无釉。足端及内底有叠烧痕迹。口径 17.6、足径 6.6、高 7.3 厘米。（图 3.6、3.7）

白泥岭采：2，圆唇，敞口，斜曲腹，圈足。内底凹弦纹一圈。灰黄胎，胎质粗。青黄釉。外施釉至下腹，外底部露胎无釉。足端有叠烧痕迹。口径 15.6、足径 6、高 5.8 厘米。（图 3.6、3.7）

白泥岭采：3，圆唇，敞口，斜曲腹，圈足。内底凹弦纹一圈。灰胎，胎质粗。青黄釉。外施釉至下腹，外底部露胎无釉。足端及内底有叠烧痕迹。口径 17.6、足径 5.7、高 6.7 厘米。（图 3.6、3.7）

白泥岭采：4，碗叠烧标本。两件碗。圆唇，敞口，斜曲腹，圈足。内底凹弦纹一圈。灰胎，胎质粗。青黄釉。外施釉至下腹，外底部露胎无釉。足端及内底有叠烧痕迹。口径 12.4、足径 4.6、通高 5.6 厘米。（图 3.6、3.8）

白泥岭采：5，碗叠烧标本。三件碗。圆唇，敞口，斜曲腹，圈足。内底凹弦纹一圈。灰胎，胎质粗。青黄釉。外施釉至下腹，外底部露胎无釉。足端及内底有叠烧痕迹。口径 17、足径 6、

图 3.1　白泥岭窑址自然环境

图 3.2　白泥岭窑址附近瓷土矿

图 3.3　白泥岭窑址地面遗物

图 3.4 白泥岭窑址地面遗物

图 3.5 白泥岭窑址地面遗物

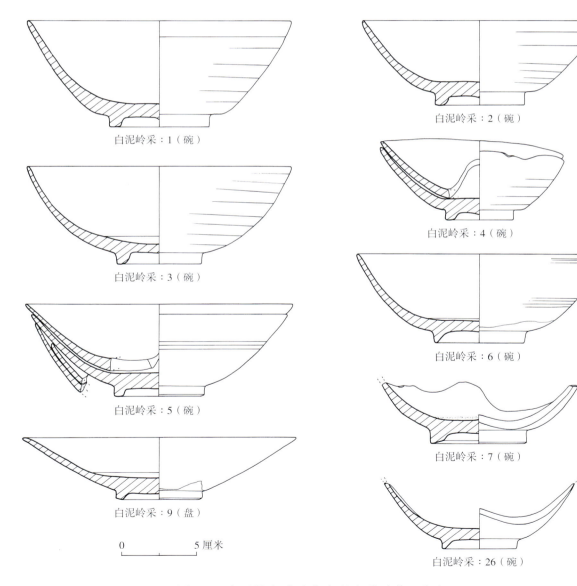

白泥岭采：1（碗）

白泥岭采：2（碗）

白泥岭采：3（碗）

白泥岭采：4（碗）

白泥岭采：5（碗）

白泥岭采：6（碗）

白泥岭采：9（盘）

白泥岭采：7（碗）

0　　　　5厘米

白泥岭采：26（碗）

图 3.6 白泥岭窑址采集青釉瓷器（第一组）

白泥岭采：1（碗）

白泥岭采：2（碗）

白泥岭采：3（碗）

图 3.7　白泥岭窑址采集青釉瓷器（第一组）

通高 6.3 厘米。（图 3.6、3.8）

　　白泥岭采：6，圆唇，敞口，斜曲腹，圈足。内底凹弦纹一圈。灰黄胎，胎质粗。青黄釉。外施釉至下腹，外底部露胎无釉。足端及内底有叠烧痕迹。口径 16.4、足径 6、高 6.1 厘米。（图 3.6、3.8）

　　白泥岭采：7，失口部，斜曲腹，圈足。内底凹弦纹一圈。灰黄胎，胎质粗。青黄釉。外施

白泥岭采：4（碗）

白泥岭采：5（碗）

白泥岭采：6（碗）

图 3.8　白泥岭窑址采集青釉瓷器（第一组）

釉至下腹，外底部露胎无釉。足端及内底有叠烧痕迹。足径 6.4、残高 4.1 厘米。（图 3.6、3.9）

　　白泥岭采：26，失口部，斜曲腹，圈足。灰胎，胎质较细。青釉。外施釉至下腹，外底部露胎无釉。内底有叠烧痕迹。足径 5、残高 4.5 厘米。（图 3.6、3.9）

　　盘

　　白泥岭采：9，圆唇，敞口，斜腹微曲，圈足。内底凹弦纹一圈。灰胎，胎质粗。青黄釉。

白泥岭采：7（碗）

白泥岭采：26（碗）

白泥岭采：9（盘）

图 3.9　白泥岭窑址采集青釉瓷器（第一组）

外施釉至下腹，外底部露胎无釉。足端及内底有叠烧痕迹。口径18.2、足径5.8、高4.2厘米。（图3.6、3.9）

　　第二组

　　碗

　　白泥岭采：8，失口部，斜曲腹，圈足。内底凹弦纹一圈。灰黄胎，胎质粗。青黄釉。外施釉至下腹，外底部露胎无釉。内底有叠烧痕迹，外底心填有泥饼。足径5.8、带泥饼残高4.5厘米。（图3.10、3.11）

　　白泥岭采：10，圆唇，敞口，斜曲腹，圈足。内腹满饰荷花、荷叶纹，内底凹弦纹一圈。灰胎，胎质较粗。青釉微泛黄。全器满施釉，外底部露胎无釉。口径17.8、足径6.3、高6.7厘米。（图3.10、3.11）

　　白泥岭采：11，圆唇，敞口，斜曲腹，圈足。内腹满饰荷花、荷叶纹，内底凹弦纹一圈。灰胎，胎质较粗。青釉泛黄，布满小开片。外施釉至下腹，外底部露胎无釉。口径17.6、足径6.6、高6.8厘米。（图3.10、3.11）

　　白泥岭采：12，圆唇，敞口，斜曲腹，圈足。内腹满饰荷花、荷叶纹，内底凹弦纹一圈。灰胎，胎质较粗。青釉。外施釉至下腹，外底部露胎无釉。足径6.4、残高5.5厘米。（图3.10、3.12）

　　白泥岭采：13，碗叠烧标本。两件碗。圆唇，敞口，斜曲腹，圈足。内腹满饰荷花、荷叶纹，内底凹弦纹一圈。灰胎，胎质较粗。青黄釉。全器满施釉，外底部露胎无釉。足端及内底有叠烧痕迹。足径6.4、残高6.5厘米。（图3.10、3.12）

　　白泥岭采：14，圆唇，失口部，斜曲腹，圈足。内腹满饰荷花、荷叶纹；内底凹弦纹一圈，内饰花卉纹。灰胎，胎质较粗。青釉。全器满施釉。足端有支烧痕迹。足径5.8、残高3.1厘米。（图3.10、3.12）

　　白泥岭采：23，圆唇，敞口，斜曲腹，圈足。灰胎，胎质粗。青釉。外施釉至下腹，外底部露胎无釉。内底有涩圈叠烧痕迹，外底心有叠烧痕迹。口径16.2、足径6.2、高6.3厘米。（图3.10、3.13）

　　白泥岭采：24，失口部，斜曲腹，圈足。内腹刻划花卉纹。灰胎，胎质粗。青釉。外施釉至下腹，外底部露胎无釉。内底有涩圈叠烧痕迹，外底心有叠烧痕迹。足径6.4、残高4.3厘米。（图3.10、3.13）

　　白泥岭采：25，碗叠烧标本。两件碗。失口部，斜曲腹，圈足。灰黄胎，胎质较粗。青黄釉。内底有叠烧痕迹，外底部粘连一泥质垫饼。足径5、通高4.7厘米。（图3.10、3.13）

　　白泥岭采：27，失口部，斜曲腹，圈足。内腹白痕出筋。灰胎，胎质较粗。青黄釉。全器满施釉，外底部露胎无釉。内底有叠烧痕迹。足径7、残高5.7厘米。（图3.10、3.14）

　　白泥岭采：28，碗叠烧标本。失口部，斜曲腹，圈足。灰黄胎，胎质较粗。青黄釉。外施釉至下腹。内底有叠烧痕迹，外底部粘连一泥质垫饼。足径6.2、带垫饼残高4.2厘米。（图3.10、3.14）

　　第三组

　　碗

　　白泥岭采：15，失口部，斜曲腹，圈足。外腹饰刻划莲瓣纹，内底凹弦纹一圈。灰胎，

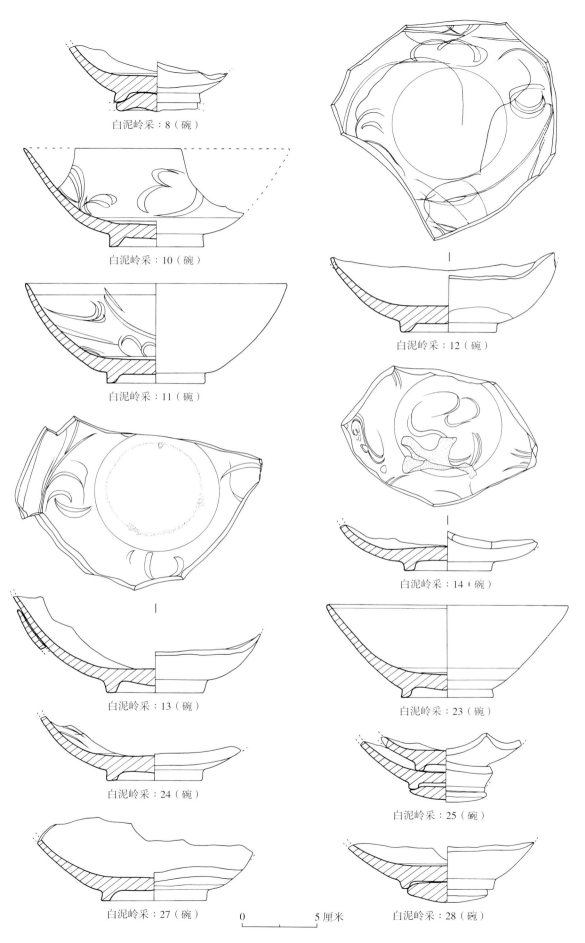

白泥岭采：8（碗）

白泥岭采：10（碗）

白泥岭采：11（碗）

白泥岭采：12（碗）

白泥岭采：13（碗）

白泥岭采：14（碗）

白泥岭采：23（碗）

白泥岭采：24（碗）

白泥岭采：25（碗）

白泥岭采：27（碗）

白泥岭采：28（碗）

0　　　　　5厘米

图 3.10　白泥岭窑址采集青釉瓷器（第二组）

白泥岭采：8（碗）

白泥岭采：10（碗）

白泥岭采：11（碗）

图 3.11　白泥岭窑址采集青釉瓷器（第二组）

白泥岭采：12（碗）

白泥岭采：13（碗）

白泥岭采：14（碗）

图 3.12　白泥岭窑址采集青釉瓷器（第二组）

白泥岭采：23（碗）

白泥岭采：24（碗）

白泥岭采：25（碗）

图 3.13　白泥岭窑址采集青釉瓷器（第二组）

白泥岭采：27（碗）

白泥岭采：28（碗）

图 3.14　白泥岭窑址采集青釉瓷器（第二组）

胎质较细。青釉。全器满施釉，足端露胎无釉。足端有支烧痕迹。足径 5.9、残高 4 厘米。（图 3.15、3.16）

　　白泥岭采：16，失口部，斜曲腹，圈足。外腹饰刻划莲瓣纹，内底凹弦纹一圈。灰胎，胎质较细。青釉。全器满施釉，足端露胎无釉。足端有支烧痕迹。足径 5.4、残高 3.6 厘米。（图 3.15、3.16）

　　白泥岭采：19，圆唇，敞口，斜曲腹，失下部。外腹饰刻划莲瓣纹。灰胎，胎质较细。青釉。口径 17、残高 5.5 厘米。（图 3.15、3.16）

　　盘

　　白泥岭采：17，圆唇，敞口，斜曲腹，圈足。外腹饰刻划莲瓣纹，内底凹弦纹一圈。灰黄胎，胎质较粗。青黄釉。全器满施釉，足端露胎无釉。足端有支烧痕迹。口径 17、足径 6.4、高 3.8 厘米。

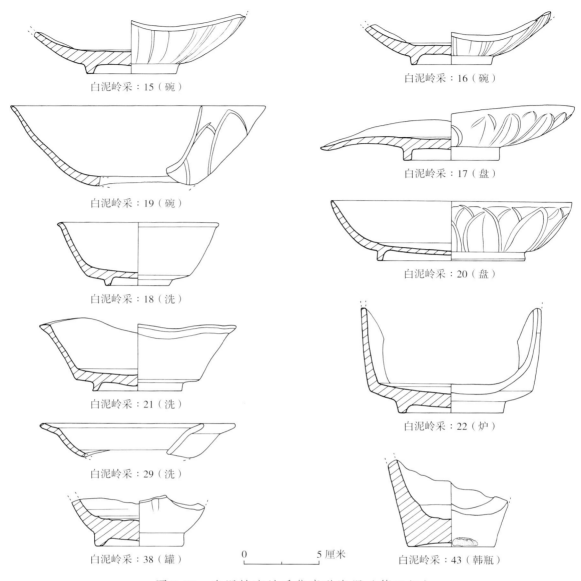

白泥岭采：15（碗）

白泥岭采：16（碗）

白泥岭采：19（碗）

白泥岭采：17（盘）

白泥岭采：18（洗）

白泥岭采：20（盘）

白泥岭采：21（洗）

白泥岭采：22（炉）

白泥岭采：29（洗）

白泥岭采：38（罐）

0　　　　　　5厘米

白泥岭采：43（韩瓶）

图 3.15　白泥岭窑址采集青釉瓷器（第三组）

（图 3.15、3.17）

　　白泥岭采：20，圆唇，敞口，斜曲腹，圈足。外腹饰刻划莲瓣纹，内底凹弦纹一圈。灰黄胎，胎质较细。青黄釉。全器满施釉，足端露胎无釉。足端有支烧痕迹。口径 16、足径 9.8、高 4 厘米。（图 3.15、3.17）

　　洗

　　白泥岭采：18，圆唇，敞口，唇口，上腹斜直，下腹斜收，圈足。内底凹弦纹一圈。灰胎，胎质较粗。青釉。全器满施釉，足端露胎无釉。足端有支烧痕迹。口径 10.8、足径 4.3、高 4.3 厘米。（图 3.15、3.17）

　　白泥岭采：21，圆唇，敞口，唇口，上腹斜直，下腹斜收，圈足。内底凹弦纹一圈。灰胎，胎质较粗。青釉。全器满施釉，足端露胎无釉。足端有支烧痕迹。口径 13、足径 6、高 5 厘米。（图 3.15、3.18）

白泥岭采：15（碗）

白泥岭采：16（碗）

白泥岭采：19（碗）

图 3.16　白泥岭窑址采集青釉瓷器（第三组）

白泥岭采：17（盘）

白泥岭采：20（盘）

白泥岭采：18（洗）

图 3.17　白泥岭窑址采集青釉瓷器（第三组）

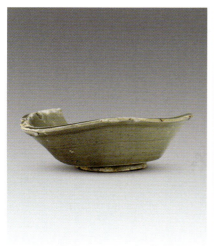

白泥岭采：21（洗）

白泥岭采：29（洗）

白泥岭采：22（炉）

图 3.18 白泥岭窑址采集青釉瓷器（第三组）

白泥岭采：38（罐）

白泥岭采：43（韩瓶）

图 3.19　白泥岭窑址采集青釉瓷器（第三组）

白泥岭采：29，折沿洗。圆唇，敞口，折沿，上腹斜直，失下部。灰胎，胎质较细。青釉。口径 13、残高 2.3 厘米。（图 3.15、3.18）

炉

白泥岭采：22，失口部，上腹竖直，下腹平收，圈足。内底凹弦纹一圈。灰黄胎，胎质较粗。青黄釉。全器满施釉，外底部露胎无釉。内底有叠烧痕迹。足径 7、残高 7.2 厘米。（图 3.15、3.18）

罐

白泥岭采：38，罐底。下腹斜收，圈足。外腹呈瓜棱形。灰黄胎，胎质较粗。青釉。全器满施釉，足端露胎无釉。足径 6、残高 3.5 厘米。（图 3.15、3.19）

韩瓶

白泥岭采：43，失口部，下腹斜直，平底。生烧。黄胎，胎质粗。青黄釉。底径 5.8、残高 6 厘米。（图 3.15、3.19）

2. 黑釉瓷器

碗

白泥岭采：30，失口部，斜曲腹，圈足。灰胎，胎质较粗。黑釉。外施釉至下腹。外底部粘连一泥质垫饼，内底有叠烧痕迹。足径6、带垫饼残高5.4厘米。（图3.20、3.21）

白泥岭采：31，圆唇，敞口，束口，斜曲腹，圈足。灰胎，胎质较粗。黑釉。全器满施釉。外底心有支烧痕迹，内底有叠烧痕迹。口径13、足径4.6、高5.3厘米。（图3.20、3.21）

白泥岭采：32，圆唇，敞口，束口，斜曲腹，圈足。灰胎，胎质较粗。黑釉。全器满施釉，外底部露胎无釉。外底心有支烧痕迹，内底有叠烧痕迹。口径12.6、足径4、高5.5厘米。（图3.20、3.21）

白泥岭采：33，碗叠烧标本。两件碗。圆唇，敞口，束口，斜曲腹，圈足。灰胎，胎质较粗。黑釉。外施釉至下腹，外底部露胎无釉。外底心有支烧痕迹，内底有叠烧痕迹。口径11.5、足径4.4、通高5.7厘米。（图3.20、3.22）

白泥岭采：34，圆唇，敞口，束口，斜曲腹，圈足。灰胎，胎质较粗。黑釉。外施釉至下腹，外底部露胎无釉。外底心有支烧痕迹，内底有叠烧痕迹。口径11.8、足径4、高5厘米。（图3.20、3.22）

白泥岭采：35，碗叠烧标本。三件碗。失口部，斜曲腹，圈足。灰胎，胎质较粗。黑釉。外施釉至下腹，外底部露胎无釉。外底心有支烧痕迹，内底有叠烧痕迹。足径3.8、通高7.6厘米。（图3.20、3.22）

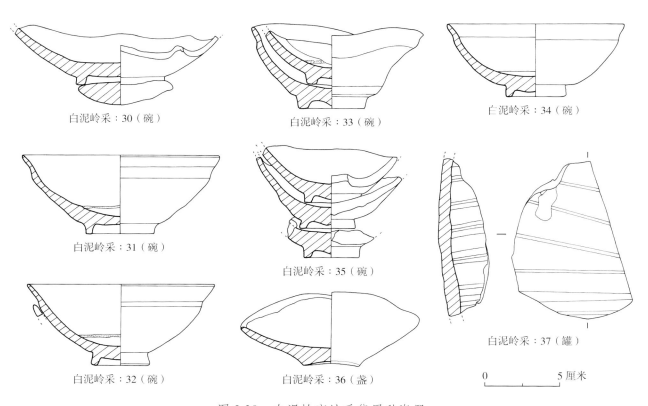

白泥岭采：30（碗）　　白泥岭采：33（碗）　　白泥岭采：34（碗）

白泥岭采：31（碗）

白泥岭采：35（碗）　　白泥岭采：37（罐）

白泥岭采：32（碗）　　白泥岭采：36（盏）

0　　　　　5厘米

图3.20　白泥岭窑址采集黑釉瓷器

白泥岭采：30（碗）

白泥岭采：31（碗）

白泥岭采：32（碗）

图 3.21　白泥岭窑址采集黑釉瓷器

白泥岭采：33（碗）

白泥岭采：34（碗）

白泥岭采：35（碗）

图 3.22 白泥岭窑址采集黑釉瓷器

盏

白泥岭采：36，圆唇，敞口，斜曲腹，平底。灰红胎，胎质较粗。黑釉。内腹施釉，外腹露胎无釉。口径 11.9、底径 3.8、高 5 厘米。（图 3.20、3.23）

罐

白泥岭采：37，腹部残片。灰胎，胎质较粗。黑釉。内腹有明显拉坯痕迹。残高 10.7 厘米。（图 3.20、3.23）

3. 窑具

匣钵

白泥岭采：41，M 形。器形较大。上径 26、下径 23.5、高 12 厘米。（图 3.24、3.25）

垫柱

白泥岭采：42，束腰形。上径 10.6、下径 10.6、高 7.4 厘米。（图 3.24、3.25）

白泥岭采：36（盏）

白泥岭采：37（罐）

图 3.23　白泥岭窑址采集黑釉瓷器

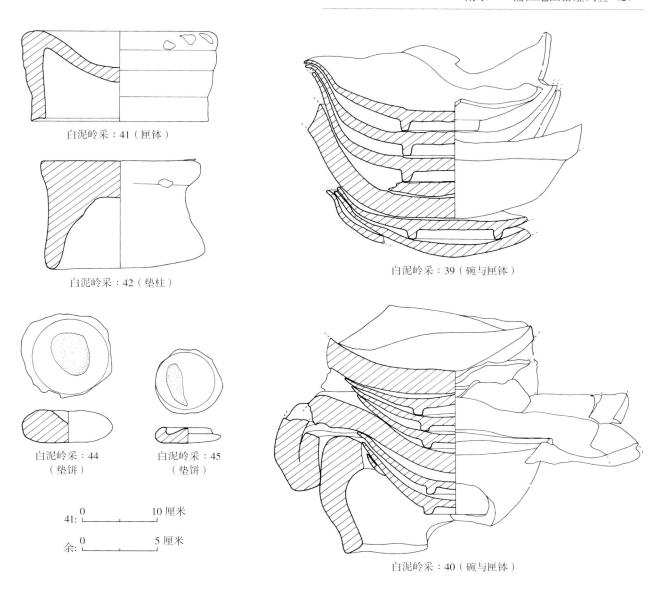

白泥岭采：41（匣钵）

白泥岭采：42（垫柱）

白泥岭采：44
（垫饼）

白泥岭采：45
（垫饼）

41: 0——10厘米

余: 0——5厘米

白泥岭采：39（碗与匣钵）

白泥岭采：40（碗与匣钵）

图 3.24　白泥岭窑址采集窑具、装烧标本

垫饼

白泥岭采：44，泥质。直径6、高2.3厘米。（图3.24、3.25）

白泥岭采：45，泥质。直径4.4、高1.1厘米。（图3.24、3.25）

4. 装烧标本

白泥岭采：39，叠烧碗与匣钵粘连标本。碗：圆唇，敞口，斜曲腹，圈足。灰胎，胎质较粗。青釉微泛黄。全器满施釉，足端露胎无釉。足端及内底有叠烧痕迹。匣钵：M形。通高15.5厘米。（图3.24、3.25）

白泥岭采：40，叠烧碗与匣钵粘连标本。碗：圆唇，敞口，束口，斜曲腹，圈足。灰胎，胎质较粗。黑釉。外施釉至下腹，外底部露胎无釉。外底及内底有叠烧痕迹。匣钵：M形。通高17.1厘米。（图3.24、3.25）

白泥岭采：41（匣钵）　　　　　　　　　　白泥岭采：45（垫饼）

白泥岭采：42（垫柱）　　　　　　　　　　白泥岭采：39（碗与匣钵）

白泥岭采：44（垫饼）　　　　　　　　　　白泥岭采：40（碗与匣钵）

图 3.25　白泥岭窑址采集窑具、装烧标本

（三）窑址年代

白泥岭窑址年代跨度较大，从北宋中晚期一直延续至南宋晚期。其中，青釉瓷器第一组的年代应为北宋中晚期，第二组的年代应为南宋早中期，第三组的年代应为南宋晚期；黑釉瓷器的年代应为南宋时期。

肆　碗窑头窑址

（一）窑址概况

碗窑头窑址位于浦江县岩头镇夏泉村，为浦江县县级文物保护单位。窑址地处夏泉村对面的山腰处，双溪水从山脚流过，附近瓷土资源丰富。据考证，浦江宋代以来的官道经岩头、郑义门、白马桥、诸暨至杭州，碗窑头窑址距该官道约 7 千米。此外，水路经双溪过浦阳江可到杭州等地，交通便利。考古调查显示，窑址窑炉方位不明，地面散落大量红烧土块、窑砖残块、窑具及瓷片。（图 4.1、4.2）

（二）采集器物

1.青釉瓷器

碗

碗窑头采：1，失口部，下腹斜收，圈足。内底凹弦纹一圈。灰胎，胎贡粗。青黄釉。外施釉至下腹，外底部露胎无釉。足端及内底有叠烧痕迹。足径 6.8、残高 3.3 厘米。（图 4.3、4.4）

碗窑头采：2，失口部，下腹斜直略折，圈足。灰胎，胎质粗。青釉，局部窑变。外施釉至下腹，外底部露胎无釉。足端及内底有叠烧痕迹。足径 6.2、残高 2.9 厘米。（图 4.3、4.4）

碗窑头采：3，失口部，下腹斜收，圈足。内底凹弦纹一圈。灰胎，胎质粗。青黄釉。外施釉至下腹，外底部露胎无釉。足端及内底有叠烧痕迹。足径 7、残高 3.3 厘米。（图 4.3、4.4）

碗窑头采：4，失口部，下腹斜收，圈足。内底凹弦纹一圈。灰胎，胎质粗。青黄釉。外施釉至下腹，外底部露胎无釉。足端及内底有叠烧痕迹。足径 6.8、残高 2.7 厘米。（图 4.3、4.5）

碗窑头采：5，失口部，下腹斜收，圈足。内底凹弦纹一圈。灰胎，胎质粗。青黄釉。外施

图 4.1　碗窑头窑址自然环境

图 4.2　碗窑头窑址地面遗物

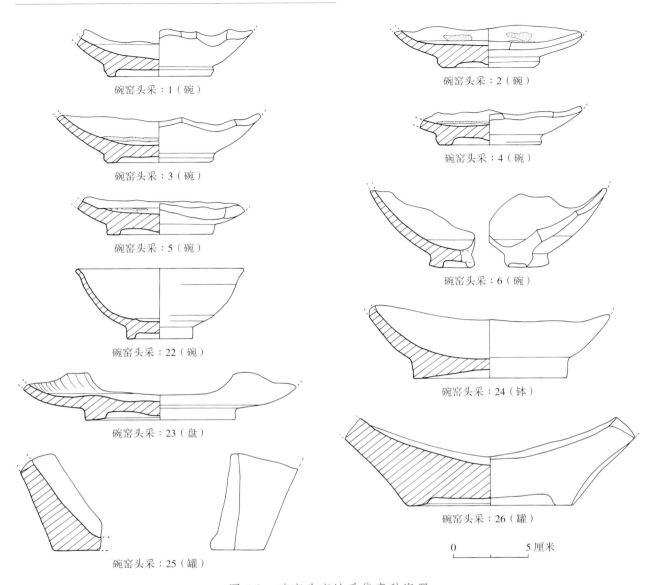

图 4.3　碗窑头窑址采集青釉瓷器

釉至下腹，外底部露胎无釉。足端及内底有叠烧痕迹。足径 7、残高 2.6 厘米。（图 4.3、4.5）

碗窑头采：6，失口部，下腹斜收，圈足。内底凹弦纹一圈。灰胎，胎质粗。青黄釉。外施釉至下腹，外底部露胎无釉。足端及内底有叠烧痕迹。足径 8、残高 5.3 厘米。（图 4.3、4.5）

碗窑头采：22，小碗。圆唇，侈口，斜曲腹，圈足。灰胎，胎质较粗。青褐釉，布满小开片。全器满施釉，外底部露胎无釉。足端及内底有叠烧痕迹。口径 11.2、足径 4.4、高 4.8 厘米。（图 4.3、4.6）

盘

碗窑头采：23，失口部，下腹斜收，圈足。内腹有模印痕迹，内底凹弦纹一圈。灰胎，胎质粗。青褐釉。外施釉至下腹，外底部露胎无釉。足端及内底有叠烧痕迹。足径 10、残高 3.2 厘米。（图 4.3、4.6）

碗窑头采：1（碗）

碗窑头采：2（碗）

碗窑头采：3（碗）

图 4.4　碗窑头窑址采集青釉瓷器

碗窑头采：4（碗）

碗窑头采：5（碗）

碗窑头采：6（碗）

图 4.5　碗窑头窑址采集青釉瓷器

碗窑头采：22（碗）

碗窑头采：23（盘）

碗窑头采：24（钵）

图 4.6　碗窑头窑址采集青釉瓷器

钵

碗窑头采：24，大钵。胎质粗。青褐釉。底径 10.2、残高 5 厘米。（图 4.3、4.6）

罐

碗窑头采：25，仅余底部。下腹斜收，平底。灰胎，胎质粗。青褐釉。残高 6.7 厘米。（图 4.3、4.7）

碗窑头采：26，失口部，下腹斜收，圈足。红胎，胎质粗。青褐釉。足径 11、残高 6 厘米。（图 4.3、4.7）

2.乳浊釉瓷器

碗

碗窑头采：7，圆唇，敞口，斜曲腹，圈足。灰胎，胎质粗。乳浊钧釉。外施釉至下腹，外底部露胎无釉。足端及内底有叠烧痕迹。口径 19、足径 8、高 6.6 厘米。（图 4.8、4.9）

碗窑头采：25（罐）

碗窑头采：26（罐）

图 4.7　碗窑头窑址采集青釉瓷器

碗窑头采：8，失口部，斜曲腹，圈足。灰胎，胎质粗。乳浊钧釉。外施釉至下腹，外底部露胎无釉。足端有叠烧痕迹，内底有涩圈叠烧痕迹。足径9、残高2.5厘米。（图4.8、4.9）

碗窑头采：9，失口部，斜曲腹，圈足。灰胎，胎质粗。乳浊钧釉。外施釉至下腹，外底部露胎无釉。足端及内底有叠烧痕迹。足径8.6、残高4.9厘米。（图4.8、4.9）

碗窑头采：10，圆唇，敞口，斜曲腹，失下部。灰胎，胎质粗。乳浊钧釉。口径19、残高5.8厘米。（图4.8、4.10）

碗窑头采：11，失口部，斜曲腹，圈足。灰胎，胎质粗。乳浊钧釉。外施釉至下腹，外底部露胎无釉。足端及内底有叠烧痕迹。足径7、残高3.5厘米。（图4.8、4.10）

碗窑头采：12，失口部，斜曲腹，圈足。灰胎，胎质粗。乳浊钧釉。外施釉至下腹，外底部露胎无釉。足端有叠烧痕迹，内底有涩圈叠烧痕迹。足径7、残高3.1厘米。（图4.8、4.10）

碗窑头采：13，圆唇，敞口，斜曲腹，圈足。灰胎，胎质粗。乳浊钧釉。外施釉至下腹，外底部露胎无釉。足端及内底有叠烧痕迹。口径16、足径7、高4.5厘米。（图4.8、4.11）

碗窑头采：14，圆唇，敞口，斜曲腹，圈足。灰胎，胎质粗。乳浊钧釉。外施釉至下腹，外底部露胎无釉。足端及内底有叠烧痕迹。口径17、足径7、高5厘米。（图4.8、4.11）

碗窑头采：15，失口部，斜曲腹，圈足。灰胎，胎质粗。乳浊钧釉。外施釉至下腹，外底部露胎无釉。足端及内底有叠烧痕迹。足径7.6、残高5.5厘米。（图4.8、4.11）

碗窑头采：16，失口部，斜曲腹，圈足。灰胎，胎质粗。乳浊钧釉。外施釉至下腹，外底部露胎无釉。足端及内底有叠烧痕迹。足径8、残高3.2厘米。（图4.8、4.12）

碗窑头采：17，腹部残片。灰胎，胎质粗。乳浊钧釉。残高8.1厘米。（图4.8、4.12）

碗窑头采：18，失口部，斜曲腹，圈足。灰胎，胎质粗。乳浊钧釉。外施釉至下腹，外底部露胎无釉。足端及内底有叠烧痕迹。足径6.6、残高3.9厘米。（图4.8、4.12）

碗窑头采：19，小碗。失口部，斜曲腹，圈足。灰黄胎，胎质粗。乳浊钧釉。外施釉至下腹，外底部露胎无釉。足端有叠烧痕迹。足径3.6、残高3.5厘米。（图4.8、4.13）

碗窑头采：20，圆唇，敞口，斜曲腹，圈足。灰胎，胎质粗。乳浊钧釉。外施釉至下腹，外底部露胎无釉。足端及内底有叠烧痕迹。口径16、足径7.2、高5.3厘米。（图4.8、4.13）

盘

碗窑头采：21，折沿盘。圆唇，折沿，沿部微微上翘，斜曲腹，圈足。灰黄胎，胎质粗。乳浊钧釉。外施釉至下腹，外底部露胎无釉。足端及内底有叠烧痕迹。口径16、足径6.8、高3.4厘米。（图4.8、4.13）

3. 窑具

碗窑头采：27，垫柱。束腰形。上径10.6、下径11.2、高9厘米。（图4.14、4.15）

碗窑头采：28，垫柱。束腰形。上径10、下径8.6、高6.2厘米。（图4.14、4.15）

（三）窑址年代

碗窑头窑址的年代应为元代。

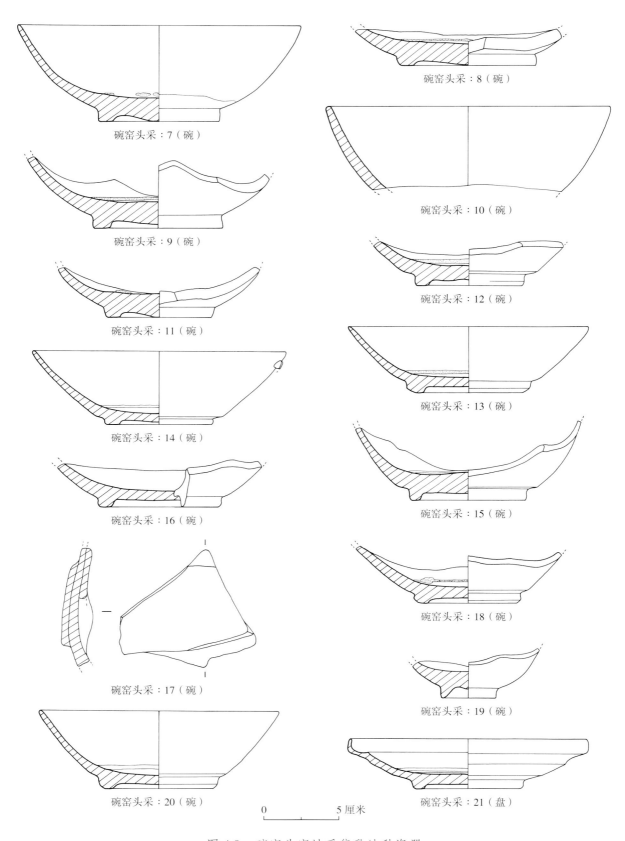

碗窑头采：7（碗）

碗窑头采：8（碗）

碗窑头采：9（碗）

碗窑头采：10（碗）

碗窑头采：11（碗）

碗窑头采：12（碗）

碗窑头采：14（碗）

碗窑头采：13（碗）

碗窑头采：16（碗）

碗窑头采：15（碗）

碗窑头采：17（碗）

碗窑头采：18（碗）

碗窑头采：19（碗）

碗窑头采：20（碗）

碗窑头采：21（盘）

0   5厘米

图 4.8　碗窑头窑址采集乳浊釉瓷器

碗窑头采：7（碗）

碗窑头采：8（碗）

碗窑头采：9（碗）

图 4.9　碗窑头窑址采集乳浊釉瓷器

碗窑头采：10（碗）

碗窑头采：11（碗）

碗窑头采：12（碗）

图 4.10　碗窑头窑址采集乳浊釉瓷器

碗窑头采：14（碗）

碗窑头采：13（碗）　　　　　　　　　　　碗窑头采：15（碗）

图 4.11　碗窑头窑址采集乳浊釉瓷器

碗窑头采：16（碗）

碗窑头采：17（碗）

碗窑头采：18（碗）

图 4.12　碗窑头窑址采集乳浊釉瓷器

碗窑头采：19（碗）

碗窑头采：20（碗）

碗窑头采：21（盘）

图 4.13 碗窑头窑址采集乳浊釉瓷器

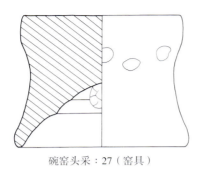 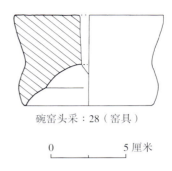

碗窑头采：28（窑具）

0   5厘米

碗窑头采：27（窑具）

图 4.14　碗窑头窑址采集窑具

碗窑头采：27（窑具）

碗窑头采：28（窑具）

图 4.15　碗窑头窑址采集窑具

伍 东庄垆窑址

（一）窑址概况

东庄垆窑址位于浦江县浦阳街道东庄垆村西侧山坡上。窑址所在地已经建设民房，部分区域被平整为耕地。早期地面散布大量残碎的窑具和瓷片，土坎位置有明显的窑业废品堆积，夹杂大量青瓷瓷片和窑具，现均不存。（图5.1、5.2）

（二）采集器物

仅采集到标本1件。

东庄垆采集：1，碗。失口部，下腹斜曲，圈足。内底凹弦纹一圈。灰胎，胎质较粗。青黄釉。全器满施釉。外底心有支烧痕迹。足径6.2、残高3.2厘米。（图5.3、5.4）

（三）窑址年代

东庄垆窑址的年代应为北宋中期。

图 5.1 东庄垆窑址自然环境

图 5.2 东庄垆窑址遗物

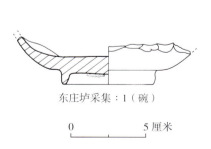

东庄垆采集：1（碗）

0   5 厘米

图 5.3 东庄垆窑址采集
青釉瓷器

东庄垆采集：1（碗）

图 5.4 东庄垆窑址采集青釉瓷器

附录二　北宋中期越窑瓷业技术传播及相关问题研究

——兼论核心区越窑瓷业衰落原因

谢西营

（浙江省文物考古研究所）

　　传统观点认为，北宋中期是越窑制瓷史上的重要转折时期，是越窑瓷业生产由繁荣走向衰落的一个重要时间节点。支持此观点的一个重要证据便是越窑瓷业核心区窑址数量的急剧减少。然而据最新考古调查、试掘及发掘资料显示，在越窑瓷业核心区之外存在大量这一时期的越窑（系）窑址，且呈现出不断扩张的态势，尤其是一些原本没有任何窑业基础的地区突然出现了这一时期的窑址，其产品风格、窑业技术与核心区保持同步。探索其中缘由，对于探索北宋中期越窑瓷业技术传播的动因、模式与面貌等方面问题具有重要意义。

一　北宋中期越窑瓷业生产年代及面貌界定

　　1998~1999 年，由浙江省文物考古研究所、北京大学考古文博学院和慈溪市文物管理委员会办公室联合实施的慈溪古银锭湖寺龙口窑址考古发掘及整理过程中，基于地层学和类型学对考古发掘材料进行整理，并结合纪年器物的排比，将北宋越窑制瓷业分为三期：北宋早期（960~1022年），即吴越国晚期至北宋真宗时期；北宋中期（1023~1077 年），约为北宋仁宗至神宗熙宁年间；北宋晚期（1078~1127 年），约北宋神宗元丰年间至钦宗时期[1]。为了对北宋中期浙江地区越窑（系）窑址进行横向比较，本文拟采用寺龙口窑址的分期意见对北宋中期越窑瓷业生产年代进行界定。

　　寺龙口窑址发掘资料显示，越窑制瓷业生产面貌在北宋早中晚期的差异是相当明显的。与北宋早期相比，北宋中期越窑器物种类明显减少，仍以饮食器具为大宗，而香具、文房用具等精品雅玩器物则不多见，器类主要有碗（图 1）、盘（图 2）、盒（图 3）、钵、执壶、盏（图4）、碾臼、碾轮、熏炉、盏托（图 5）、水盂、夹层碗（图 6）、枕、多管灯（图 7）、瓶、器盖、盖罐等[2]。器物总体质量明显下降，一改晚唐五代及北宋早期的精工细作而逐渐趋向粗

---

　　[1]浙江省文物考古研究所、北京大学考古文博学院、慈溪市文物管理委员会办公室：《寺龙口越窑址》，文物出版社，2002 年。
　　[2]秦大树、谢西营：《八月湖水平，涵虚混太清——越窑的历史与成就》，载北京大学中国考古学研究中心、浙东越窑青瓷博物馆编著《叠翠——浙东越窑青瓷博物馆藏青瓷精品》，文物出版社，2013 年，第 44 页。

图 1　碗（《寺龙口越窑址》
彩图 45）

图 2　盘（《寺龙口越窑址》
彩图 63）

图 3　盒盖（《寺龙口越窑址》
彩图 337）

图 4　盏（《寺龙口越窑址》
彩图 182）

图 5　盏托（《寺龙口越窑址》
彩图 210）

图 6　夹层碗（《寺龙口越窑址》
彩图 57）

放[1]。胎釉较之前没有多大变化，但是由于装烧方法的变化，釉色纯净度降低，开始偏青灰色，多数缺少莹润光泽，质量下降。装饰方面，早期严谨规整的细线划花工艺趋于懈怠与简化。且细线划花虽在本期得以沿用，但题材不及北宋早期多样，了无新意。器物纹样种类较之前减少，图案趋于简化，莲蓬纹、龙纹、孔雀纹、飞雁纹、喜鹊花卉纹、对蝶纹、翔鹤纹等寓意丰富的纹样题材消失不见。需要注意的是，刻划花装饰（图8）的出现并盛行成为该期最显著的特征[2]。装烧方法上，该期较早阶段少数质量较高的产品仍用匣钵单件装烧，坯件之间间隔垫圈，器物制作尚属精细；进入后期，为提高产量而大多采用明火叠烧或者匣钵叠烧，在碗、盘等器物的内底留

---

[1]陈克伦：《宋代越窑编年的考古学考察——兼论寺龙口窑址的分期问题》，载《上海博物馆集刊（第九期）》，上海书画出版社，2002年，第240页。

[2]郑嘉励：《宋代越窑刻划花装饰工艺浅析——以碗、盘为例》，载《浙江省文物考古研究所学刊（第五辑）》，杭州出版社，2002年。

图 7 多管灯 (《寺龙口越窑址》   图 8 刻划花装饰 (《寺龙口越   图 9 蒋家山窑址夹层碗
        彩图 203)   窑址》彩图 286)   (窑址调查资料)

有支垫的泥圈，从而影响了器物的美感。

二 北宋中期浙江地区越窑（系）窑址的分布

为了便于讨论，我们暂且按照窑址所处的地理位置将北宋中期浙江地区越窑（系）窑址的分布情况划分为浙东、浙西和浙南三个大的区域。

（一）浙东地区

1. 核心区域

作为唐宋时期越窑制瓷业的核心地区，慈溪上林湖窑址群包括上林湖、白洋湖、里杜湖和古银锭湖四个片区。据统计，在这一区域内存在 159 处唐宋时期的越窑窑址，其中北宋时期窑址有 83 处，包括上林湖窑区 51 处、白洋湖窑区 8 处、里杜湖窑区 8 处、古银锭湖窑区 16 处。与北宋早期相比，北宋中期窑址数量明显减少，据统计仅（约）有 18 处，其中上林湖窑区 8 处、白洋湖窑区 6 处、里杜湖窑区 3 处和古银锭湖窑区 1 处[1]。

2. 外围区域

在以往的学术研究中，上虞地区和鄞州东钱湖地区都被视为唐宋时期越窑制瓷业的三大中心之一。但调查结果显示，这两个区域内唐宋时期的窑址数量较少，其中前者约 34 处、后者约 18 处[2]，均无法与上林湖窑址群相比拟，故而唐宋越窑三大中心说是值得商榷的。这两个区域内现已探明的北宋中期窑址有上虞窑寺前[3]、盘口湾、蒋家山（图 9）、合助山（图 10）、道士山

---

[1] 慈溪市博物馆：《上林湖越窑》，科学出版社，2002 年。此外，Y37 为荷花芯窑址，2014~2015 年和 2017 年上半年的发掘显示该窑址在北宋中期仍有烧造。

[2] 任世龙、谢纯龙：《中国古代名窑·越窑》，江西美术出版社，2016 年，第 17 页。

[3] 汪济英：《记五代吴越国的另一官窑——浙江上虞县窑寺前窑址》，《文物》1963 年第 1 期。

图 10　合助山窑址碗
（窑址调查资料）

图 11　道士山窑址多管灯
（窑址调查资料）

图 12　碗（《郭童岙越窑遗址
发掘报告》图版 26：3）

图 13　钵（《郭童岙越窑遗址
发掘报告》图版 41：1）

图 14　盒盖（《郭童岙越窑遗
址发掘报告》图版 56：5）

图 15　执壶（《郭童岙越窑遗
址发掘报告》图版 43：3）

（图 11）窑址[1]等，鄞州东钱湖郭童岙[2]（图 12~15）和上水岙窑址[3]。

　　再向外围扩展，诸如绍兴地区的上灶官山窑址[4]，嵊州地区的缸窑背、下阳山、下郑山和下五岙窑址[5]，奉化地区的于家山窑址[6]，宁海地区的岔路窑址[7]，临海地区的凤凰山（图

［1］2013 年浙江省文物考古研究所调查资料。
［2］宁波市文物考古研究所：《郭童岙越窑遗址发掘报告》，科学出版社，2013 年；宁波市文物考古研究所、国家水下文化遗产保护宁波基地：
　　《发现——宁波地域重要考古成果图集（2001~2015）》，宁波出版社，2016 年。
［3］罗鹏：《浙江宁波东钱湖上水岙窑址考古发掘概况》，《陶瓷考古通讯》2016 年第 1 期；罗鹏：《宁波东钱湖上水岙窑址发掘取得重要成果》，
　　《中国文物报》2017 年 6 月 30 日第 8 版。
［4］绍兴市文物管理委员会：《绍兴上灶官山越窑调查》，《文物》1981 年第 10 期；沈作霖：《绍兴上灶官山越窑》，《东南文化》1989 年第 6 期。
［5］嵊州市文物管理处：《嵊州文明形迹》，西泠印社出版社，2010 年。
［6］宁波市文物考古研究所、国家水下文化遗产保护宁波基地：《发现——宁波地域重要考古成果图集（2001~2015）》，宁波出版社，2016 年。
［7］宁波市文物考古研究所、宁海县文管会办公室：《浙江宁海县岔路宋代窑址》，《考古》2003 年第 9 期。

图 16　凤凰山窑址产品（窑址调查资料）　　图 17　临海后门山窑址产品（窑址调查资料）

16）和后门山窑址（图 17）[1]，黄岩地区的凤凰山、金家岙堂、瓦瓷窑、下山头和左岙坑窑址[2]等，都属于这一时期的越窑系窑址。

（二）浙西地区

　　这一区域处于传统意义上的婺州窑窑址分布区，就目前研究情况来看，在婺州窑的概念、产品面貌及窑业技术传统等方面仍有很大盲区。近年来，随着考古调查、发掘工作的系统推进，在这一地区发现了若干北宋中期的窑址，如东阳地区的葛府窑址群[3]、歌山[4]和象塘窑址[5]，浦江地区的前王山（图 18~22）、白泥岭、徐家（图 23、24）、徐家岭（图 25、26）、东庄垆窑址[6]，兰溪地区的嵩山窑址[7]、武义地区的蜈蚣形山窑址[8]（图 27~30）。限于已有观念与认识，在发现之初，很多学者都将上述窑址判定为婺州窑窑址。但是随着认识的加深，特别是通过对浦江县前王山窑址的系统考古发掘并对比武义蜈蚣形山窑址早期发掘资料，其产品面貌、器形、装饰技法乃至装烧工艺都与同时期越窑核心区产品相一致，故应归入越窑系窑址。此外，建德地

［1］2015 年浙江省文物考古研究所专题性调查资料。

［2］2015 年浙江省文物考古研究所曾对黄岩地区窑址进行过专题性调查。此外早期发表资料可查浙江省文物管理委员会：《浙江黄岩古代青瓷窑址调查记》，《考古》1958 年第 8 期；宋梁：《黄岩宋代青瓷窑址调查》，载浙江省博物馆编《东方博物（第四十二辑）》，浙江大学出版社，2012 年。

［3］赵一新、叶赏致、王卫明：《解读葛府窑》，载郑欣淼、罗宏杰主编《'09 古陶瓷科学技术 7 国际讨论会论文集》，上海科学技术文献出版社，2009 年。

［4］贡昌：《记浙江东阳歌山唐宋窑址的发掘》，载《婺州古瓷》，紫禁城出版社，1988 年。

［5］朱伯谦：《浙江东阳象塘窑址调查记》，《考古》1964 年第 4 期。

［6］谢西营、张智强：《浙江浦江前王山窑址发掘获重要成果》，《中国文物报》2016 年 12 月 2 日第 8 版；谢西营、李凯：《浦江县前王山窑址考古发掘及周边地区窑址调查主要收获与认识》，《陶瓷考古通讯》2016 年第 2 期；浙江省文物考古研究所、浦江县文物保护管理所：《浙江浦江县前王山窑址考古发掘简报》，《华夏考古》2018 年第 4 期。

［7］贡昌：《记浙江兰溪嵩山北宋窑窑》，载《婺州古瓷》，紫禁城出版社，1988 年；周菊青、吴建新：《兰溪嵩山窑器物》，载浙江省博物馆编《东方博物（第五十三辑）》，中国书店，2014 年。

［8］浙江省文物考古研究所：《武义陈大塘坑婺州窑址》，文物出版社，2014 年。

图 18　前王山窑址碗
（窑址考古资料）

图 19　前王山窑址盘
（窑址考古资料）

图 20　前王山窑址熏炉
（窑址考古资料）

图 21　前王山窑址执壶
（窑址考古资料）

图 22　前王山窑址盏托
（窑址考古资料）

图 23　徐家窑址执壶
（窑址考古资料）

图 24　徐家窑址碗
（窑址考古资料）

图 25　徐家岭窑址执壶
（窑址考古资料）

图 26　徐家岭窑址碗
（窑址考古资料）

图 27　碗（《武义陈大塘坑婺州窑址》
图版一三：5）

图 28　钵（《武义陈大塘坑婺州窑址》
图版一六：2）

图 29　执壶（《武义陈大塘坑婺州窑址》
图版二八：1）

图 30　盏托（《武义陈大塘坑婺州窑址》
图版二四：5）

区大慈岩脚窑址[1]和富阳缸窑山窑址[2]也有这一时期的产品。

（三）浙南地区

调查资料显示，这一地区早于北宋时期的窑址仅有 3 处，即丽水吕步坑窑址（初唐至晚唐时期）[3]、庆元黄坛窑址[4]（唐代中晚期）和松阳水井岭头窑址[5]（唐代中晚期）。在早期研究

［1］建德市第三次全国文物普查办公室：《建德古窑址》，西泠印社出版社，2012 年。

［2］浙江省文物考古研究所：《富阳太平村缸窑山越窑址发掘简报》，载《浙江省文物考古研究所学刊（第十辑）》，文物出版社，2015 年。

［3］浙江省文物考古研究所、丽水市文化局：《浙江省丽水县吕步坑窑址发掘简报》，载《浙江省文物考古研究所学刊（第七辑）》，杭州出版社，2005 年。

［4］浙江省文物考古研究所、庆元县文物管理委员会办公室：《浙江省庆元县唐代黄坛窑址发掘简报》，载浙江省博物馆编《东方博物（第六十辑）》，中国书店，2016 年。

［5］丽水市文化广电新闻出版局：《河滨遗范》，浙江古籍出版社，2011 年，第 94 页。

中，大多数学者都将龙泉金村片区生产的一类淡青釉器物视为五代产品，其所依证据有三：第一，成书于绍兴三年（1133 年）的庄绰《鸡肋编》卷上"龙泉佳树与秘色瓷"明确记载"处州龙泉县多佳树，地名豫章，以木而著也。山中尤多古枫木……又出青瓷器，谓之'秘色'，钱氏所贡，盖取于此。宣和中禁廷制样须索，益加工巧"[1]；第二，相传龙泉金村窑址曾发现一件四系小瓶，腹部刻有"天福秋，修建窑炉，试烧官物，大吉"铭文（天福即后晋 936~944 年）；第三，上海博物馆藏一件"太平戊寅"（978 年）铭盘口壶。但细究起来，这三点证据都存在很大破绽：《鸡肋篇》所载"钱氏所贡"之"秘色瓷"应该属于上林湖地区而非龙泉地区，这点得到了上林湖越窑考古发掘成果的证实；"天福"款四系小瓶，据知情人介绍系购自文物市场；上海博物馆藏"太平戊寅"款盘口壶，尽管胎釉、造型及装饰与龙泉青瓷博物馆藏的几件盘口壶相似，但"太平戊寅"款目前仅见于上林湖窑址群，龙泉地区尚未发现。

为了弄清龙泉窑窑址分布、年代、产品面貌等问题，浙江省文物考古研究所与龙泉青瓷博物馆于 2013~2014 年联合组队对龙泉地区的窑址（包括龙泉东区和南区的大窑、金村和石隆片区）进行了系统调查，并选取个别地点进行了小范围试掘。调查显示，淡青釉产品仅在金村片区存在。在金村片区窑址调查发现的 34 处窑址点中仅 4 处有淡青釉产品，分布在溪东（图 31、32）、下会（图 33）、大窑犇（图 34~38）及其对岸地区（图 39、40）。在调查基础上，我们选取大窑犇窑址作为重点区域进行小范围试掘，获得了较为理想的地层堆积[2]。试掘资料显示，尽管胎釉有别，但无论是器形、装饰还是装烧工艺等方面，绝大多数器物均与北宋中期越窑产品相同。此外，调查采集的"甲申"款淡青釉器盖和英国阿什莫林博物馆藏"天圣"纪年的淡青釉敞口碗，将该类器物的生产年代框定在北宋中期。

图 31　溪东窑址碗
（窑址调查资料）

图 32　溪东窑址碗
（窑址调查资料）

图 33　下会窑址盘
（窑址调查资料）

［1］（宋）庄绰撰、萧鲁阳点校：《鸡肋编》，中华书局，1983 年，第 5 页。
［2］谢西营：《龙泉窑早期淡青釉瓷器初步研究》，载北京艺术博物馆编《中国龙泉窑》，中国华侨出版社，2015 年；浙江省文物考古研究所、龙泉青瓷博物馆：《浙江龙泉金村青瓷窑址调查简报》，《文物》2018 年第 5 期。

图 34　大窑犇窑址碗（窑址调查资料）

图 35　大窑犇窑址盏托（窑址调查资料）

图 36　大窑犇窑址执壶（窑址调查资料）

图 38　大窑犇窑址瓶（窑址调查资料）

图 37　大窑犇窑址执壶（窑址调查资料）

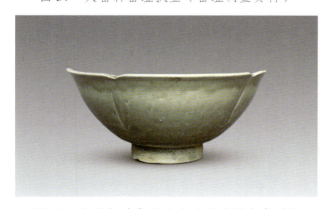

图 39　大窑犇对岸窑址碗（窑址调查资料）

图 40　大窑犇对岸窑址执壶（窑址调查资料）

三　北宋中期越窑瓷业技术对外传播的动因、模式与面貌

（一）越窑瓷业技术对外传播的动因，兼论核心区越窑衰落原因

北宋中期开始，越窑核心区的窑址数量迅速减少，生产规模下降，呈现出衰落迹象，这是多方面原因造成的，大致可以分为内部原因和外部原因。

1. 内部原因

主要是基于越窑窑址本身。

首先，原料方面。越窑自唐代晚期创烧秘色瓷器以来就不惜工本，不仅瓷器产品使用优质瓷土，连装烧用的匣钵也采用优质瓷土，且一匣一器、匣钵接口处用釉封口，在烧成后只有打破匣钵才能取出产品。这种工艺确实提高了产品的质量，但对瓷土资源来说无疑是一种极大的浪费。优质瓷土资源是有限的，且短时间内是不可再生的。随着优质瓷土的日趋匮乏，越窑核心区基本丧失了能够保证大规模生产的优质原料供应条件[1]，进而采用普通瓷土乃至更低档次的瓷土，使得胎料质量下降，并在瓷器产品上得到体现。就目前所掌握的资料来看，越窑瓷器胎料质量自晚唐之后就已呈现退步的迹象。

其次，燃料方面。整个南方地区的瓷业产区，包括上林湖越窑核心产区所采用的窑炉均为龙窑，以木柴作为燃料。唐宋时期龙窑结构基本趋于稳定[2]，长度大概在 40~50 米，每次烧窑所需要的木柴总量无疑是很大的，因而燃料的供应也是一个值得注意的重要问题[3]。对此，庄绰《鸡肋编》的相关记载或可给我们些许启示："昔汴都数百万家，尽仰石炭，无一家然（燃）薪者。今驻跸吴、越，山林之广，不足以供樵苏。虽佳花美竹，坟墓之松楸，岁月之间，尽成赤地。根柿之微，斫撅皆遍，芽蘖无复可生。"[4]

再次，工艺技术方面。经科技检测，越窑瓷器胎釉化学组成在长时期内几无变化且烧制工艺墨守成规[5]，缺乏创新。北宋中期开始，越窑瓷器将生产重点转为刻划花青瓷，但质量平平，逐渐丧失了市场竞争力，丧失了生存基础[6]。

2. 外部原因

主要是基于越窑所处的国内外环境。

首先，国内环境因素。作为外部因素之一的土贡制度与越窑的兴衰密切相关。古文献中关于北宋中期的越窑贡瓷，仅《宋会要辑稿》中有一条熙宁元年（1068 年）的记载，贡瓷数量较少："神

---

[1] 徐定宝：《越窑青瓷衰落的主因》，《复旦学报（社会科学版）》2002 年第 6 期。

[2] 沈岳明：《龙窑生产中的几个问题》，《文物》2009 年第 9 期，第 56 页。

[3] 大规模的窑业生产，尤其以柴为原料，对周边环境的破坏很严重，导致产量极大的龙窑难以在一个地点长时间生产。这一点在朝鲜文献中亦有相关记载，据《承政院日记》，肃宗二年（1676 年）八月一日，"李观征，以司饔院官员，以都提意启曰，分院沙器燔造之所，投设取柴，若近十年，则树木既尽，决难继燔，故例移于他处矣"；肃宗二十三年（1697 年）闰三月十二日，"且燔造所设置满十年，则近处数十里内，非但砍尽树木，并与草根而无余，故不得已移设于他处，一经燔造之处，则仍成永久之田，难望树木之更养，自今以后，虽欲移设他处，树木茂盛之处殆尽，殊甚可悯，而斫伐起耕之弊，亦愈往而愈甚"。参曹周妍：《韩国京畿道广州地区朝鲜时代前期窑业遗存研究》，北京大学博士学位论文，2012 年，第 129、130 页。

[4] （宋）庄绰撰，萧鲁阳点校：《鸡肋编》，中华书局，1983 年，第 77 页。

[5] 李家治、邓泽群、吴瑞：《从工艺技术论越窑青釉瓷兴衰》，载《浙江省文物考古研究所学刊（第五辑）》，杭州出版社，2002 年。

[6] 权奎山：《试论越窑的衰落》，《故宫博物院院刊》2003 年第 5 期。

宗熙宁元年十二月，尚书户部上诸道府土产贡物……越州……秘色瓷器五十事。"[1]前一次进贡则要上溯到太平兴国三年（978 年），贡瓷数量极大："四月二日，侬进……瓷器五万事……金釦瓷器百五十事。"[2]可见越窑贡御地位的逐渐丧失。此后仅《元丰九域志》中提到元丰三年（1080年）的越窑贡瓷："土贡：越绫二十匹，茜绯花纱一十匹，轻容纱五匹，纸一千张，瓷器五十事。"之后便再无越窑贡瓷的相关记载。贡御地位的逐渐丧失，一方面源于越窑本身产品质量的下降，另一方面也与其他地区窑场（如北宋东西两京开封、洛阳周边地区）以及定窑、耀州窑等窑场的逐步兴盛有密切关联[3]。王安石变法的推行也对越窑贡瓷产生了一定的抑制作用："均输法者，以发运之职改为均输，假以钱货，凡上供之物，皆得徙贵就贱，用近易远，预知在京仓库所当办者，得以便宜蓄买。"[4]除此之外，普通市场也逐渐萎缩[5]，甚至窑址周边地区市场也被其他窑口的瓷器尤其是青白瓷大量挤占[6]。

其次，国外环境因素。唐宋越窑的对外输出，在一定程度上对越窑的发展进程产生了重要影响。中国陶瓷通过海路进行大规模外销始于 8 世纪中叶，在 9~10 世纪迅速达到了第一个高峰时期[7]。在这一进程中，越窑瓷器曾扮演过重要角色，印度尼西亚地区发现的唐宝历二年（826 年）黑石号沉船[8]、10 世纪中叶的印坦沉船[9]和 10 世纪后半叶的井里汶沉船[10]出水的大量越窑瓷器即是明证。从北宋中后期到南宋末期（11~13 世纪中叶），尽管从南中国海到印度洋地区的贸易持续进行，但总体上已经进入了一个低潮时期，少量的发现均规模很小，零星的资料甚至不能说明海上贸易的规模[11]。这种现象很可能是占据马六甲海峡的三佛齐王国先后与爪哇岛的马打兰王国和位于印度的注辇王国的战争所导致的，这些战争使沟通南中国海和印度洋的水道马六甲海峡处于交通不畅的状态，从而阻滞了当时环印度洋的海上贸易[12]，特别是阻滞了中国瓷器的输出。

总之，在上述诸多因素的影响下，越窑核心区制瓷业处于不利的窑业环境。入宋以后，两浙地区的经济获得巨大发展，至熙宁十年（1077 年），"夏税两浙最多，二百七十九万七百六十七贯硕匹斤两"[13]。两浙范围内，太湖流域的杭嘉湖平原和浙东地区的宁绍平原无疑是农业经济高度发达之地。制瓷业作为资源密集型产业，其生产需要较大的场地及大量的原料、燃料资源，且

［1］（清）徐松辑：《宋会要辑稿》食货四一之四〇、四一，中华书局，1957 年，第 5556、5557 页。

［2］（清）徐松辑：《宋会要辑稿》蕃夷七之一〇，中华书局，1957 年，第 7844 页。其中太平兴国三年"四月二日"，《宋史·世家三·吴越钱氏》作"三月"。

［3］秦大树、谢西营：《八月湖水平，涵虚混太清——越窑的历史与成就》，载北京大学中国考古学研究中心、浙东越窑青瓷博物馆编著《叠翠——浙东越窑青瓷博物馆藏青瓷精品》，文物出版社，2013 年。

［4］（元）脱脱等：《宋史》卷三百二十七《王安石传》，中华书局，1977 年，第 10544 页。

［5］谢西营：《唐宋境内越窑瓷器流布的阶段性研究》，北京大学硕士学位论文，2013 年，第 86 页。

［6］对此权奎山先生曾有精辟论述。参阅奎山：《试论越窑的衰落》，《故宫博物院院刊》2003 年第 5 期，第 54、55 页。

［7］秦大树：《中国古代陶瓷外销的第一个高峰——9~10 世纪陶瓷外销的规模和特点》，《故宫博物院院刊》2013 年第 5 期。

［8］谢明良：《记黑石号（Batu Hitam）沉船中的中国陶瓷器》，《美术史研究集刊》第 13 期，2002 年。

［9］Flecker, Miehael. *The Archaeological Excavation of the 10th Century Intan Shipwreck, Java Sea, Indonesia*. Oxford: BAR International Series 1047, 2002: 101; 杜希德、思鉴：《沉船遗宝：一艘十世纪沉船上的中国银锭》，载荣新江主编《唐研究（第十卷）》，北京大学出版社，2004 年。

［10］秦大树：《拾遗南海　补阙中土——谈井里汶沉船的出水文物》，《故宫博物院院刊》2007 年第 6 期。

［11］秦大树、谢西营：《八月湖水平，涵虚混太清——越窑的历史与成就》，载北京大学中国考古学研究中心、浙东越窑青瓷博物馆编著《叠翠——浙东越窑青瓷博物馆藏青瓷精品》，文物出版社，2013 年，第 42 页。

［12］王任叔著，周南京、丘立本整理：《印度尼西亚古代史》，中国社会科学出版社，1987 年，第 29 页。

［13］（宋）方勺：《泊宅编》卷十，载《丛书集成初编》第 2856 册，中华书局，1991 年，第 133 页。

烧窑具有一定风险系数。北宋中期的余姚县令谢景初[1]曾作《观上林埆器》，对龙窑烧成率低这一问题有相关记录："作灶长如丘，取土深于堑。蹋轮飞为模，覆灰色乃绀。力疲手足病，欲憩不敢暂。发窑火以坚，百裁一二占。里中售高贾，斗合渐收敛。持归示北人，难得曾罔念。贱用或弃扑，争乞宁有厌？鄙事圣犹能，今予乃亲觇。"[2]此外，北宋以来人口的大量南迁，使得南方地区劳动力十分充足，与制瓷业相比，农业生产成本低、利润高，加之宁绍一带经济繁荣，导致工匠雇值较高，这一地区已不再适宜制瓷业的大规模生产。上述情况也迫使有制瓷手艺的工匠作出选择，是改行从事其他行业，还是另辟他地继续从事窑业生产？各地新出现的北宋中期越窑系窑址或许可提供些许启示。

（二）越窑瓷业技术对外传播的模式

就目前的考古调查资料，我们暂可以北宋中期为界，结合当地窑业生产传统，将上述核心区以外越窑（系）窑址所在的地区分为两类。第一类为传统窑区。地处浙东的上虞、鄞州、绍兴、临海、黄岩和地处浙西的东阳、武义地区的瓷业生产都可追溯到东汉时期，地处浙西的兰溪地区的瓷业生产可追溯到唐代早期，地处浙东的奉化地区的瓷业生产可追溯到五代时期。传统窑区内的瓷业面貌比较复杂，个别地区本无窑业，到北宋中期开始出现，如兰溪嵩山窑址、东阳葛府窑址等；个别窑址在早期窑业基础上于北宋时期继续生产，如上虞窑寺前窑址始于五代时期、绍兴上灶官山窑址始于唐代晚期、东阳歌山窑址始于唐代早期、武义蜈蚣形山窑址始于唐代晚期。第二类为新兴窑区。地处浙东的嵊州和宁海地区、地处浙西的浦江地区以及地处浙南的龙泉地区，窑业生产都始于北宋中期，其中少数窑址后期有延烧。

关于中国古代制瓷技术的传播，有学者曾总结出三种模式：一是近距离的逐渐扩散，二是远距离的直接传播，三是制瓷技术中单一或几种因素被其他窑系吸收[3]。传统窑区具备一定的窑业基础，有自身的一套生产工艺流程，不容易接受新技术，应接近于第一种模式，属于越窑瓷业技术逐渐为其他地区窑业生产所接受。新兴窑区没有窑业生产基础，在具备一定窑业资源的情况下，只要新技术传入便可立即投入生产，应接近于第二种模式，属于越窑瓷业技术向核心区以外地区的传播。当然，这种远距离的直接传播是要基于一定窑业资源基础的，并不是传播到任何地方都可以的。北宋中期浦江地区制瓷业的兴起，为我们探讨该问题提供了一个典型案例。

2015年11月~2016年10月，浙江省文物考古研究所和浦江县文物保护管理所对前王山窑址进行了系统考古发掘（图41），并对周边地区的窑址进行了详细调查。调查结果显示，这一区域的窑业生产始于北宋中期，面貌较为一致并形成一定的窑业集群——前王山、白泥岭、徐家和徐

---

[1] 谢景初，谢绛之子，曾任余姚知县。范仲淹曾为其作《送谢景初宰余姚》，在任期间曾与王安石交游。谢景初十分重视地方经济的发展，曾组织民工修筑捍海塘。王安石曾作《余姚县海塘记》对其大加赞赏："方作堤时，岁丁亥十一月也，能亲以身当风霜氛雾之毒，以勉民作而除其灾，又能令其民翕然皆向趋之，而忘其役之劳，遂不逾时，以有成功。……庆历八年七月日记。"参（清）邵友濂修、孙德祖等纂：《余姚县志》，载《中国方志丛书·华中地方·第五〇〇号》，成文出版社有限公司，1983年，第507页；（元）脱脱等：《宋史》卷二百九十五《谢绛传》，中华书局，1977年，第9847页；（宋）范仲淹：《送谢景初宰余姚》，载邹志方点校《〈会稽掇英总集〉点校》，人民出版社，2006年，第161、162页；（宋）王安石：《余姚县海塘记》，载秦克、巩军标点《王安石全集》，上海古籍出版社，1999年，第314页。

[2] （宋）谢景初：《观上林埆器》，载邹志方点校《〈会稽掇英总集〉点校》，人民出版社，2006年，第191页。

[3] 李刚：《越窑综论》，载《古瓷发微》，浙江人民美术出版社，1999年，第18~24页。

家岭窑址处于一个小的地理单元之内（图42），除白泥岭延烧时代可至南宋，其他三处窑址均烧造于北宋中期。在窑址调查期间，我们还对周边的窑业资源进行了调查，并查阅了相关文献资料，对当地古代窑业生产环境有了明确的认知。首先是自然资源因素。第一，窑址周边地区瓷土矿丰富，白泥岭附近山体断面上可见瓷土矿裸露的迹象（图43）。第二，窑址地处仙霞岭龙门山脉支脉，森林植被覆盖率较高，可为瓷器烧造提供充足的燃料。第三，周边水源充足，溪流纵横。"南境之干水曰梅溪。源出雷公、城宴诸山。西流二十里，南有黄茅山出小水，经宋尚书梅执礼宅前，因名梅溪。北流数里许入大溪。今通称大溪为梅溪。自东徂西，横亘南境。越六十里至横木，入兰溪。汇南境之细流而成溪者也。其众流之属，曰横溪、蜀溪、梅溪、黄沙溪、石溪。"[1] 其次是社会经济因素。第一，尽管地处群山峻岭之间，但窑址所在区域位于两浙路南北陆路交通干线的必经之地[2]，其间古道相通，如白泥岭（图44）、五路岭等，交通相对便利。五路岭古道古已有之，浦江县令强至所作《五路岭》古诗即是明证："一径高盘十里余，人心马足厌崎岖。只凭顽石专为险，不识青云自有衢。地气难通树多瘦，阳晖应近草先枯。我行方欲奋遐跻，顾尔安能碍

图41　前王山窑址自然环境

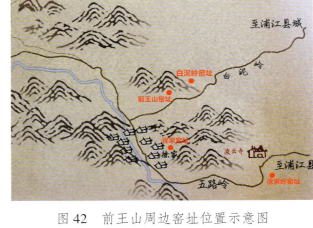

图42　前王山周边窑址位置示意图

图43　瓷土矿遗存（窑址调查资料）

图44　白泥岭古道（窑址调查资料）

---

[1]（清）姜广修、张景青等纂：《光绪浦江县志稿》卷二《舆地志》，载何保华校注《明清浦江县志两种》，中华书局，2014年，第388页。

[2] 有学者在对东阳歌山窑址进行研究时也注意到窑址的地理位置："歌山村离东阳县城二十二公里，是从东阳到嵊州、宁波市等东南沿海各县市的必经之地。"参贡昌：《记浙江东阳歌山唐宋窑址的发掘》，载《婺州古瓷》，紫禁城出版社，1988年，第73页。

坦途。"[1]经查,强至"至字几圣。钱唐人。庆历六年进士。时令多差选人,或登第后即令浦江"[2]。第二,地方官员为发展当地经济付出了巨大努力。"浦阳在婺为穷山,商旅之过婺者,多道旁邑。"[3]针对这一情况,当地监征官钱宗哲为鼓励商贾前来,"凡商旅之过者,必裁减其数而征之。繇是皆愿出其途,而常岁之课愈登羡"[4]。第三,自宋以来,由于交通和资源等因素的限制,以肩挑进行流动经营的各种小商贩、小手工业者和挑夫群体形成的"行担经济"成为整个金衢地区经济发展的主要特征[5]。而这一经济模式正适于崇山峻岭间的前王山窑址群。

（三）越窑瓷业技术对外传播的面貌

北宋中期越窑瓷业技术对外传播的过程中,被传入地区对于这一技术的接受程度如何?是全盘接受,还是有所创新?针对这一问题,我们将越窑核心区和核心区以外地区的考古调查发掘资料进行整体比对,发现被传入地区在继承核心区的主流技术外还进行了部分创新。

图 45　盘口瓶（龙泉青瓷博物馆藏）

瓷业技术大致可以分为器形、胎、釉、装饰技法和装烧工艺等五个方面。器形方面:被传入地区窑址的绝大多数产品类型都可在核心区窑址找到相同类者,但部分地区（如龙泉地区）也适应当地葬俗需要生产盘口瓶（图45）、多管瓶（图46）等特殊产品[6]。胎、釉方面:古代制瓷一般就地取材,因而胎、釉成分受当地资源状况所限,无法与核心区完全一致,如龙泉金村地区北宋中期的产品釉色呈现出淡青色泽,具体的胎、釉配方及成分结构等方面的差异则有待于科学检测。装饰技法方面:绝大多数窑址在继承的基础上有所创新与发展,如宁海岔路窑址新出现内底圆心下凹或刻有一圈弦纹的碗,作为其碗、盘类产品主要装饰纹样的龙头海水纹也不见于

图 46　五管瓶（龙泉青瓷博物馆藏）

[1]（宋）强至:《五路岭》,载北京大学古文献研究所编《全宋诗》,北京大学出版社,1992年,第7004页。
[2]（清）善广修、张景青等纂:《光绪浦江县志稿》卷七《人物志》"秩官",载何保华校注《明清浦江县志两种》,中华书局,2014年,第684页。
[3]（宋）强至:《祠部集》卷三三《送监征钱宗哲序》,载《丛书集成初编本》,中华书局,1985年,第507页。此序作于北宋至和二年（1055年）,"至和乙未三月十一日,浦江令强某几圣题"。
[4]（宋）强至:《祠部集》卷三三《送监征钱宗哲序》,载《丛书集成初编本》,中华书局,1985年,第507页。
[5]王一胜:《宋代以来金衢地区经济史研究》,社会科学文献出版社,2007年。
[6]谢西营:《龙泉窑早期淡青釉瓷器初步研究》,载北京艺术博物馆编《中国龙泉窑》,中国华侨出版社,2015年。

图 47　前王山窑址平底椭圆形匣钵（窑址考古资料）

上林湖窑址[1]。装烧工艺方面：浦江前王山窑址新出现了适用于烧造执壶的平底椭圆形匣钵（图47），宁海岔路窑址中发现的元宝形支垫具也不见于其他窑址[2]。

四　结语

　　北宋中期是越窑制瓷史上的重要转折时期。与早期相比，这一时期以上林湖窑址群为代表的越窑核心地区呈现出窑址数量急剧减少、窑业生产规模缩小的态势。与之相对，核心区以外的越窑瓷业生产则表现为窑址数量不断增加、空间分布不断扩展，在浙东地区的上虞、鄞州、绍兴、嵊州、奉化、宁海、临海和黄岩，浙西地区的东阳、浦江、兰溪、武义和建德，乃至浙南地区的龙泉地区，都出现了这一时期的越窑（系）窑址。分析其中原因，我们认为这与越窑核心区基于多方面因素压力被迫减产、窑工向外迁移以及核心区窑业技术向外传播等存在莫大关系，核心区以外新出现的这批窑址，尤其是嵊州、宁海、浦江和龙泉等窑区的兴起即是重要证据。在越窑窑业技术对外传播的过程中，以上虞、鄞州等为代表的传统窑区和以浦江、宁海等为代表的新兴窑区，对新技术的接纳模式可归纳为逐渐扩散和直接传播两种，当然这基于当地具备烧造瓷器的资源条件。此外，在对被传入地区的窑业面貌进行分析之后，我们发现各地越窑（系）窑址在继承和吸收核心区主流技术的同时，还结合当地需求与环境进行了创新，由此出现了许多新的器形、纹样装饰乃至装烧工艺技术。

　　北宋中期越窑瓷业技术传播这一课题待解决的问题还有很多，诸如瓷业技术传播的动态过程、瓷业技术传播过程中与其他行业的互动与竞争等，有待于我们的持续追踪。此外限于材料，北宋中期浙江地区的窑业面貌还存在着很大盲区，亦有赖于今后考古调查与考古发掘工作的开展。

（本文原刊载于《东南文化》2018 年第 6 期，有修改）

---

[1] 宁波市文物考古研究所、宁海县文管会办公室：《浙江宁海县岔路宋代窑址》，《考古》2003 年第 9 期。
[2] 宁波市文物考古研究所、宁海县文管会办公室：《浙江宁海县岔路宋代窑址》，《考古》2003 年第 9 期。

后　记

　　浦江前王山窑址的考古发掘工作于 2015 年被列入浙江省文化厅、浙江省文物局助推浦江"四个全面"战略布局试点县的支持内容。为全面了解前王山窑址及其周边的窑业面貌，2015~2016年，浙江省文物考古研究所与浦江县文物保护管理所（现浦江博物馆）联合组队对该窑址进行了考古发掘，取得了重要收获。浦江前王山窑址尽管地处古代婺州地域，但从文化面貌来看当属于越窑体系。该窑址的考古发掘工作对于探索北宋中期越窑核心区瓷业技术传播等问题具有重要意义。

　　浦江前王山窑址考古发掘项目领队为郑建明，执行领队为谢西营，具体考古发掘工作均由谢西营负责。参与考古发掘的工作人员包括浙江省文物考古研究所技工张涛、孙晓智，浦江县文物保护管理所张智强、周成义、张宝仙，实习生李凯、齐维京、严奕哲等。

　　本报告由谢西营执笔撰写。野外线图由谢西营、张涛、孙晓智绘制，野外照片由谢西营、张涛拍摄，器物线图由程爱兰绘制，器物照片由谢西营、孙晓智拍摄。

　　浦江前王山窑址的考古发掘及周边窑址调查工作得到了各级领导的关心与支持，在此一并表示感谢。

谢西营

2024 年 4 月 30 日